Constanze Kurz / Frank Rieger

Die Datenfresser

Wie Internetfirmen und Staat
sich unsere persönlichen Daten
einverleiben und wie wir die
Kontrolle darüber zurückerlangen

S. Fischer

© S. Fischer Verlag GmbH, Frankfurt am Main 2011
Satz: Druckerei C. H. Beck, Nördlingen
Druck und Bindung: CPI – Clausen & Bosse, Leck
Alle Rechte vorbehalten
Printed in Germany
ISBN 978-3-10-048518-2

Inhalt

Auf der Webseite zum Buch, die unter der Adresse **http://datenfresser.info/** zu erreichen ist, finden sich Links, Tips und Hinweise zum praktischen technischen Selbstdatenschutz, zu Verschlüsselungs- und Anonymisierungsprogrammen und zu sinnvollen Privatsphären-Einstellungen für Betriebssysteme, Browser und Online-Dienste.

Einleitung
Homo reticuli – Vernetzter Mensch

Wir haben die Schwelle zur computerisierten Gesellschaft ganz beiläufig überquert. Unser Leben wird im Bits und Bytes gespeichert, ob wir wollen oder nicht. Wir telefonieren, lesen und schreiben digital, unsere Musik und unsere Bilder sind auf Festplatten gespeichert, der Großteil unserer Nachrichten stammt aus Online-Quellen. Unser Mobiltelefon kann verraten, wo wir gerade sind, und unsere »Freunde« bei Facebook & Co. erfahren alles über unseren Alltag. Egal, was und wo wir arbeiten, es gibt praktisch keine Tätigkeit mehr, die keine Datenspuren hinterläßt. Ohne direkte oder indirekte Computerhilfe werden heute nicht einmal mehr Bäume gefällt, Brote gebacken oder Busse gefahren. Die Digitalgesellschaft macht vor kaum einem Lebensbereich halt – und sie erzeugt immer mehr Daten, die ausgewertet, analysiert, gefiltert und verarbeitet werden können. Die Menge an digital gespeicherten Lebensäußerungen wächst weiter exponentiell, ein Ende ist nicht absehbar.

Immer einfachere Oberflächen erlauben jedem den Zugang zur vernetzten Welt per Mausklick. Wir haben uns in die Rolle des ständigen Datengebers eingelebt, erlauben bewußt oder unbewußt tiefe Einblicke in unser Kommunikationsverhalten, unsere Wünsche, unser soziales Umfeld. Die neue Spezies des Homo reticuli hat sich durchgesetzt. Milliarden Informationsschnipsel werden weltweit jede Minute in sozialen Netzwerken und Internetdiensten erzeugt. Sie zu sammeln und aus ihnen Profile zu erstellen, sortiert nach Alter, Geschlecht, Aufenthaltsort und Wohn-ort, Arbeitgeber oder Nationalität, ist zum lukrativen Ge-schäft geworden. Das fast magische Verhältnis, das wir zu Computern und Mobiltelefonen entwickelt haben, füllt wie nebenbei die Taschen der Datenfresser, der Profiteure der digitalen Goldmine. Hier herrscht der Wilde Westen, der ganz nebenbei über uns kam.

Versprochen wird uns eine bessere, einfachere, vernetz-tere Welt. Maschinelle »Intelligenz« soll uns angeblich hel-fen, bessere Entscheidungen zu fällen, uns intensiver mit unseren Freunden zu vernetzen und die Informationsflut zu organisieren und zu bewältigen. Noch sind die virtuellen Heinzelmännchen, die scheinbar intelligenten Helferlein, unvollkommen. Die Ecken und Kanten werden jedoch von lernenden Algorithmen abgeschliffen, für die jede mensch-liche Reaktion, jede Suchanfrage, jede digital aufgezeich-nete Lebensäußerung ein wertvoller Hinweis ist, es beim nächsten Mal besser zu machen. Mehr und mehr Wissen über uns wird angehäuft und gespeichert, damit uns die Computer immer besser zu Diensten sein können. Das Datenfutter für die Perfektionierung der »künstlichen In-telligenz« liefern wir selbst, und wo diese noch nicht aus-reicht, helfen wir gern aus.

Was aber bleibt, ist ein diffuses Gefühl des Ausgeliefert-seins, der Überforderung, der hilflosen Unfähigkeit, die Zu-sammenhänge und Mechanismen zu verstehen. Wer weiß eigentlich, wo ich mich gerade befinde? Und warum weiß er auch, wo meine Freunde gerade sind – sogar besser als ich? Wie genau kann er es wissen? Warum ist die Buchempfeh-lung des Online-Shops so gespenstisch gut? Und wer kann meinen Literaturgeschmack noch einsehen? Woher weiß der Online-Buchladen, daß ich eine Gitarre besitze?

Die Technologien verändern sich mit großer Geschwin-digkeit, über die neuesten Entwicklungen lückenlos infor-

8

miert zu sein ist fast unmöglich. Doch ohne ein wenigstens intuitives Verständnis der technischen Systeme, ihrer Grundlagen und Funktionsweisen ist es schwer, die Risiken der zunehmenden Digitalisierung zu verstehen und unsere digitale Zukunft selbst in die Hand zu nehmen. Analogien und Geschichten können aber helfen, die wichtigen Muster zu erkennen, auch ohne Detailkenntnis der technischen Funktionsweisen. Angst vor komplexer Technik befördert eine Lähmung und den Unwillen, sich mit den Risiken zu befassen, die durch die Digitalisierung der Gesellschaft und des Alltagslebens entstehen. Diese Lähmung macht einen jedoch zum prädestinierten Opfer sowohl der kommerziellen und staatlichen Datenfresser als auch krimineller Online-Übeltäter. Ein Grundverständnis der vernetzten Welt ist mittlerweile unabdingbar geworden – und auch nicht zu schwer zu erlangen.

Wichtig für das Verständnis der digitalen Welt ist, die finanziellen Mechanismen zu durchschauen, um die daraus resultierenden Motivationen der Menschen und Institutionen erkennen zu können. Wer profitiert davon, wenn sich die sozialen Normen in Richtung weniger Datenschutz und hin zu mehr »digitaler Nacktheit« verschieben? Schnell stellt sich bei genauerem Hinsehen heraus, daß die lautesten Beschwörer des »Endes der Privatsphäre« die größten Profiteure dieser propagierten Entwicklung sind. Die Bewertungsmechanismen für Internetfirmen belohnen Innovation vor allem in einem Gebiet: den Nutzern immer mehr Informationen zu entlocken, sie auf den Plattformen zu halten und alle ihre Freunde einzuladen. Entsprechend agieren auch die Betreiber und ihre Eigentümer: Ob Google oder Facebook, gepriesen wird eine Illusion von Freiheit durch Datenfreigiebigkeit. Zum Wohle des Unternehmenswertes werden menschliche Grundnormen wie die Achtung der Privatsphäre oder die Diskretion zerrüttet.

Und welcher Antrieb steckt hinter der raumgreifenden Speichergier des Staates? Flächendeckend soll unser Kommunikationsverhalten gespeichert werden, mit der vagen Begründung, daß man die Daten ja eventuell mal zur Strafverfolgung benötigen könnte. Durch die biometrische Erkennung macht die Datengier inzwischen nicht mal mehr vor unseren Körpern halt. Die neuen Techniken treten schleichend in unser Leben, wie zum Beispiel die an eine erkennungsdienstliche Behandlung erinnernde Prozedur auf den Meldeämtern, wenn wir einen Paß beantragen. Sie gilt inzwischen fast als selbstverständlich. Auch der Führerschein enthält seit 2008 ein biometrisches Foto. Fragen Sie nicht, warum. Es ist irgendwas mit »Sicherheit«. Damit, daß die politischen Entscheidungsträger, die Minister und Staatssekretäre, die als Verantwortliche die Beschlüsse genehmigt haben, mittlerweile lukrative Aufsichtsrats- und Beraterverträge in der Sicherheitsindustrie haben, hat es natürlich ganz sicher nichts zu tun.

Wir sind der Versuchung des Versprechens von der immer größeren Effizienz, von der Plan- und Berechenbarkeit, von Sicherheit und Fortschritt erlegen, ohne nachzufragen, ob wir einen adäquaten Gegenwert für die Daten bekommen, mit denen wir kollektiv für die Verheißungen bezahlen. Wir geben Informationen über uns preis – freiwillig und unfreiwillig –, von denen wir nicht einmal ahnen, wie sie in Zukunft verwendet werden. Doch daß die Datenwährung, mit der wir faktisch für all die kostenlosen Internetdienste und auch für das Versprechen von mehr staatlicher Sicherheit bezahlen, uns später noch viel teurer zu stehen kommt, als wir momentan annehmen, ist absehbar. Daten zu speichern und aufzuheben gilt als besser, als sie zu löschen: Man weiß ja nie, wozu sie noch gut sein können. Das digitale Gedächtnis wächst und wächst, ein Ende ist nicht vorgesehen.

Die gute Nachricht ist, daß wir nicht wehrlos sind gegenüber der Informationsmagie und -gier, daß wir unser Schicksal in die eigene Hand nehmen können und Entwicklungen keineswegs zwangsläufig sind. Es gilt, die Veränderung des gesellschaftlichen Klimas in eine positive Richtung zu lenken, auch dadurch, daß man sich zuallererst um seine eigene Datensouveränität kümmert. Auch die digitale Zukunft entsteht durch die Summe der vielen kleinen Handlungen, die wir alle jeden Tag tun, lassen, ignorieren oder kritisieren. Erste Anzeichen eines Umschwungs weg von der Herrschaft der Datenfresser sind schon zu beobachten. Die Diskussionen der letzten Jahre über staatliches und privates Datenhorten, über Skandale und Mißbrauch zeigen eine wachsende Sensibilität für Fragen der digitalen Privatheit. Selbst die noch bis vor kurzem als hoffnungslos dem Netz-Exhibitionismus verfallen geglaubte junge Generation beginnt in Scharen, den Wert der Privatsphäre wiederzuentdecken.

Sich der Bedeutung seiner Privatsphäre bewußt zu werden, darüber nachzudenken, wo die Grenzen sind, was man wirklich für sich behalten will, ist der erste Schritt zur digitalen Mündigkeit. Jeder von uns hat etwas zu verbergen – die Frage ist immer nur, vor wem.

Wir können uns – als Individuen und als Gemeinschaft – nicht einfach ungesteuert im wilden Strom der Bits und Bytes treiben lassen. Wir sollten bewußt und wohlinformiert auf das Geschehen Einfluß nehmen, denn neue soziale Normen und Regeln sind notwendig. Die ganz private Balance zwischen den Interessen des Individuums und den Möglichkeiten einer vollvernetzten Welt zu finden ist das Ziel.

1. Bezahlen Sie mit Ihren guten Daten
Der Informationstreibstoff von Google,
Facebook & Co.

Die Währung des Internets sind Aufmerksamkeit und Nutzerzahlen. Benutzergenerierte Inhalte, also Daten und Informationen, die Nutzer kostenlos ins Netz stellen und die gewinnbringend verkauft werden können, sind der Rohstoff von Flickr, Facebook & Co. E-Mailadressen, persönliche Profile, Postleitzahlen, Telefonnummern, Fotos, aber auch die sozialen Verbindungen der Benutzer untereinander werden zur Ware.

Besonders die sozialen Netzwerke offerieren etwas höchst Menschliches: Kontakte, Kommunikation und letztlich die Sichtbarkeit der eigenen virtuellen Identität im Netz. Die persönliche Repräsentanz, das digitale Abbild unseres Selbst, findet mehr und mehr in den Online-Netzen statt. Freundes- und Kollegenkreise bilden sich auf Facebook, StudiVZ oder Stayfriends ab, es wird online geflirtet und gearbeitet. Der Kern der Angebote ist die einfache Publikation und vielfache Weiterverlinkung von fast allem, egal ob Katzenbilder, Geschäftskontakte, Urlaubserinnerungen oder digitale Todesanzeigen. Und scheinbar sind all die praktischen Dienste und Netze kostenfrei.

»Werden Sie Mitglied, unsere Plattform bietet Ihnen alles kostenlos!« schallt es einem im Netz an vielen Stellen entgegen. Internetdienste versprechen mehr Spaß, mehr Freunde, mehr Produktivität, mehr Sex, mehr Informationen oder Shopping-Empfehlungen – meist ohne Bezahlung. Wenn man nicht genau hinsieht, scheint es fast, als wäre im Netz der Kommunismus ausgebrochen: Alles für alle und umsonst.

Wie teuer »kostenlos« wirklich ist

Wenige wissen, wie sich die Anbieter der digitalen Annehmlichkeiten finanzieren. Womit bezahlen wir die vorgeblich kostenlosen Dienste? Denn eine Gratis-Ökonomie ist es mitnichten. Wie funktioniert die magische Umwandlung von Klicks und Teilnehmerzahlen, von Freunden und hochgeladenen Bildern in Geld? Und was sind die Leitwährungen und Umrechnungskurse? Die meisten Nutzer haben eine vage Ahnung, daß sich das alles über Werbung finanziert, aber kaum jemand mag sich so recht mit den Details befassen.

Klar ist: Kein Unternehmen stellt umfangreiche Dienste bereit, ohne sich davon einen monetären Vorteil zu erhoffen. Der Betrieb einer Webseite mit Millionen von aktiven Benutzern kostet jeden Monat hohe Summen. Die Kosten fallen in vielen Bereichen an. So betreiben zum Beispiel Facebook und Google riesige Hallen voller Computer, die Dutzende Megawatt Strom verbrauchen. Ein großes soziales Netzwerk wie Facebook muß Rechner- und Speicherkapazitäten aufbauen, die pro Tag mit fast fünfzig Millionen hochgeladenen Bildern umgehen können. In jeder Minute kommen also mehr als dreißigtausend Fotos neu hinzu.

Die Computer, auf denen ein Webdienst solcher Anbieter läuft, auf denen also die Daten der Nutzer gespeichert und verarbeitet werden, heißen »Server«. Von dort werden die Webseiten an den heimatlichen Computer und seinen Browser ausgeliefert. Meist handelt es sich um vergleichsweise preiswerte, einfache Geräte, die in den klimatisierten Hallen stehen und darauf optimiert sind, möglichst viel

Rechen- und Speicherleistung zu erzielen und dabei wenig Platz und Energie zu verbrauchen. Jeder davon kostet etwa ein- bis zweitausend Euro und hält maximal drei Jahre, bevor er ersetzt werden muß.

Die Server werden in sogenannten Racks übereinandergestapelt, meist vierzig oder fünfzig übereinander. Von diesen Racks stehen einige hundert in jeder der Hallen. Jeder Server verbraucht etwa soviel Energie wie drei oder vier Hundert-Watt-Glühbirnen und produziert genausoviel Wärme. Man kann sich das etwa so vorstellen, als würde man zweihundert Glühbirnen mit je hundert Watt in einem Schrank betreiben. Und dann stellt man ein paar hundert von diesen Schränken nebeneinander. Die dabei entstehende Wärme muß von gigantischen Klimasystemen abgeführt werden, bei manchen modernen Rechenzentren wird sie inzwischen zum Teil zurückgewonnen und recycelt.

Die Strom- und Anschaffungskosten für die Server sind nur ein Teil der Ausgaben, die ein großer Inhalte-Anbieter wie beispielsweise Youtube hat. Ein weiterer Posten ist die Internet-Anbindung, sie bewegt sich in Größenordnungen, die einen heimischen Internetanschluß um das Zehntausendfache übertrifft. Der Bedarf an Internet-Bandbreite von Unternehmen wie Youtube ist so groß, daß der Google-Konzern, zu dem es gehört, selbst ein Internet Service Provider (ISP) geworden ist. Das Personal, um solche komplexen Netzwerkstrukturen zu bauen und zu betreiben, ist teuer. Einkalkuliert werden müssen ebenso die qualifizierten Menschen, die sich darum kümmern, die Server am Laufen zu halten, neue Funktionen zu entwickeln, aber auch die Buchhaltung durchzusehen und die Benutzer zu betreuen. Typischerweise gibt ein großes Internetunternehmen mehr als zwei Drittel der Kosten für Mitarbeiter aus.

Information als Währung

Ein Grund für die Datengier im Netz: Bezahlmodelle funktionieren im Internet nur in einigen wenigen Nischen. Daher sind die Informationen über die Nutzer zur neuen Währung geworden. Der Druck durch kostenlose Konkurrenten läßt dieses »Bezahlen mit Daten«-Modell florieren. »You can't compete with free« lautet entsprechend der Schlachtruf von Google & Co. Niemand kann erfolgreich die gleiche Dienstleistung gegen Bezahlung betreiben, wenn es einen Klick weiter jemand umsonst anbietet. Es hat sich durchgesetzt, daß Anbieter Dienste ohne Bezahlung offerieren, aber im Gegenzug wertvolle Informationen bekommen und auswerten.

Noch vor wenigen Jahren, auf dem Höhepunkt der sogenannten Dot-com-Blase, wurde die Frage nach den Einnahmen der zu Hunderten gegründeten Firmen in die ferne Zukunft vertagt. Die Unternehmen wollten in erster Linie Marktanteile gewinnen, sich als Platzhirsch positionieren, eine Marke etablieren, die Konkurrenz abhängen. Geld verdienen würde man schon irgendwie später. Wenig überraschend stellte sich bald heraus, daß auch die Blauäugigen unter den Risikofinanziers eine solche Strategie nicht unbegrenzt lange durchhalten.

Um zu verstehen, welche ökonomische Motivation hinter den meisten Internet-Unternehmen steckt, muß man einen genauen Blick auf die Mechanismen des Risikokapitals werfen. Dabei gilt es, hinter die mit Bildern von glücklichen, dynamischen Menschen geschmückten Fassaden der Prospekte und Webseiten zu blicken, in die ungeschminkte, oft häßliche Realität der Start-ups und ihrer Finanziers.

Ohne Kenntnis der ökonomischen Hintergründe ist es kaum möglich, die Interessen und Motivationen der Akteure nachzuvollziehen. Für sie ist der Nutzer inklusive seiner Daten nur Mittel zum Zweck, nur ihrem Profit dienlich. Die Mechanismen des Risikokapitals, des Börsengangs und der Monetarisierung von Benutzerdatenbeständen treiben die Datengier zusätzlich an. Die häufigen Fehlschläge, die dazu führen, daß die Daten in den Händen des Höchstbieters bei der Insolvenzversteigerung enden – ganz entgegen der vielleicht einstmals guten Absichten von Firmengründern –, gehören ebenso dazu wie die gängigen Methoden, die Daten der Nutzer zu Geld zu machen.

MyBelovedPet.com – Von der Idee zum Start-up

Prinzipien und Mechanismen lassen sich am besten am konkreten Beispiel erklären. Begleiten wir dazu ein fiktives junges Internetunternehmen. Nennen wir es MyBeloved-Pet.com. Sein Versuch, die Marktführerschaft im Bereich Haustier-Portale zu erringen, gestattet uns einen Blick hinter die Fassaden der risikokapitalfinanzierten Datensammler. Die Einzelheiten sind realen Unternehmensgeschichten entnommen und kondensiert worden. Alle Episoden haben sich so oder sehr ähnlich in echten Firmen zugetragen.

MyBelovedPet entstand eines Abends am Kneipentisch. Drei Freunde, Peter, Paul und Mary, die sich schon seit ihrem BWL-Studium kennen, haben keine Lust mehr, als Unternehmensberater zu arbeiten. Genug des permanenten Herumfliegens, des wochenlangen Wohnens in Hotelzimmern und der frustrierenden Nachtschichten, um mit einer Powerpoint-Präsentation die Wirtschaft zu retten. Es soll etwas Eigenes sein, eine Firma mit der Chance, die Gründer richtig reich zu machen.

Ideen werden diskutiert, verworfen, konkretisiert. Zwischendurch wird kurz im Netz gecheckt, ob schon jemand anderes auf die gleiche Idee gekommen ist, etliche Entwürfe fallen dabei unter den Tisch. Am Ende kristallisiert sich ein Plan heraus. Es scheint eine Marktlücke zu geben.

Bisher hat offenbar niemand die ultimative, umfassende Webseite für Haustierbesitzer angeboten. Es fehlt eine Plattform, auf der sich Mauzis Mama und Hassos Züchter über ihre lieben Tierchen austauschen, Auslaufplätze für ihre Hunde finden, sich gegenseitig Tierärzte empfehlen, eine Profilseite mit den besten Fotos für ihre Lieblinge einrichten und Tests von Haustierprodukten finden können. Auch Profizüchter vieler Tierarten sollen angesprochen werden.

Mary kam die Idee dazu, weil sie Probleme hatte, einen Tierarzt zu finden, der auch Homöopathie für Katzen anbietet. Ihre Miez leidet seit einiger Zeit unter einem nervösen Zucken am linken Auge. Nachdem sie sich durch Dutzende Internetforen und Online-Gelbe-Seiten gequält hat, die alle keine befriedigende Antwort wußten, fand sie schließlich Rat in einer Facebook-Gruppe. Die Nutzer dort hatten noch ein anderes Thema, das sie bewegte: Warum gibt es so was wie Facebook nicht für ihre Haustiere? Damit war für Mary das Konzept geboren. Es mußte nur noch ausgearbeitet werden.

Da nun die Idee steht, werden die Aufgaben verteilt. Peter, der sich am besten mit Zahlen auskennt, wird den Businessplan schreiben. Dieser Plan ist ein Dokument, aus dem Investoren ersehen können, wieviel Geld das Unternehmen in den ersten Jahren für den Aufbau brauchen wird, wieviel Geld es wann und wodurch einnehmen will und wie es sich die Zukunft vorstellt. Peter hat bisher wenig mit Geldverdienen im Internet zu tun gehabt. Er liest sich ein wenig Wissen darüber an, wie heutzutage Online-Services finanziert werden. Alles dreht sich offenbar um den Verkauf von möglichst gezielter Werbung und die Vermittlung von Geschäften und Services, an denen

18

die Webseite mitverdient. Das bekommen wir wohl auch hin, denkt sich Peter, und beginnt mit ein paar optimistischen Schätzwerten das Zahlenwerk zu erstellen.

Da sie als einzige der drei ein Haustier hat, wird sich Mary an die Marktforschung machen und herausarbeiten, welche Funktionen und Möglichkeiten MyBelovedPet.com für den Anfang braucht, um möglichst schnell viele Nutzer anzulocken. Der Markt für Tierprodukte und -dienstleistungen ist im letzten Jahrzehnt enorm gewachsen. Ihre Aufgabe wird es nun auch sein, Kennzahlen dieses Marktes zu ermitteln und auszuwerten.

Paul soll den sogenannten Elevator pitch schreiben, eine knackige Zusammenfassung der Unternehmensidee, mit der man einem künftigen Investor oder neuen Mitarbeiter in kürzester Zeit das unglaubliche Potential der Idee erläutern kann. Seinen Namen verdankt der Elevator pitch der Vorstellung, daß man als Start-up-Gründer in der Lage sein muß, seine Unternehmensidee in der Zeitspanne zu verkaufen, die man mit einem wichtigen Investor zufällig im Fahrstuhl verbringt. Außerdem wird er auf der Basis von Peters Businessplan und Marys Recherchen und Ideen eine ausführliche Investoren-Präsentation erstellen, mit der interessierte Geldgeber überzeugt werden sollen.

Nach zwei Wochen trifft sich das Gründer-Trio wieder und debattiert die Ergebnisse. Es geht etwas langsamer voran als geplant. Neben dem Job noch ein Start-up hochzuziehen ist nicht so einfach. Paul hat schon mal informell Kontakt zu einem stadtbekannten Investoren-Vermittler aufgenommen, der durchaus Interesse zeigte. Peters Businessplan sieht schon akzeptabel aus, kritisch scheint nur die erste Phase, in der es gilt, Personal anzuheuern und möglichst schnell im Netz sichtbar zu werden – »Visibility« zu erreichen, wie es im eigens angelernten Beraterslang heißt. Mary hat eine recht gute Vorstellung davon, was der gemeine Haustierbesitzer so möchte, und bereits Skizzen entworfen, wie sie sich den Aufbau der Webseite vorstellt und welche Funktionen wohl besonders viel Zuspruch erfahren könnten. Das Konzept zur Generierung von Umsatz aus den Nutzern ist noch eher unscharf, aber da sind die drei zukünftigen Exberater optimistisch. Bisher ist ihnen noch immer etwas eingefallen.

Einige Tage später hat Pauls Vermittler einen Kontakt zu einem sogenannten Angel-Investor hergestellt. Diese »Engel« unter den Investoren sind meist durch eigene Startups zu Wohlstand gekommen und investieren nun einen Teil ihres Vermögens in neue Unternehmen. Dabei ist ihre Motivation einfach: möglichst früh dabeisein, um einen möglichst großen Anteil an der Firma zu erhalten. Es besteht für den Investor ein extrem hohes Risiko, daß das Gründerteam es nicht packt und der Mammon verschwunden ist. Im besten Fall allerdings winkt als Gewinn das Mehrfache des Einsatzes, je nachdem, wie sich die Geschäftsidee am Markt entwickelt. Dreihundertfünfzigtausend Euro stellt der Angel für MyBelovedPet.com in Aussicht – vorausgesetzt, er bekommt fünfunddreißig Prozent der Anteile, und die drei schaffen es, ein überzeugendes Gesamtkonzept, idealerweise mit dem richtigen Personal für die Umsetzung, zu präsentieren.

Mit dem Geld käme MyBelovedPet.com laut Businessplan über das erste Jahr, mit knappen Gehältern und Zwölf-Stunden-Arbeitstagen, mit gebrauchten Büromöbeln in einer alten Fabriketage irgendwo in einer weniger schicken Gegend. Mit der Unterschrift des Angels wäre das neue Unternehmen auf dem Papier eine Million Euro wert, obwohl es noch kein Produkt, keinen Umsatz, nicht einmal eine Webseite gibt. Der Investoren-Vermittler gibt sich mit zwei Prozent der Unternehmensanteile zufrieden.

20

Nutzerprofile und Spuren aus Kekskrümeln

Doch wie funktioniert das Geschäftsmodell von MyBe-lovedPet.com? Wie wird aus dem Besitzer des Vierbeiners mit Hilfe der virtuellen Plattform richtiges Geld in der Kasse des Unternehmens? Wie bekommt der Investor irgendwann sein Geld inklusive ordentlicher Gewinnmarge zurück? Und wie werden unsere drei Gründer dabei reich? Was am Haustier und seinem Besitzer ist so wertvoll, daß MyBeloved-Pet.com am Ende Millionen von Euro wert sein könnte? Um mit den Worten unseres fiktiven Angel-Investors zu fragen: Wie können die Daten der Benutzer monetarisiert werden?

Die »klassische« Methode ist es, präzise Nutzerprofile zu bilden, um diese zu speichern, etwa für gezielte Werbung selbst auszuwerten oder weiterzuverkaufen. Dafür haben sich über die Jahre verschiedene Techniken etabliert, die unterschiedlich genaue Menschenprofile automatisiert erstellen.

Die technische Grundlage dieser Nutzerprofilierung ist im ersten Schritt meist die Verwendung kleiner Dateien im Browser des Plattform-Benutzers, die Cookies genannt werden. Die Webseite von MyBelovedPet.com legt, wie praktisch alle Webseiten im Internet, bei jedem Besuch eine solche Datei auf der Festplatte der Tierfreunde ab. Darin befindet sich eine lange Ziffer oder Zeichenkette, die den Zweck hat, die Besucher voneinander zu unterscheiden und vor allem wiederzuerkennen, wenn sie nochmals auf die Webseite kommen. Der Webserver von MyBelovedPet.com fragt dazu den Browser des Nutzers, ob er schon einen Cookie von dieser Webseite gespeichert hat und, wenn ja, was darin steht. Der Webbrowser antwortet brav mit dem Inhalt des Cookies und speichert auf Anforderung des Webservers neue Daten dazu – das alles ohne Zutun des Tierfreundes.

Das erlaubt zunächst eine sogenannte Reichweitenmessung der Webseite und die Angabe darüber, wie viele verschiedene Benutzer in einem bestimmten Zeitraum zu MyBelovedPet.com kommen. Mit Hilfe des Cookies kann man beispielsweise auch Besucher auseinanderhalten, die aus demselben Firmennetzwerk kommen und daher eigentlich die gleiche Internet-Adresse haben.

Diese Vorgehensweise ist seit mehr als zehn Jahren üblich. In Hinsicht auf die Privatsphäre der Webseiten-Benutzer ist dies oft vordergründig unkritisch, denn selbst beim Weiterverkauf solcher Daten handelt es sich um Profile ohne Personenbezug. Es sind bloße Meßwerte ohne die Namen der Vermessenen und kleine Informationshäppchen, die für die Personalisierung der Webseite genutzt werden können. So kann MyBelovedPet.com auch von vorbeisurfenden Benutzern, die sich nicht angemeldet haben, im Cookie speichern, ob sie sich eher für Katzen oder für Pferde interessieren, und den Inhalt der Eingangsseite entsprechend anpassen.

Allerdings sind nur wenige Informationen vonnöten, um aus Daten, die noch nicht mit Personennamen verknüpft sind, personenbezogene zu generieren. Sind etwa Angaben zum Geschlecht des Benutzers vorhanden, dazu seine Postleitzahl und das Geburtsdatum, stehen die Chancen gut, durch Abgleich mit bestehenden Datenbanken von Personen die Information abzuleiten, um wen es sich handelt.

Das ist aber nicht alles, Mary will es nicht beim Hinterlegen von Cookies belassen und plant eine ausgedehntere Sammlung. Die kleinen Cookie-Dateien sollen es den drei Firmengründern ermöglichen, bei jedem Tierfreund zu beobachten, welche Dienste der Webseite er tatsächlich nutzt, wie oft er dies macht, wie häufig und wie lange er wo auf der Plattform verweilt.

Natürlich plant Mary die Annahme von Cookies nicht als Option, sondern möchte daraus eine Pflicht machen. Hat also ein potentieller Interessent die Speicherung von

Cookies in seinem Browser deaktiviert, wird es einen freundlichen Hinweis geben, daß diese oder jene Funktionalität der Plattform ohne die Mini-Dateien nicht möglich ist, daher stets die Cookies von MyBelovedPet.com angenommen werden müssen.

Die Cookie-Datei kann aber nicht nur von MyBeloved-Pet kommen, auch Dritte können solche Dateien beim Webseiten-Besucher ablegen. Mary hat sich bereits um Kooperationspartner bemüht, was sich als leichtes Unterfangen herausgestellt hat. Werbeanbieter schließen gern solche Verträge, denn das hat den entscheidenden Vorteil, daß die Kooperationspartner von MyBelovedPet damit die Besucher gleichzeitig auf ganz anderen Webseiten wiedererkennen und beobachten können.

Obwohl die Mitglieder von MyBelovedPet eigentlich nur die Tierfreunde-Plattform angesurft haben, werden von Dutzenden anderen Servern Cookies auf den Rechnern der Besucher hinterlassen. Das geschieht meist unbemerkt, aufgrund der nur sehr kleinen Dateien fällt es den Benutzern kaum zur Last. Den Aufmerksamen unter ihnen entgeht vielleicht nicht, daß sich so Hunderte oder Tausende Cookies in nur kurzer Zeit auf dem eigenen Rechner ansammeln.

Doch da alle großen kommerziellen Plattformen mit vielen Analyse-Firmen und Werbeanbietern kooperieren, ist eine gewisse Gewöhnung eingetreten. Alle machen es ja so, es verfolgt immer jemand den Weg durchs Netz: beim Nachrichtenlesen, beim E-Mailen über das Webportal, beim Youtube-Klicken. Nur wenige nichtkommerzielle Angebote wie zum Beispiel Wikipedia lassen einen noch unbeobachtet surfen. Inzwischen wundert sich auch niemand mehr darüber, daß ein Löschen eines Mitglieder-Accounts nirgendwo auf der Webseite angeboten wird.

Da die Werbepartner, die Mary unter Vertrag genommen

hat, bei vielen verschiedenen Webseiten die kleinen Cookie-Dateien auf den Benutzerrechnern hinterlassen, erlaubt ihnen das, das Verhalten der Surfer über all diese Webseiten hinweg genauer zu analysieren. Das geht über das bloße Zählen weit hinaus: Besuchsgewohnheiten, Kaufpräferenzen, auch Art und Einstellungen des Computers werden ermittelt und mit den im Cookie gespeicherten Identifikationsnummern verknüpft. So weiß die Vertragswerbefirma nicht nur, auf welche Buttons ein Nutzer bei MyBelovedPet geklickt hat, sie sieht auch sein Surfverhalten bei Pferdefreunde.de, Katzenbilder.com und Tierarztvermittlung.de. Das erlaubt auch eine psychologische Analyse des Nutzers.

Dazu werden jeweils Messungen darüber erstellt, wie gut Werbemaßnahmen ankommen. Betrachtet der Beobachtete die Anzeigen beispielsweise über neunzig Sekunden, ist das Werbefilmchen oder die Animation ausgesprochen erfolgreich. Ebenfalls wichtig für zukünftige Werbekampagnen ist die Messung, wie lange Anwendern durchschnittlich Anzeigen eingeblendet werden. Dann wird das Surfverhalten beispielsweise mit Altersangaben korreliert, etwa um Minderjährige herauszufiltern, denen eine besondere Produktpalette offeriert werden soll. Umfragen, manchmal kombiniert mit Gewinnspielen, vervollständigen das Bild.

Ist diese Analyse geschehen, werden die Werbebanner, Bilder oder Animationen in Echtzeit angepaßt. Zu dem Zeitpunkt, wo der Katzenbesitzer auf die Webseite klickt, wird sofort die auf ihn abgestimmte Werbebotschaft eingeblendet. Und egal, ob der Benutzer von MyBelovedPet gerade auf der Plattform selbst oder auf einer anderen kommerziellen Webseite unterwegs ist – ein interaktives Werbebanner für Bio-Katzenstreu folgt ihm.

Wer die Analyse menschlichen Verhaltens kommerziell betreiben will, dem bietet das Netz paradiesische Möglichkeiten, die im realen Leben undenkbar wären: In einem

Supermarkt kann niemals derart genau ermittelt werden, wohin ein potentieller Kunde während des Besuches schaut und welche konkreten Produkte ihn zu interessieren scheinen. Im Netz ist das problemlos möglich, hinzu kommen Kaufprofile und andere Informationen, die ergänzt werden können. Festgehalten wird im digitalen Raum alles: jedes angesehene Foto, jede kontaktierte Person, jede hinterlassene Nachricht des Nutzers.

Ebenfalls erfolgt typischerweise eine geographische Analyse, die das Einblenden regionaler Produkte oder Einkaufsmöglichkeiten optimieren soll. Der Werbepartner von MyBelovedPet kann damit seinen regionalen Kunden noch mehr Möglichkeiten bieten: So kann etwa die Pferdehalterin aus Süddeutschland, die neue Benutzerin von MyBelovedPet ist, vom Besitzer von Mietställen ganz gezielt beworben werden. Auf allen kooperierenden Webseiten springen ihr die passend individualisierten Werbebanner entgegen.

Mary möchte am Milliardenmarkt des sogenannten Behavior targeting noch intensiver mitmischen. Deshalb hat sie in einem zweiten Schritt bereits erwogen, einigen Werbepartnern gegen zusätzliche Bezahlung auch inhaltliche Informationen aus der Plattform MyBelovedPet anzubieten. Falls die Benutzer ihre Zustimmung geben, sollen die Angaben aus den Benutzerprofilen, die Nachrichten in den angebotenen Foren und die preisgegebenen Interessengebiete automatisiert verarbeitet und weitergegeben werden. Das erfordert aber viel Programmierarbeit und wird daher auf später vertagt.

Ebenfalls ins Auge gefaßt hat Mary die Möglichkeit, ein Zusatzgeschäft damit zu machen, Dritten zu erlauben, kleine Applikationen und einfache Spiele auf MyBelovedPet zu integrieren. Das erhöht die Attraktivität der Plattform und verspricht, Nutzer fester zu binden. Dafür erhalten auch diese Entwickler ein Stück vom Datenkuchen.

Im Hamsterrad

Das Grundkonzept zum initialen Generieren der Einnahmen steht also. Die Zeit vergeht nun wie im Rausch. Die drei Unternehmensgründer klappern ihre Freunde, Familien und Bekannten ab, um Programmierer, Administratoren und Gestalter für die Webseite zu finden, vielleicht sogar weitere potente Geldgeber. Das Konzept wird verfeinert, der Angel-Investor ist zufrieden.

Notartermine werden gemacht, die Firma wird beim Handelsregister angemeldet, die erste Rate des Investors wird überwiesen. Nun müssen sich die drei Gründer aus ihrem alten Leben verabschieden. Paul ist der erste, Mary zieht nach, als letzter folgt Peter: Die Berater-Jobs, die bisher ihre Mieten und Autoleasingraten sicherten, werden gekündigt. Aus der Idee wird Ernst.

Eine Fabriketage wird angemietet. Man ist nun eine richtige Firma. Der große Tag, als das schicke neue MyBelovedPet.com-Logo an die Tür geschraubt wird und die schrabbeligen, aber sehr preiswerten Büromöbel geliefert werden, wird mit einigen Gläsern Sekt begangen. Der Angel-Investor schickt noch seinen alten Bekannten Alexander vorbei, der nach einem langen Abend voller Vorfreude und Diskussionen zum technischen Leiter des Unternehmens erkoren wird und drei Prozent der Anteile bekommt. Es kann losgehen.

Damit das Gründer-Ego auch was von der neuen Firma hat, werden Visitenkarten gedruckt. Paul wird Chief Executive Officer, also der Geschäftsführer. Peter macht den Chief Financial Officer, er kümmert sich weiter um Zahlen und Geld. Mary wird zum Chief Operations Officer ernannt, sie soll sich um den alltäglichen Betrieb und die Gestaltung der Webseite kümmern. Alexander darf sich künftig Chief Technology Officer nennen, verantwortlich für alles, was mit Technik zu tun hat. Mit Eifer macht sich das kleine Team an die Arbeit.

Ehrgeizige Ziele werden gesetzt, in vier Monaten soll es eine erste Version der Webseite geben. Der Zeitrahmen ist dabei weniger von der technischen Machbarkeit diktiert als von einer einfachen Kalkulation: Das Geld des Angels reicht knapp für ein Jahr, dann geht das Licht aus. Bis dahin wird MyBelovedPet.com kaum genug Einnahmen zum eigenständigen Überleben haben, es muß also vorher ein neuer Investor her.

Der will natürlich schon mal Beweise sehen, daß das Konzept funktioniert, die Nutzer es annehmen und reale Aussicht auf Erfolg besteht. Es gilt also, bis dahin einen Teil des Ganzen zu realisieren, vorzugsweise einen, der viel Pressewirbel und Aufmerksamkeit potentieller Nutzer und Investoren erzielt. Dazu werden die Tierbesitzerzahlen nach Segmenten recherchiert, um das Potential der zukünftigen Nutzer detaillierter abschätzen zu können.

Die Wochen ziehen ins Land. Langsam nimmt MyBelovedPet.com Gestalt an. Man konzentriert sich auf die Funktionen, die Mary als echte Marktlücke identifiziert hat: die Möglichkeit für die Haustierbesitzer, sich und ihr Tierchen stolz und möglichst einfach mit Bildern im Netz zu präsentieren und sich über deren Besonder- und Eigenheiten, Krankheiten oder bevorzugte Spielzeuge und Nahrung auszutauschen. »So wie Facebook, aber speziell für Tierliebhaber«, umreißt Paul das Konzept gern, wenn er mit potentiellen Investoren spricht. Die Interessenten nicken anerkennend. Facebook ist durch sein Geschick, seine Mitglieder zur Preisgabe von möglichst vielen Daten zu animieren und diese für gezielte Werbung zu nutzen, in Windeseile zu einem gewinnträchtigen Unternehmen geworden. Wenn es MyBelovedPet gelingt, auch nur einen Bruchteil des Erfolges bei den Haustierfreunden zu wiederholen, stehen den drei Gründern goldene Zeiten bevor.

Doch nach fünf Monaten ist die Webseite noch nicht fertig. Alexander flucht über die billigen, aber unzuverlässigen Lohnprogrammierer aus Osteuropa. Mary streitet sich mit den Designstudenten, die für wenig Geld die Gestaltung von MyBelovedPet als eine Art Praktikum erledigen. Sie ist unzufrieden: Alles geht zu langsam voran und ist optisch nicht cool genug.

Zwei Monate später kann Paul nicht mehr schlafen. Die Webseite wird und wird nicht fertig. Die Versuche mit Test-Nutzern verlaufen wenig erfolgversprechend. Der Angel-Investor wird nervös, macht Druck, mit der Suche nach einem neuen Investor zu beginnen, obwohl noch nichts von MyBelovedPet im Internet zu sehen ist. Peter brütet nächtelang über seinen Finanztabellen, um irgendwie Wege zu finden, das Geld noch etwas länger zu strecken. Mary bekommt die ersten grauen Haare. Alexander arbeitet nur noch nachts, um die Fehler der Lohnprogrammierer vom vorherigen Tag zu finden, damit sie am nächsten Morgen eine Auftragsliste für den nächsten Tag vorfinden und so Zeit gespart wird.

Knapp neun Monate nach dem Start des Unternehmens geht MyBelovedPet endlich mit einem kleinen Funktionsumfang online. Die Reaktionen in der Haustierpresse und den Webforen sind verhalten, aber positiv. Langsam kommen die Benutzer. Das System stürzt zwar immer mal wieder ab, wird aber offenbar von den Tierfreunden angenommen.

Paul spricht seit einigen Wochen mit mehreren Investoren, ein konkretes Investment-Angebot liegt vor, das allerdings von den Gründern als zu hart für sie empfunden wird. Die Zeit, »bis das Licht ausgeht«, die Peter jeden Montag seinen Mitstreitern per E-Mail mitteilt, sind etwa

28

einhundert Tage. Wenn bis dahin kein neues Geld herein-
kommt, war's das.

Dummerweise wissen das auch die potentiellen neuen
Investoren, die das Angebot unterbreitet haben. Die haben
sich im Zuge der sogenannten Due dilligence, der Über-
prüfung der Unternehmensdaten vor einem Investment,
alle Unterlagen von MyBelovedPet.com angesehen und
können sich genau ausrechnen, wie lange die Gründer und
der Angel-Investor noch verhandeln können. Insbesondere
sind sie interessiert daran, wie MyBelovedPet.com gedenkt,
seine Nutzerzahlen zu steigern und diese Nutzer besser zu
monetarisieren, also zu Geld zu machen.

Daten zu Finanzreserven

Mary recherchiert, ob die Daten der Mitglieder auch direkt zum Verkauf angeboten werden können. Immerhin
beinhaltet die Datenbank inzwischen siebentausend aktuelle E-Mailadressen. Nach ein paar Telefonaten muß Mary
leider feststellen, daß diese Adressen für nur etwa 25 Cent
verkauft werden – und zwar pro Megabyte E-Mailadressen.

Peter besucht zeitgleich ein Seminar, angeboten von
einem der renommiertesten Risikokapitalgeber des Landes. »Monetarisierung im Web 2.0« lautet der Titel, es geht
also um die Kernfrage, die auch die potentiellen Investoren
bewegt. Präsentiert werden verschiedene Modelle – Werbung, möglichst gezielt, ist das gängigste. Werbung im
Internet wird meist nach einem zweistufigen Prinzip bezahlt. Zum einen gibt es ein paar hundertstel oder tau-
sendstel Cent für jedes Auftauchen eines Werbebanners
oder gesponsorten Suchergebnisses auf der Webseite. Je
mehr Besucher die Webseite hat und vor allem je mehr

diese zur gewünschten Zielgruppe der Werbekunden gehören, desto mehr Geld gibt es für die Werbeschaltung.

MyBelovedPet wird also stets versuchen, Hundebesitzern
keine Katzenstreuwerbung anzuzeigen, sondern passende
für Hundeprodukte. Wenn auch noch die Hunderasse und
das Alter des Vierbeiners bekannt sind – und MyBeloved-
Pet tut alles, um die Nutzer zur Eingabe dieser Informationen zu bewegen –, kann die Werbeauswahl weiter einge-
grenzt werden. Alles, was die Wahrscheinlichkeit erhöht,
daß das Werbebanner oder das bezahlte Suchergebnis angeklickt wird, steigert die Einnahmen potentiell.

Lukrativ wird es aber erst wirklich, wenn ein Nutzer
tatsächlich auf die Werbung klickt. Dann werden bis zu
einigen zehn Cent pro Klick fällig. Je besser MyBelovedPet
dem Werbekunden dann auch noch Informationen über
den Besucher zur Verfügung stellen kann, desto besser die
Entlohnung. Mit dem Klick auf das Werbebanner übermittelt MyBelovedPet eine Art Kundennummer an den Werbepartner, mit der dieser dann über eine Schnittstelle, die
er bei MyBelovedPet gemietet hat, mehr erfahren kann:
was für ein Haustier der Kunde hat, auf welche Werbung er
bereits in der Vergangenheit geklickt hat, welche Themen
ihn interessieren und was seine Freunde bei MyBelovedPet
so treiben. Interessant ist auch, ob er vielleicht jemand ist,
der von sich aus mitteilsam ist, ob er also Produkte, die er
kauft und denen sein Haustier zuneigt, kommentiert. Je
mehr man also über einen Nutzer weiß, desto besser.

Am Ende des Seminars gibt es noch einen Vortrag mit
dem Titel »Metriken zur Unternehmensbewertung«, bei
dem ein erfahrener Venture-Kapitalist aus dem Nähkäst-
chen plaudert: »Seien wir mal ehrlich, die meisten von Ihnen
werden nicht deshalb reich werden, weil Iihr Unternehmen
riesige Profite abwirft. Früher wäre vielleicht auch noch ein
Börsengang dringewesen, aber im derzeitigen Marktumfeld

30

werden das wohl nur wenige von Ihnen schaffen. Die Chance auf Wohlstand liegt für Sie darin, den Laden zu einem günstigen Zeitpunkt an einen größeren Konkurrenten zu verkaufen. Oder an eine etablierte Firma, die sich in Ihr Marktsegment bewegen will, aber den Zug in Ihre Marktnische verpaßt hat. Ich werde Ihnen jetzt mal erklären, wie sich dann der Unternehmenswert zusammensetzt. Diese Metriken sind auch vorher relevant, für eine Finanzierungsrunde, da Ihr Investor ja immer seinen Exit im Auge hat.«

Die Methoden zur Unternehmenswertberechnung für ein Internet-Unternehmen drehen sich neben dem tatsächlich erzielten Umsatz um drei Kriterien: die Anzahl der Benutzer, wieviel Zeit sie auf der Webseite verbringen und – am wichtigsten – wie viele Daten sie von sich offenlegen. Anhand dieser Kriterien werden die Benutzer segmentiert, typischerweise in fünf bis zehn Gruppen, je nach Komplexität der Nutzerstruktur.

In Gruppe A sind die aktivsten Benutzer, die permanent auf die Webseite kommen, im Schnitt bis zu zweieinhalb Stunden täglich verweilen, viele Freunde dort haben, freigiebig mit ihren Daten sind und positiv auf Werbeangebote reagieren. Mit starker Aktivität auf der Webseite verbindet sich fast immer eine deutliche Verbesserung der Datenqualität hinsichtlich der Aussagekraft des Profils. Es sind also die datentechnisch gläsernen Mitglieder, die in der Gruppe A zusammengefaßt werden. In Gruppe E sind hingegen die Karteileichen, die sich nur mal einen Account eingerichtet haben, aber kaum jemals wiedergekommen sind, keine Freunde auf der Plattform haben und nichts über sich preisgeben wollen.

Wenn um die Bewertung des Unternehmens gefeilscht wird, geht es neben etwaigen Umsatzzahlen eigentlich nur noch um diese Kennzahlen zur Gruppierung der Nutzer und den Wert pro Stück in den einzelnen Gruppen. Für die Gruppe A kann der Wert leicht einen zweistelligen Euro-Betrag pro Person erreichen. Peter kommt bei diesen Ausführungen eine Bemerkung seines Lateinlehrers in den Sinn: Das Wort »Kapital« habe eine gemeinsame Wurzel mit dem lateinischen »caput«, hatte der Lehrer erklärt, dies bedeute »Anzahl der Köpfe einer Viehherde«.

Betrachtet wird stets auch der Gewinn, der sich mit den Nutzern in den nächsten Jahren erzielen läßt. Obendrein ist die Wahrscheinlichkeit, daß Benutzer der Gruppe A die Plattform verlassen werden, gering. Sie haben viel Mühe und Zeit in ihr virtuelles Katzenkörbchen investiert, sie haben Bilder hochgeladen und ihre Profilseiten attraktiv gemacht. Sie haben ihre Freunde dorthin eingeladen und sich eine Reputation in den Diskussionsforen erschrieben. Ihr virtuelles Leben spielt sich zu einem guten Teil auf dem System ab, es ist in ihren Alltag integriert. Sie benutzen die Webseite auch übers Mobiltelefon, um unterwegs auf dem neuesten Stand zu bleiben. Das systeminterne Nachrichten-Feature hat für sie die E-Mail weitgehend ersetzt, da sowieso alle ihre Freunde ebenfalls Mitglieder sind.

Die Karteileichen in Gruppe E sind demgegenüber bestenfalls ein paar Cent wert, auf die vage Hoffnung hin, daß sie durch gezielte E-Mails und Lockangebote reaktiviert werden könnten. Die Gruppen B bis D rangieren in ihrem Wert absteigend zwischen den Vielnutzern und den Centwerten.

Zurück vom Seminar, ruft Peter seine Mitgeschäftsführer zusammen und erklärt ihnen das Gelernte. Neue Prioritäten werden ausgegeben. Als erstes wird bei einer Anwaltskanzlei die Ausarbeitung einer neuen Datenschutzerklärung in Auftrag gegeben, um in möglichst harmlos klingenden Worten den Nutzern ihr Einverständnis zur vollständigen Protokollierung und Weitergabe ihrer Informationen abzuluchsen.

32

Peter macht dem Anwalt unmißverständlich klar, daß die neuen Bedingungen vor allem ein Ziel haben sollen: die tatsächliche Verwendung der Nutzerdaten gegenüber den Plattformmitgliedern zu verschleiern. Angesprochen werden soll ohnehin nur, was unbedingt erwähnt werden muß. Vollständig darf nirgends transparent werden, was tatsächlich gesammelt und weitergegeben wird. Der Anwalt nickt, er ist schon länger in der Branche tätig und weiß, was gefordert ist. Zufällig hat er vor wenigen Wochen die neuen Datenschutz-Bedingungen für ein großes Studentenportal erstellt, das genau die gleichen Anforderungen hatte. Die Textbausteine daraus lassen sich prima weiterverwenden.

Das klingt dann etwa so: »Datenschutz und Datensicherheit sind uns wichtig! Nur ausnahmsweise und unter strikter Beachtung unserer datenschutzfreundlichen Richtlinien können anonymisierte Nutzungsdaten ohne persönliche Informationen vertrauenswürdigen und geprüften Partnerunternehmen zur Verfügung gestellt werden.« Daß die Prüfung der Vertrauenswürdigkeit sich darauf erstreckt, daß Peter nach Bauchgefühl entscheidet, ob der Partner wohl halbwegs seriös oder schon kriminell ist, bevor ein Vertrag unterschrieben wird, wird ebensowenig erwähnt wie das Detail, daß sich aus der Zusammenführung aller Informationen problemlos auch die anonymen Nutzeraccounts den realen Personen zuordnen lassen. Es gibt pro Postleitzahlenbereich nur sehr wenige Menschen, die eine Angorakatze haben, 42 Jahre alt und Abonnent der Zeitschrift »Der Rassekatzenfreund« sind.

Mary denkt sich ein System von Punkten aus, die sie Bienchen nennt. Für jede Nachricht in einem Forum gibt es ein Bienchen, für jeden erfolgreich eingeladenen Freund dreißig. Wer einen Bienenstock von fünfhundert Bienchen gesammelt hat, bekommt Futter für eine Woche für seinen vierbeinigen Liebling kostenlos geschickt. Die Futterbüchsen hat Mary bei einem Sponsor organisiert, der seine neue Serie von Bio-Tierfutter bekannt machen will. Es kostet also nur den Versand, ein Schnäppchen im Vergleich zu dem, was ein Gruppe-A-Nutzer wert sein wird.

Paul macht sich intensiver auf die Suche nach mehr Partnern für die anderen, ein wenig direkteren Einnahmewege. Tierartikelversender, Tierärzte, Tierspezialbekleidung, Haustierzeitungen, Gassi-Geh-Dienste, Hunde-Hotels, Pferdehöfe, Kliniken für künstliche Befruchtungen, Haustierfriedhöfe und Rassekatzen-Cloning-Services in Korea, Paul schreckt vor nichts mehr zurück.

Die Umsätze müssen fließen; wie sie generiert werden, ist egal. Und MyBelovedPet könnte theoretisch seinen Partnern einiges offerieren: direkter Verkauf über die Webseite mit gezielt angepaßten Angeboten an Mitglieder, aus deren Profil, ihren Umfrageangaben und Nachrichten man ersehen kann, daß sie die Dienstleistungen und Waren mit hoher Wahrscheinlichkeit kaufen könnten. Discounts und andere Incentivierungen für Mitglieder mit vielen Bienchen sollen den notwendigen Anreiz schaffen.

Das Ziel für die Verbesserung der Position gegenüber den potentiellen Investoren ist klar: Mehr Nutzer müssen schnell her, sie müssen stärker eingebunden und länger auf der Plattform gehalten werden. Neue Funktionen werden nur noch danach bewertet, ob sie neue Teilnehmer anlokken und halten können. Es geht dabei nicht mehr allein um reine Nützlichkeit, sondern darum, wie attraktiv und anziehend ein neues Feature ist. Je schneller ein Neuling dazu verlockt wird, mehr Zeit auf der Seite zu verbringen, mehr Daten von sich und seinem Tierchen einzugeben und viele seiner Freunde einzuladen, desto besser.

Schnell stellt sich heraus, daß die Fülle an notwendigen Funktionen nicht mit der bisherigen Strategie, die vor allem niedrige Ausgaben im Blick hatte, zu realisieren ist.

Alexander rollt nur noch mit den Augen, wenn er gefragt wird, wann die Software für das Bienchen-System und die Schnittstellen für die Werbe- und Verkaufspartner endlich fertig werden.

Paul und Peter ziehen sich aus dem Alltagsgeschäft zurück, sie sind nur noch auf Achse, um Investoren zu suchen und Finanzierungsverhandlungen zu führen. Mary versucht derweil, die unruhig werdenden Mitarbeiter bei der Stange zu halten. Die meisten sind Studenten und Praktikanten mit Minimalgehalt ohne finanzielle Reserven, die durch die anstehende Stundung ihrer Löhne in arge Probleme geraten. Mary versucht es mit Durchhalteparolen, die sie von ihren Vorgesetzten aus der Beraterzeit gelernt hat – mit eher mäßigem Erfolg. Die Zeit, »bis das Licht ausgeht«, sind noch knapp vierzig Tage. Es muß etwas geschehen.

Eines Abends raufen sich Paul, der gerade von einem weiteren frustrierenden Meeting mit potentiellen Investoren zurückkam, und Alexander zusammen und beschließen, mit ein paar technischen Tricks die Nutzerzahlen nach oben zu schummeln. Sie weihen am nächsten Morgen Peter und Mary ein, sonst aber niemanden. Der Mut der Verzweiflung verdrängt alle noch vorhandenen ethischen Bedenken. Es geht jetzt um alles.

Aus dem kargen Restbudget wird Geld für eine kleine Werbekampagne zusammengekratzt, es soll schließlich halbwegs plausibel aussehen. Alexander macht sich ans Werk, binnen zwei Wochen, parallel zur Werbekampagne, verdoppelt sich anscheinend wie von Zauberhand die Zahl der aktiven Nutzer von MyBelovedPet. Paul kann mit neuen, besseren Zahlen zu den Investoren gehen. Die Finanzierungsverhandlungen kommen wieder in Schwung, so scheint es.

Zehn Tage vor Ultimo liegt ein Vertrag für ein Investment auf dem Tisch. Das Geld auf der Bank würde nicht

35

mehr für die nächste Miete und die ausstehenden Gehälter reichen. Die ersten Mitarbeiter haben angefangen, sich nach Alternativen umzusehen, oder sich krank gemeldet, mit der informellen Ansage, daß eine Gehaltsüberweisung ihrer Genesung sehr zuträglich wäre. Die Einnahmen aus Werbung und Verkaufsvermittlungen fließen zwar, reichen aber gerade aus, um die Kosten für Server-Miete und Internet-Anbindung zu decken. Es gibt keinen Ausweg mehr.

Zähneknirschend nehmen sie daher ein Finanzierungsangebot eines neuen, zweiten Investors an, das die Firmen-Anteile der drei Gründer um mehr als die Hälfte reduziert, dafür aber eine Million Euro frisches Geld bringt. Der Angel-Investor macht gute Miene zum schlechten Spiel, immerhin hat er sein Geld nicht verloren. Das Rad dreht sich weiter.

Die Bedingungen des neuen Investors sind hart. Aktienanteile für neue, qualifizierte Mitarbeiter, der sogenannte Optionspool, müssen jeweils bereitgestellt werden, da diese ohne eine Beteiligung kaum bereit wären, für einen Startup-Lohn zu arbeiten. Strikte Umsatzziele müssen erreicht, Nutzerzahlen und -aktivitäten gesteigert, neue Verkaufspartner gewonnen werden. Werden die Vorgaben nicht erfüllt, fallen weitere Anteile an den neuen Investor. Die Million soll laut neuem Businessplan für acht Monate reichen. Für den Ausbau aller geplanten neuen Funktionen muß schließlich neues Personal angestellt und ein Umzug in neue, größere Firmenräume bewältigt werden.

Der Druck, endlich richtigen Umsatz, der die Firma trägt, zu erwirtschaften, steigt enorm. Wenn die im Investitionsvertrag festgelegten Meilensteine nicht erreicht werden, reduzieren sich die Aktienanteile aller – außer denen des neuen Investors, der jeweils seinen Anteil steigert. MyBelovedPet muß es in den nächsten sechs Monaten schaffen, die Anzahl der Nutzer zu verdoppeln, den durchschnittlichen Umsatz pro Nutzer zu verdreifachen und mehrere Partner mit einem signifikanten Umsatzpotential für die nächsten drei Jahre zu gewinnen.

Solche Zielvorgaben wären in jeder anderen Branche vollkommen utopisch. In der Welt der Internet-Start-ups ist das normal, wenn auch keinesfalls immer realistisch. Investitionsvereinbarungen mit derartigen Meilenstein-Vorgaben funktionieren in den seltensten Fällen so, wie sich die Gründer das vorgestellt haben. Peter, Paul und Mary hätten aber keine andere Wahl mehr gehabt. Mit dem Ausreizen der verfügbaren Finanzreserven bis zum Anschlag hat sie der neue Investor in eine Position manövriert, in der sie keine Alternativen mehr hatten. Das ist sein täglich Brot, er spielt das Spiel mehrmals pro Jahr.

Getrieben von der Angst vor weiterem Anteilsverlust und dem Willen, in der nächsten Investitionsrunde nicht mehr so schlecht dazustehen, stürzen sich unsere drei Gründer in die Arbeit. Das Bienchen-System wird ausgeweitet. Tierärzte und andere Werbepartner erhalten zukünftig Vergünstigungen, wenn sie die Abwicklung ihrer Dienstleistungen, wie etwa die Terminvereinbarung, an MyBelovedPet delegieren.

Es gilt, die Datentiefe zu vergrößern, mehr über jedes Haustier, jeden registrierten Tierliebhaber zu erfahren, um seinen Wert für das Unternehmen zu steigern. Die Rechnung ist einfach: Je gezielter die Angebote sind, die dem Nutzer gemacht werden, desto wahrscheinlicher wird er zugreifen und Geld ausgeben, ob nun by MyBelovedPet selbst oder bei einem der Partner. Das bringt so oder so Umsatz in die Kasse. Zusätzlich steigt der Wert des Unternehmens in den Augen der Investoren, die mehr Umsatzpotential in besser ausgeforschten Teilnehmern sehen.

Doch das frische Geld schwindet schnell. Professionelle Designer und Programmierer kosten Unsummen, nicht jeder läßt sich mit den an Aktienanteile geknüpften vagen Versprechungen auf zukünftigen Wohlstand dazu bringen, ein karges Gehalt zu akzeptieren. Kaum ist die Finanzierungsrunde bewältigt, muß schon die Suche nach neuen Investoren beginnen.

Staatsbürgerliche Pflichten

Eines Morgens stehen unangemeldet drei Herren in preiswerten Anzügen im Büro. Beamte des Landeskriminalamts bitten um ein vertrauliches Wort mit der Geschäftsführung: Es gäbe da eine besorgniserregende Serie von Vorfällen mit illegalen Kampfhund-Turnieren im letzten Jahr. Oft genug könne man der Halter und Veranstalter nicht habhaft werden.

Durch Internetrecherchen seien die Kriminalisten auf die Haustier-Plattform gestoßen. Beim Ermittlerblick durch MyBelovedPet.com sei ihnen aufgefallen, daß sich einige hundert Liebhaber von Hunderassen, die besonders häufig bei solchen Wettkämpfen eingesetzt werden, in den entsprechenden Rassehunde-Foren der Webseite tummelten und ihre kräftigen Lieblinge auf den Profilseiten anpriesen. Da wolle man diskret nachfragen, ob man mal einen Blick in die internen Datenbestände werfen könne.

Interessant für die Ermittler seien etwa die über das System vermittelten Anfragen zu einigen Tierärzten, die im Rufe stehen, die typischen Verletzungen, die bei Hundekämpfen entstehen, verschwiegen zu behandeln. Und wenn man dann mal die dazugehörigen Halter identifiziert hat, wäre es auch sehr hilfreich, zusätzlich zu wissen, wer ihre Freunde sind, mit wem sie wie oft und wann über die Plattform Kontakt halten, ob vielleicht gar Verabredungen zu Turnieren per System-Nachrichten abgewickelt werden.

Nein, einen Gerichtsbeschluß gebe es nicht, man sei eher auf der Suche nach Ermittlungsansätzen. Unter gesetzestreuen Tierfreunden könnte man doch sicher auf dem kleinen Dienstwege helfen? Selbstverständlich streng vertraulich, niemand würde etwas erfahren. Die Gründer zögern und bitten um Bedenkzeit. Einer der Männer vom LKA reicht Paul seine Visitenkarte und betont nochmals, wie wichtig und hilfreich die Kooperation von MyBeloved-Pet wäre.

Am Wochenende danach ist Paul wie immer auf dem Golfplatz. Er mag das Spiel eigentlich nicht, es ist ihm zu langsam und öde. Auf die sozialen und geschäftlichen Kontakte in dem relativ exklusiven Golfclub mag er jedoch nicht mehr verzichten, seit ihn sein damaliger Chef zu Beraterzeiten eingeführt hatte. Also verbringt er fast jeden Sonntagnachmittag hier draußen.

Der Nachmittag plätschert wie immer dahin. Ein bißchen Abschlag üben, eine große Runde übers Grün, freundlich grüßen hier, nach der werten Gemahlin erkundigen da. An einer kleinen Baumecke stehen zwei ältere Herren ins Gespräch vertieft. Einer von ihnen erkennt Paul und winkt ihn heran. Es ist ein Bankier, wohlvernetzt im Lande und jungen Gründern durchaus wohlgesonnen. Ob Paul wohl einen Moment Zeit habe? Er stellt den zweiten älteren Herren vor, es ist der stellvertretende Innenstaatssekretär des Landes.

Paul ahnt schon, wohin der Hase läuft, als er die markante Stimme des Mannes hört. Und richtig, nach einigen Höflichkeiten kommt er auf den Besuch des LKA bei MyBelovedPet zu sprechen. Man möge doch erwägen, der diskreten Bitte nachzukommen, im öffentlichen Interesse, diese grausamen Hundewettkämpfe müßten endlich ein Ende finden. Der Banker stimmt dem mit verblüffender Intensität zu. Paul erklärt den beiden, daß Internet-Nutzer sensibel sind und man daher ziemlich vorsichtig sei mit Zugriffen von Dritten auf die internen Daten, aber man schon die prinzipielle Notwendigkeit sähe, den Behörden zu helfen. Ein schwieriges Thema eben.

Der Banker blickt zum stellvertretenden Staatssekretär und nimmt Paul dann auf einen kurzen Spaziergang beiseite. Einer seiner vielen Nebenjobs ist der als Mitglied des Förderbeirates der landeseigenen Investitionsbank, die unter anderem junge Unternehmen durch Investments fördern soll. Dort liegt seit geraumer Zeit ein Antrag von MyBelovedPet.com auf eine stille Beteiligung von einer halben Million Euro zu sehr attraktiven Konditionen.

Schauen Sie, junger Mann, meint der Banker. Der Antrag liege nun im Umlaufverfahren auf seinem Tisch, er wollte den wohl morgen bearbeiten und eine Beschlußempfehlung für den Investitionsbank-Vorstand abgeben. Es sei ein so vielversprechendes junges Unternehmen. Allerdings sei es schon hart, aus der Flut von Beteiligungsanträgen immer die richtigen herauszufiltern. Nun ergäbe es sich, daß er aufgrund diverser Komplikationen, mit deren Details er Paul nicht weiter belästigen wolle, auf ein wenig guten Willen des Innenministeriums angewiesen sei. Ob denn Paul nicht vielleicht doch eine Möglichkeit sähe, dem LKA zu helfen? Das würde ihm, dem Banker, sehr zupaß kommen.

Paul muß nun nicht mehr lange nachdenken. Natürlich werde man dem LKA weiterhelfen, sagt Paul zu, diese Hundekämpfe seien schon ein schlimmes Übel, das bekämpft werden muß. Wie schön, meint der Staatssekretär, daß unsere jungen Unternehmer ihre staatsbürgerlichen Pflichten nicht vergessen. Er verabschiedet sich höflich. Der Banker ruft Paul noch hinterher: »Wir sehen uns dann bei der Unterschrift in der Investitionsbank. Einen schönen Tag auch.«

40

Am Montag ruft Paul kurz Peter, Mary und Alexander zu sich und erklärt ihnen die Lage. Niemand bringt Einwände vor. Eine halbe Million würde ihre drückendsten Sorgen lösen. Paul wählt die Nummer von der LKA-Visitenkarte und vereinbart einen Termin für den Nachmittag mit den Ermittlern. Er nimmt sie selbst an der Tür in Empfang. Schulterzuckend geht Alexander mit den Beamten in ein leerstehendes Büro und verbringt den Rest des Tages damit, ihnen die gewünschten Daten herauszusuchen und ihre Fragen zu beantworten. Mißtrauisch dreinblickenden Mitarbeitern erzählen die Gründer, die drei Herren mit den billigen Anzügen wären Mitarbeiter der Geschäftsausfall-Versicherung von MyBelovedPet und würden sich bei Alexander über die Datensicherheit erkundigen.

Vier Wochen später sind die Gründer in der Investitionsbank und können endlich die Unterschrift unter den ersehnten Beteiligungsvertrag setzen. Die halbe Million bedeutet mehr Zeit für die Entwicklung des MyBeloved-Pet-Datenuniversums. Die grauen Herren vom LKA rufen alle paar Wochen an, wenn sie mal wieder Genaueres zu einem bestimmten Hund und seinem Besitzer wissen wollen. Zwischendurch gibt es Pressemeldungen über einen Hundewetten-Ring, den die Polizei gesprengt hat.

Alexander entscheidet sich später, den Herren einen Online-Zugang mit Paßwort weiterzureichen, das ihnen einen weitreichenden Zugriff auf intern gespeicherte Daten erlaubt. Dieses Master-Paßwort hatte er ursprünglich für sich selbst und einige wenige technische Mitarbeiter vorbehalten. Da ihn die gelegentlichen Besuche aber manchesmal einige Stunden von der Arbeit abhalten, entledigt er sich kurzerhand mit der Übersendung des Paßwortes dieser lästigen Pflicht. Er informiert die drei Gründer nicht. Paul bemerkt zwar nach einigen Wochen, daß sich die

Polizisten nicht mehr melden. Er macht sich so seine Gedanken, spricht aber Alexander nie darauf an.

In einigen Benutzerforen von MyBelovedPet kursieren ab und an Gerüchte über Halter von bestimmten Hunderassen, die erstaunlich gut informierten LKA-Besuch bekamen, aber niemand weiß etwas Konkretes. Vermutet wird allgemein, daß die Kampfhund-Wettkampf-Szene von Informanten unterwandert wurde. Marys Foren-Betreuer, allesamt ausgewählte, loyale Freiwillige, die nur mit kostenlosen Futterproben und anderen Testprodukten für ihre Tiere entlohnt werden, haben Anweisung, diese Diskussionen aus dem Index der systeminternen Suchmaschine zu tilgen. So sind sie zwar nicht gelöscht – was ja nur die Gerüchte mit mehr Aufmerksamkeit adeln würde –, aber auch nicht ohne weiteres aufzufinden, wenn man nicht die genaue Stelle im MyBelovedPet-System kennt.

Der Such-Tarnungs-Mechanismus war ursprünglich eingeführt worden, um schlechte Kritiken über Produkte von Sponsoren weniger leicht auffindbar zu machen. Dazu wurde ursprünglich einfach ein Gewichtungskriterium für das Suchergebnis eingeführt, das kritische Beiträge mit einem Signal versah, daß sie weit unten in der Suchergebnisliste einzusortieren sind. Wenn sich jemand zu lange und laut in einem Forum darüber beschwert, daß seine Kritik nicht mehr auffindbar ist, wird sie mit einem entschuldigenden Verweis auf vorangegangene technische Probleme wieder für eine Weile weiter oben in den Suchindex aufgenommen, nur um dann wieder graduell ganz ans Ende abzurutschen. Diesen Service bietet MyBelovedPet seit langem unter der Hand seinen Sponsoren und Werbepartnern an, um die Wirksamkeit der Werbemaßnahmen nicht durch negative Beiträge von Nutzern unterminieren zu lassen.

Die Zeit vergeht. MyBelovedPet gewinnt Scharen neuer Nutzer. Seit Alexander in einer Nacht-und-Nebel-Aktion übers Wochenende ein Modul gebaut hat, das die Einbindung der Tierprofil-Seite in Facebook extrem vereinfacht, laden immer mehr Mitglieder ihre Freunde ein. Die Werbepartner sind glücklich, die Umsätze steigen. Die Fälligkeit der Meilensteine des Investors wird aufgrund der stillen Beteiligung der Investitionsbank verschoben, die Gründer können erst mal aufatmen.

Trotzdem rückt die nächste Finanzierungsrunde bedrohlich näher. Paul und Peter sind wieder auf Achse, sie träumen davon, eine sogenannten strategischen Investor zu finden, einen mit ausgeprägtem Interesse im Marktsegment, in dem MyBelovedPet unterwegs ist. Aber auch die Konkurrenz schläft nicht. PetLove.com, der schärfste Wettbewerber, hat – so die Start-up-Gerüchteküche – ein Zehn-Millionen-Investment praktisch unterschriftsreif.

Wenn es MyBelovedPet nicht gelingt, Geld in ähnlicher Höhe aufzutreiben, wird ein Mithalten im Kampf um die Nutzer und ihre Daten kaum machbar sein. Es geht mal wieder um die Existenz, trotz gestiegener Umsätze ist das Unternehmen weit von der Profitabilität entfernt. Die laufenden Kosten für die vielen neuen Software-Entwickler, Designer, Werbekundenbetreuer und für den Betrieb der stark gewachsenen Webserver-Farm fressen das verbliebene Kapital mit atemberaubender Geschwindigkeit auf.

Der »Exit«

Zwei Monate vor dem Zeitpunkt, den Peter als letzten möglichen Tag für ein neues Investment errechnet hat, eröffnet sich eine interessante Perspektive. Die Pet & Hobby International Group, ein Schwergewicht der Branche mit Sitz in Dublin, die diverse Tier-Publikationen herausgibt und die dazugehörigen Webseiten betreibt, möchte ins

Gespräch kommen. Meetings folgen, Zahlen und Statistiken zur Nutzerentwicklung werden präsentiert, der Investitionsbedarf debattiert.

Am Ende legt Pet & Hobby einen unerwarteten Vorschlag auf den Tisch: Man möchte MyBelovedPet vollständig übernehmen und in den internationalen Unternehmensverbund eingliedern. Die Investoren finden die Idee brillant. Die drei Gründer sind sich hingegen nicht ganz so sicher, ob sie den plötzlichen Umschwung so hervorragend finden. Man kennt Pet & Hobby zwar als zuverlässigen, hart verhandelnden Werbepartner. Die Firma drängte aber auch immer wieder auf noch umfassendere und tiefergehende Datenübermittlung.

Plötzlich geht alles ganz schnell. Die Investoren übernehmen mehr und mehr das Ruder bei den Verhandlungen. Gemeinsam mit der Investitionsbank, die im Vertrag über die stille Beteiligung ein paar unauffällige Klauseln für genau diesen Fall vorgesehen hat, haben sie genug Stimmanteile an MyBelovedPet, um im Ernstfall die Gründer zu überstimmen und einen Verkauf auch ohne deren Zustimmung anzuordnen. Der sogenannte Exit steht in Aussicht, der Zeitpunkt, auf den die Investoren hoffen, um ihr Geld möglichst mehrfach wiederzubekommen.

Peter beobachtet mit gewisser Faszination, wie die Mechanismen zur Bewertung des Unternehmens, die er im Seminar gelernt hat, Wirklichkeit werden. Die Schlüsselszene erinnert ein wenig an einen schlechten Film. Im Besprechungsraum sitzen die Anwälte und Wirtschaftsprüfer von Pet & Hobby, eine Beratercrew des Angels und des zweiten Investors sowie der Vertreter der Investitionsbank. Auf dem Beamer erscheinen Tabellen mit Zahlen.

Die Zahlen sind die Statistiken über das Nutzerverhalten, extrahiert von Alexander unter der Aufsicht eines von Pet & Hobby beauftragten Wirtschaftsprüfers. Nun geht es ans Segmentieren der Nutzergruppen. »Zerlegen und File-tieren« nennt das einer der Anwälte von Pet & Hobby. Die drei Gründer sind nur noch Statisten, gelegentlich befragt zur Bedeutung dieser oder jener Funktion bei MyBeloved-Pet.

Nachdem die Nutzerbasis anhand ihres Verhaltens in fünf Gruppen zerteilt ist, geht das Gefeilsche über den Wert eines Nutzers in jedem der Segmente los. Für die aktivsten, loyalsten MyBelovedPet-User bietet der Käufer 23 Euro pro Kopf. Das ist der errechnete Profit, den sie in den nächsten zwei bis drei Jahren mit einem Nutzer in dieser Kategorie erzielen wollen.

Mit Hilfe der präzisen Datenbasis, die MyBelovedPet über dessen Haustier, seine Vorlieben, seine Abonnements, sein Einkommen, seine Freunde und seine nicht nur tier-bezogenen Einkäufe gesammelt hat, erscheint diese Sum-me als ein vermutlich sogar realistisches Ziel. Die Mit-glieder der Plattform in der Gruppe A haben außer Na-men, Geburtsdatum, E-Mailadresse und Postadresse auch detaillierte Angaben über Hobbys und Mitgliedschaften in Tiervereinen gemacht. Über siebzig Prozent der Gruppe A haben zudem eine Art Haustierhalter-Lebenslauf und et-liche weitere Angaben über sich online gestellt, da dies bei vielen Züchtern, die auf MyBelovedPet.com unterwegs sind, üblich geworden ist. Marys Initiative »Mehr Vertrau-en beim Tierkauf« zahlt sich hier direkt aus.

Für die seltener aktiven und weniger datenfreigiebigen Nutzer gibt es entsprechend kaum Geld. Es wird noch ein wenig gefeilscht, es geht um die Quote »reaktivierbarer Nutzer«, um den zusätzlichen Wert, der von den Face-book-Querverbindungen herrührt, um die Verwertungs-rechte der Profilbilder und um das angehäufte Wissen, wer wie gut auf welche Werbemaßnahmen anspricht.

Man einigt sich schließlich auf 26 Euro für die Kategorie

A und neun Euro für die Kategorie B. Die restlichen Kategorien sind, was die absoluten Summen angeht, relativ bedeutungslos. Am Ende summiert sich das Angebot auf neun Millionen Euro. Für den Angel und den Investor bedeutet das nach Ausübung aller Sonderklauseln und Spezialregeln, die nur im Falle eines Komplettverkaufes der Firma wirksam werden und die keiner der Gründer mehr so recht im Kopf hatte, eine Verdreifachung ihres Einsatzes. Die Investitionsbank bekommt immerhin das Anderthalbfache zurück.

Für jeden der drei Gründer bleiben am Ende knapp 300 000 Euro Gewinn. Das ist ein wenig mehr, als sie verdient hätten, wenn sie Berater geblieben und halbwegs Glück mit ihren Boni gehabt hätten. Für sie und die anderen Anteilseigner unter den Mitarbeitern soll es allerdings ein Bonus- und Aktienprogramm von Pet & Hobby geben, um sie zu motivieren, weiterzumachen.

Ernüchterung stellt sich ein. Die Gründer haben keine Chance, noch irgendwas an dem Deal zu drehen. Die Investoren meinen dazu, man sollte das doch bitte nicht persönlich nehmen. Es gehe hier nur ums Geschäft, und in der derzeitigen Marktlage sei ein Exit wie der Verkauf an Pet & Hobby nun mal das Beste, was man kriegen könne. Besser, als in sechs Wochen den Laden zumachen zu müssen, wenn man kein neues Investment findet. Jetzt Streß zu machen sei jedenfalls keine gute Strategie, man müsse ja auch an die Zukunft denken. Mit zusammengebissenen Zähnen schreiten Peter, Paul und Mary zur Unterschrift. Der Deal ist durch, MyBelovedPet.com nach knapp drei Jahren verkauft, mit all seinen Mitgliedern. Fast eine halbe Million Tierfreunde und ihre Daten wechseln den Besitzer.

Zwei Wochen später kommt Peter mit hektischen roten Flecken im Gesicht ins Büro. Er hält eine Wirtschaftszeitung in der Hand, darin eine Geschichte über den Konkurrenten PetLove.com. Das Gerücht über das Zehn-Millionen-Investment war nur die halbe Wahrheit. Die zehn Millionen waren der Preis für eine Komplettübernahme. Der Käufer: die Pet & Hobby International Group.

Paul zittert vor Empörung. Er ruft ihren neuen Chef an, den Leiter der Abteilung New Media bei Pet & Hobby. Ja, der Artikel entspräche wohl weitgehend der Wahrheit, sagt dieser. Er hätte eigentlich schon letzte Woche die neue Strategie mit dem MyBelovedPet-Team besprechen wollen, aber da sei leider etwas dazwischengekommen. Die ehemaligen Konkurrenten würden unter dem Dach von Pet & Hobby verschmolzen, ein Spezialistenteam für komplexe Datenbankoperationen würde nächste Woche anfangen, die Nutzerbestände abzugleichen, zusammenzuführen und einen Integrationsplan für die technischen Verbindungen zu den Werbe- und Kooperationspartnern zu erstellen. Ob denn Alexander dann verfügbar sei? Über die möglichen zukünftigen Rollen der ehemaligen Gründer von MyBelovedPet.com bei Pet & Hobby müsse man ja ohnehin bald mal reden, ob vielleicht Freitag passen würde für ein paar Personalgespräche?

Peter schaut Paul und Mary, die am Lautsprecher des Telefons mithören, resigniert an. Allen ist nun endgültig klar: Es ging Pet & Hobby ausschließlich um die Nutzerdaten. Die MyBelovedPet-Datensammlung wird durch die Verknüpfung mit den Mitgliederprofilen von PetLove.com und den bereits vorhandenen Abonnentendaten der Zeitschriften von Pet & Hobby an Wert und Aussagekraft gewinnen. Alles andere, die sorgfältige Gestaltung der Webseite, die Software, die Technologie hinter MyBelovedPet.com – nur schmückendes Beiwerk, das im Zweifelsfall ausgetauscht werden kann, solange die Nutzer nicht viel davon mitbekommen und ihre geliebten Funktionen dort vorfinden, wo sie es gewohnt sind.

Was am Ende übrigbleibt: Benutzerdaten

Die Firmengeschichte von MyBelovedPet ist nur an der Oberfläche fiktiv. Sie ist ein Kondensat aus den realen Geschichten und Erfahrungen von vielen Start-ups in Europa und den USA. Die Methoden, um Nutzer bis in ihre Intimsphäre hinein auszuforschen, ihre Daten zur Steigerung von Firmenwert und Umsatz zu monetarisieren, sind real und geradezu alltäglich. Genau so operieren heute Tausende Unternehmen, die Beschreibung der Vorgehensweisen und Verfahren entspricht dem heute typischen Vorgehen bei Internetunternehmen. Die Mechanismen des Venture-Kapitals gleichen sich. Der Druck, den sie auf die Gründer ausüben, die Hektik, die Angst vor dem Aus, die vielen kleinen und großen Lügen, die unerfüllten Versprechungen und Übertretungen von vormals als unumstößlich deklarierten Prinzipien, alles, um das Rad weiterdrehen zu lassen – all das ist vollständig authentisch.

Die digitalen Dossiers über Menschen und ihre Haustiere, die MyBelovedPet angesammelt hat, haben den Besitzer gewechselt. Es wird nur ein erster Schritt in einer Kette von Datenzusammenführungen sein. Die Profile werden in andere Datenbanken integriert, mit neuen Informationsquellen abgeglichen. In der Folge verbessert sich die Treffsicherheit und Genauigkeit der Daten, die Fehlerquoten sinken. Aus den scheinbar harmlosen Informationen werden präzise Verhaltens- und Kaufprofile, deren Wert mit jeder Datenaggregation und Vernetzung weiter steigt.

Was ist schon dabei, ein paar Angaben über sich und sein Haustier ins Netz zu stellen? Was kann schon jemand über mich wissen, wenn ich einige Bilder hochlade und Fragen über meine Interessen für mein Nutzerkonto beantworte? Die Antwort darauf liegt in der Vernetzung der

Informationen und der einerseits offensichtlichen, anderseits klandestinen Erfassung des Nutzerverhaltens. Kombiniert mit moderner Konsumforschung werden individuelle Dossiers erstellt, die zielgerichtet verwendet werden können.

Es ist eine weitverbreitete Wahrnehmung, daß Werbung harmlos und individualisierte Offerten doch eigentlich nur besser sind. Je gezielter die Werbebotschaft, desto geringer die Belästigung mit Dingen, die einen sowieso nicht interessieren. Aber ist das wirklich so? Nicht nur Google träumt schon davon, daß uns das Mobiltelefon auf der Basis der gespeicherten Vorlieben und Zuordnungen zu Zielgruppen aktiv Vorschläge unterbreitet, was man so tun könnte und wofür man jetzt am besten sein Geld ausgeben sollte. Das reicht vom Restaurant in der Nähe oder dem Schuhladen mit seinen momentanen Angeboten bis zum Sex-Kino.

Die unschöne Wirklichkeit sieht doch so aus, daß viele Menschen durch Werbung dazu verleitet werden, unnütze, ressourcenverschlingende Ausgaben zu tätigen. Und je gezielter das geschieht, desto mehr Geld geben sie aus. Die Grundannahme, daß der mündige Bürger schon ganz gut damit umgehen kann, was ihm die Werbeindustrie einzutrichtern versucht, gilt es zu hinterfragen. Doch wenn die Produktempfehlung nicht mehr abstrakt ist, sondern quasi aus den eigenen Gedanken errechnet wird, wenn die Empfehlungen hoch präzise und vollkommen treffsicher sind, dann verschwindet die Grenze zwischen Werbung und Manipulation zusehends.

Ein weiterer Aspekt ist natürlich der direkte Mißbrauch der angesammelten Datenberge. Das fängt mit der Bombardierung mit angeblichen Lotterie- und Preisausschreiben-Gewinnen an, die nur abgerufen werden können, wenn man ein paar Online-Abonnements abschließt, und geht weiter bis zum Identitätsdiebstahl, bei dem Kriminelle mit der geklauten Online-Identität des Opfers betrügen und stehlen. Je dichter das Datennetz, je detaillierter die Informationen, desto besser funktionieren auch Datenverbrechen.

Internet-Firmen, deren Wert sich nach dem beständigen Zufluß von neuen Nutzern und noch mehr nach von ihnen generierten Kontakten bemißt, haben naturgemäß kein Interesse daran, die negativen Folgen ihres Tuns offen zu debattieren. Die Grenzen zum Betrug am Nutzer sind oft fließend, ethische Bedenken durch die am Beispiel von MyBelovedPet dargestellten Zwänge und Mechanismen kaum vorhanden. Die kognitive Dissonanz zwischen dem postulierten und nach außen kommunizierten Zweck des Unternehmens und den eigentlichen finanziellen Mechanismen, denen die meisten Start-up-Gründer irgendwann erliegen, erlaubt es ihnen nicht, ehrlich auszusprechen, was ihr wirkliches Interesse an den Daten der Nutzer ist. Es bleibt also dem einzelnen selbst überlassen, die üblich gewordenen Praktiken zu hinterfragen und zu entscheiden, wieviel er von sich, seinen Haustieren und seinen Freunden für alle Zukunft preisgibt und was er dafür tatsächlich bekommt.

2. Die schlauen Maschinen
Algorithmen, Scoring, Kohorten und
Verhaltensvorhersagen

Computer scheinen zwar nicht intelligenter, aber doch
immer »schlauer« zu werden. Ihre Fähigkeiten, den Willen
und die Wünsche des Menschen zu erahnen, ihm Vorschläge zu machen und sein Handeln zumindest in etwa
vorherzusagen, nehmen immer weiter zu. Was steckt aber
dahinter, wie funktionieren die Algorithmen? Was ist so
ein Algorithmus eigentlich genau?

Algorithmen

Algorithmen sind in erster Linie Abfolgen von Rechenan-
weisungen, nach denen ein Computer vorgeht. Ein ein-
faches Beispiel ist die Ermittlung des durchschnittlichen
Preises für ein Kilo Spaghetti im Supermarkt. Man notiert
von jedem Angebot den Preis und die Packungsgröße,
dividiert den Preis durch das Packungsgewicht in Gramm,
multipliziert diesen Wert mit eintausend und wiederholt
das Ganze für jede angebotene Spaghettisorte. Am Ende
addiert man die Preise, dividiert sie durch die Anzahl der
Angebote und erhält einen Durchschnittspreis. Die Prozedur ist für einen Computer in einer Zeile mit Anweisungen
leicht zusammengefaßt.

Die meisten Menschen heute würden dazu einfach die
Tabellenkalkulation auf ihrem Computer benutzen, die
zahlreiche mathematische Funktionen für Durchschnitts-

und Mittelwerte, Median, Standardabweichung und viele häufig verwendete Formeln enthält. Wer mit der Berechnung von Preisen und Margen, mit dem Vergleichen von Angeboten oder auch nur dem Ausbalancieren der Haushaltskasse befaßt ist, folgt Algorithmen. Ein Algorithmus hat Eingangsparameter, wie etwa die Auflistung von laufenden Kosten und Einkünften, und Ergebnisse, etwa das nach Abzug der Kosten verbleibende Haushaltsbudget, die er am Ende auswerfen soll.

Algorithmen sind bisher noch hauptsächlich von Menschen gemacht. Sie sind das Abbild seiner Intentionen. Häufig werden Algorithmen angewandt, um Komplexität zu reduzieren, also aus großen Datenmengen eine für den Menschen handhabbare Zusammenfassung zu extrahieren. Sie dienen oftmals dabei auch dem Zweck, einmal entworfene Berechnungsregeln oder andere sich oft wiederholende Abläufe zu beschleunigen. Nehmen wir etwa die Berechnung eines Mittelwerts für die Einkommen einer bestimmten Klasse von Mitarbeitern einer Firma oder einer Branche. Wenn man diesen Wert für alle Firmen einer Wirtschaftssparte ausrechnet und sich dann die Abweichung zu Vergleichszahlen mit Gehältern anderer Branchen ansieht, so erhält man einen guten Überblick, wie gut die Firma im Vergleich oder die Branche insgesamt zahlt. Die Rechenregeln sind denkbar einfach, man findet diesen Algorithmus auch in jeder Tabellenkalkulation. Wendet man ihn jedoch auf alle Bürger eines Landes an, entsteht plötzlich ein detailliertes Abbild sozialer Schichten und ihrer Einkommen. Algorithmen sind also mathematische Methoden zur Ableitung von neuen Erkenntnissen und Einordnungen.

Die neue Planwirtschaft

Die digitale Ökonomisierung der Welt nahm mit dem Aufkommen von Lochkartensystemen und Großrechnern ihren Anfang. Die ersten weitverbreiteten Anwendungen in Büros und auf den Rechnern zu Hause waren Tabellenkalkulationen, mithin Hilfen für die Erfassung und Verarbeitung von Zahlen, vor allem von Geldbeträgen. Die allgegenwärtige Verfügbarkeit von Tabellenkalkulationssoftware erreichte schnell auch kleine Läden und Firmen, als sich PCs verbreiteten. Geschäftsplanung, Preisberechnung, Verkaufsoptimierung, Personal-Incentivierung und Erfolgskontrolle war noch in den 1970ern für die meisten kleineren Unternehmen eine Angelegenheit von Kladde und Stift. Innerhalb weniger Jahre wurden erst Lotus123 und später Microsoft Excel zu Softwarewerkzeugen, ohne die kaum ein Unternehmen mehr funktioniert hat. Effizienter Kapitaleinsatz durch genauere und umfangreichere Kalkulationsmöglichkeiten, Ausreizen von Finanzspielräumen und die Herausbildung innovativer Geschäftsmodelle brachten auch einen Produktivitätsschub. Wenn man genau ausrechnen kann, unter welchen Umständen die Investition in eine neue Fertigungsmaschine lohnt und wieviel Gewinn pro Monat gemacht werden muß, um die dafür nötigen Kredite zu finanzieren, wird die ökonomische Seite der Geschäftsführung einfacher und effizienter.

Auf der anderen Seite wurde die Versuchung immer größer, auch noch die letzten Quentchen Optimierungspotential auszureizen. Die Folgen waren nicht durchgehend positiv. Was mit der Taylorisierung der Produktion und dem Beginn der Fließbandarbeit in den 80er Jahren des 19. Jahrhunderts seinen Anfang nahm und die Degradierung des Menschen zu »Human Resources« im Arbeitsprozeß beschleunigte, wurde durch die durchgehende digitale Erfassung von Geschäftsprozessen zur unausweichlichen Norm. Am unteren Ende der Einkommensskala, bei Zeitarbeitern, Franchise-Unternehmen, Logistikdienstleistern und im Dienstleistungssektor ist der einzelne Mitarbeiter nur noch dann von Bedeutung, wenn er die Normen erfüllt, die für die Profitabilität des Gesamtsystems notwendig sind. Die Menschen und ihre Leistungsfähigkeit werden zu einem bloßen weiteren Parameter-Set im Optimierungsalgorithmus.

Dabei geht es häufig nicht mehr um das, was im Rahmen eines menschenwürdigen Arbeitstages realistisch abgearbeitet werden kann. Ein typisches Beispiel sind etwa die Auslieferungsfahrer eines großen deutschen Paket-Logistikunternehmens. Sie wurden vor einigen Jahren dazu gedrängt, als selbständige Subunternehmer die Auslieferung an die Empfänger zu übernehmen. Die entscheidenden Parameter für das Drücken der Kosten sind hier die Größe des Auslieferungsgebietes und die Anzahl der auszuliefernden Pakete pro Tag. Per algorithmischer Optimierung werden seitens des Unternehmens die Größen der Zustellgebiete an die saisonalen Schwankungen der Paketmengen, den Verkehr und die erfahrungsgemäß für die Zustellung eines Paketes benötigte Zeit angepaßt. Das Unternehmen wollte den Gewinn in seiner Paketsparte steigern, um für den anstehenden Börsengang ein gutes Bild abzugeben. Der entscheidende Optimierungsschritt war die Umstellung von festangestellten Fahrern auf Subunternehmer.

Der ausliefernde Fahrer verdient nach dem neuen System pauschal pro zugestellter Lieferung. Damit er auf einen halbwegs akzeptablen Tageslohn kommt, muß er zwangsläufig zusehen, wie er trickst und Zeit spart. Typischerweise versucht er deshalb erst gar nicht, jedes Paket beim Empfänger persönlich abzugeben, wenn im gleichen Haus noch ein zweites Paket auszuliefern oder ein Laden im Erdgeschoß

54

ist, der bereit wäre, die Lieferung anzunehmen. Dadurch spart er die Zeit fürs möglicherweise vergebliche Treppensteigen, Klingeln und Unterschrift einholen, da er zwei oder drei Pakete in einem Arbeitsvorgang los wird.

Besonders kritisch sind Expreßlieferungen, die bis zu einer bestimmten Uhrzeit ausgeliefert sein müssen. Weil dem Fahrer eine Vertragsstrafe droht, sollte ein solches Paket zu spät zugestellt werden, gibt er typischerweise kurz vor Ablauf der Zustellungsfrist für die verbleibenden Expreßlieferungen auf seiner Tour »Empfänger nicht angetroffen« ins System ein und verteilt später die entsprechenden Postkarten in die Briefkästen, wenn ihn seine Tour sowieso in der entsprechenden Straße vorbeiführt. Gegen Ende der Touren, wenn die Zeit bis zum Feierabend – an dem viele Fahrer einem Zweitjob nachgehen – nicht mehr reicht, werden dann für alle noch im Auto verbleibenden Lieferungen nur noch »Bitte abholen«-Postkarten verteilt.

Das Auslieferfahrer-Beispiel ist typisch für die Macht der Algorithmen über den Alltag. Mehr und mehr werden auf der Basis der Daten, die durch die durchdigitalisierten Geschäftsprozesse anfallen, Modelle erstellt, aus denen Normwerte für eine Arbeitshandlung abgeleitet werden. Dieser Normwert, der zwangsläufig Rahmenbedingungen ignoriert, die sich (noch) nicht digital erfassen lassen, wird dann zum Maßstab für die Arbeitenden. Die Lohnkosten für die Arbeitshandlung werden zum Optimierungsobjekt, sie werden im Zuge von echten oder fiktiven Krisen gedrückt, neuverhandelt oder durch Umstellung auf scheinbare Selbständigkeit externalisiert. Das algorithmische Modell bildet die Grundlage, auf der die Geschäftsplanung basiert. Mit der Realität hat die Modell-Abbildung nur insoweit zu tun, wie die zugrundeliegenden Daten präzise, aktuell, vollständig und alle Aspekte umfassend sind – was praktisch oftmals unmöglich ist.

Der »Business Plan«, eine Modellrechnung über zukünftige Kosten, Umsatzentwicklung und die daraus resultierenden Zielvorgaben für die einzelnen Mitarbeiter, ist zum Fetisch der modernen Unternehmenswelt geworden. Erfüllung der Planziele wird belohnt. Übererfüllung ist dagegen nur ein deutlicher Hinweis auf vorhandenes Optimierungspotential, das es im nächsten Planzyklus auszureizen gilt. Im Kern ist auch der Kapitalismus eine planende Wirtschaft geworden – die Pläne sind nur kleinteilig und konkurrieren miteinander. Das alte, fehlgeschlagene Ideal der kybernetischen Planwirtschaft, das die triste Realität in den ehemaligen sozialistischen Staaten so nachhaltig prägte, ist mit der Durchdigitalisierung des Wirtschaftsalltags etwas näher gerückt, wenn auch in ganz anderer Form, als es sich die Leninisten träumen ließen. Die Vorhersagemodelle dienen nun der Steigerung des Gewinns und der effizienten Ausnutzung der menschlichen Arbeitskraft. Das Herausoptimieren von Entscheidungsspielräumen, Handlungsalternativen und menschlichem Ermessen aus Geschäftsprozessen – gerade bei niedrig entlohnten Tätigkeiten – führt zu besserer Vorhersagbarkeit und Planbarkeit. Umgekehrt werden zwangsläufig alle Berufe, die durch engmaschige digitale Erfolgs- und Ablaufkontrolle optimierbar sind, in denen die Tätigkeit des Menschen in allen Details erfaßbar und berechenbar wird, automatisch zur Billiglohnarbeit.

Zunehmend trifft das auch auf geistige Tätigkeiten zu, die bisher davor eher verschont schienen. Die Analysierbarkeit beruht hier auf Mechanismen, die man auf den ersten Blick fast als »Verstehen der menschlichen Sprache durch den Computer« bezeichnen möchte. In Wahrheit stecken dahinter jedoch auch nur komplexe Algorithmen, die mit ausführlichen Daten über die Struktur der Sprache, ihre Gesetzmäßigkeiten, typische Abfolgen von Worten im Kontext anderer Worte und semantische Zusammenhänge gefüttert werden. Es wird hier also kein »Verständnis« im Sinne einer Intelligenzleistung erbracht, es wird aber eine immer vollständigere Abbildung der Struktur von Sprache erreicht, aus der sich Worte, Wortgruppen und Satzteile und ihre Zusammenhänge algorithmisch extrahieren lassen. Ein sprachlicher Fingerabdruck jedes Mitarbeiters kann beispielsweise so erstellt werden.

Die Basis der maschinellen »Schlauheit«

Der Fortschritt von Computerleistung und Speicherkapazität bedeutet, daß immer komplexere Rechenregeln auf immer größere Mengen Daten angewandt werden können. Das Geheimnis des Erfolges der algorithmischen Orakel ist also das Zusammentreffen von drastisch verbilligtem Speicherplatz und Computerkapazitäten mit der Verfügbarkeit von immer mehr digital erfaßten Lebensäußerungen. Seit kurzem erst funktionieren die von den Anhängern des »machine learning« entwickelten Methoden in der Praxis. Jahrzehntelang fristete dieser oft belächelte Teil der Forschung an »Künstlicher Intelligenz« ein Schattendasein innerhalb der Informatik.

Mit Hilfe dieser »machine learning«-Methoden kann zum Beispiel die Arbeit eines Mitarbeiters im Marketing im Detail automatisch analysiert werden. Stammen die von ihm eingebrachten Texte von ihm, oder hat er sie nur irgendwoher kopiert und ein wenig verändert? Wie groß ist sein Wortschatz, wie viele Schreibfehler macht er? Selbst Kreativität läßt sich so bis zu einem gewissen Grad messen, anhand von ungewöhnlichen Wortfolgen und der Sortierung der in seinen Texten vorkommenden Substantive, Adjektive und Verben zu inhaltlich verwandten Haufen, auch Cluster genannt. Der inhaltliche Zusammenhang von

Texten läßt sich durch solche Stichwort-Cluster mathematisch erfassen. Der Abstand häufig vorkommender Worte zueinander und die Art ihrer Verbindung in Kombination mit der von Hand vorgenommenen Klassifizierung von inhaltlich wichtigen Worten bildet eine Art semantischen Fingerabdruck eines Textes.

Unternehmen, die solche algorithmischen Analysen anbieten und Methoden selbst entwickeln, lassen selten genaue Einblicke in ihre Arbeitsweisen zu. Dennoch lassen sich aus den Ergebnissen, die von den Maschinen ausgespuckt werden, Rückschlüsse ziehen. Das gilt für Google wie für Amazon, eBay oder iTunes, aber auch für Partnervermittlungen im Netz.

Die Methoden zur maschinellen Sprachverarbeitung haben in den letzten Jahren gewaltige Fortschritte gemacht. Dabei spielte nicht zuletzt die »lernende« Erkennung gesprochener Sprache eine große Rolle. Hier wurden die Algorithmen, die aus dem Verhalten des Menschen lernen – etwa wie er ein falsch erkanntes gesprochenes Wort korrigiert –, verfeinert und verbessert. Nachdem nun praktisch die gesamte textuelle Produktion der Menschheit in digitaler Form erfolgt und zum großen Teil im Netz in der einen oder anderen Form verfügbar ist, gibt es für die lernenden Algorithmen endlich auch genug Datenfutter, um die nächste Stufe der Perfektionierung zu erreichen.

»Machine Learning« verfolgt den Ansatz, etwas der Intelligenz Vergleichbares durch die Sammlung und Analyse von großen Informationsmengen zu erzeugen und die Fehler durch Einbeziehung der Reaktionen des Menschen auf die Ergebnisse fortwährend zu reduzieren. Man kann es sich als automatisches Erfahrungslernen vorstellen, gespeist aus Zusammenhängen und Gemeinsamkeiten von Informationen. Zunächst ging es um die Auswertung von Texten. Gefüttert werden diese Algorithmen heute aber mit den nunmehr reichlich vorhandenen Datenschätzen, die wir in unserem digitalisierten Leben erzeugen. Egal ob Einkäufe, Blog-Postings, Bewegungsdaten, Kreditaufnahme oder Arbeitstätigkeit – praktisch alles hinterlässt digitale Spuren, die von derzeit meist noch separaten Systemen gespeichert und analysiert werden können. Es werden neue Erkenntnisse gewonnen und Informationen eingeordnet, die zuvor entweder zuviel Rechenleistung erforderten oder für die es bisher schlicht keine ausreichende Datenbasis gab.

Scoringwerte: Der digitale Schatten

Ein beliebter Weg, die Ergebnisse dieser Berechnungen zusammenzufassen, sind Klassifikationen und die sogenannten Scoringwerte. Scoring bedeutet im Wortsinn den Prozeß des Zählens und des Einstufens von Zahlenwerten. Praktisch beantwortet ein Scoringverfahren folgende Fragen: In welche soziale Kohorte fallen Sie eigentlich? Gehören Sie zur Menge der weiblichen Studentenschaft der ökonomischen Fächer in norddeutschen Großstädten? Sind Sie den männlichen, ungebundenen Wanderarbeitern zwischen 45 und 55 Jahren, die zur Miete wohnen, zugehörig? Oder etwa den sozial schwachen Witwen mit Haustier in einer Kleinstadt in Süddeutschland? Welcher der Gruppen auch immer Sie angehören, es wird in Ihrem Profil vermerkt und beim Scoring berücksichtigt. Welchen Preis Ihr Datensatz beim An- und Verkauf hat, wird sich ebenfalls daran festmachen. Doch nicht nur das: Auch der Rückblick auf ihre Käufe, Interessen und Urlaubsreisen wird eingerechnet. Anders wäre ein aussagekräftiges prognostisches Profiling kaum möglich. Und das ist noch wertvoller als Ihre aktuellen Datensätze. Ein Abbild der

Persönlichkeit eines Menschen mit einer Vielzahl von Parametern wird einfach mathematisch berechnet. Es entsteht ein digitaler Schatten, dem viel Bedeutung zugemessen wird. Egal ob es um Kreditwürdigkeit oder den begehrten Mietvertrag geht – die Scoringanbieter behaupten, ihre Schulnote über das Leben eines Menschen gäbe verlässliche Aussagen über seinen Wert. Implizit erfolgt damit eine Disziplinierung zu ökonomischem Wohlverhalten. Die unausgesprochene Botschaft ist: »Sei lieber brav, hol dir einen Bausparvertrag und wohn' nicht in der falschen Gegend, sonst war's das mit dem Traum vom Aufstieg in die Mittelschicht …«

Die Berechnung von Scoringwerten ist keineswegs auf den Bereich der Wirtschaft begrenzt. Dem computeraffinen Kriminalisten kommt sogleich auch der offenbar unsterbliche Gedanke der »Rasterfahndung« in den Sinn. Denn auch im Bereich der Strafverfolgung ist der Traum nach der Durchforstung großer Datenmengen nach gezielten Kriterien nicht ungeträumt geblieben. Mit der Verbreitung der kommerziellen Datenverarbeitung und damit einhergehenden Rationalisierung konkretisierte sich dieser Wunsch. Der damalige Präsident des Bundeskriminalamtes, Horst Herold, der von 1971 bis 1981 Chef der Behörde war und dort bereits im Januar 1972 die Abteilung »Datenverarbeitung« bildete, führte in einem Interview mit dem Juristen Sebastian Cobler im Sommer 1980 aus: »Ich sehe die Hauptaufgabe des Bundeskriminalamtes darin, das in riesigen Mengen angehäufte Tatsachenmaterial zu allen abseitigen, abweichenden Verhaltensweisen in der Gesellschaft forschend zu durchdringen, um rationale Einsichten der Gesellschaft zur Verfügung zu stellen, ihr eigenes Rechtssystem zu korrigieren und Instrumente bereitzustellen, die Kriminalität verhindern.« Seine Worte sind gleichsam die Übersetzung der Optimierungsalgorithmen der Wirtschaft in die Strafverfolgung.

Horst Herolds Vision der staatlichen Digitalbegleitung wurde nur teilweise Wirklichkeit – bisher. Die Software und die Algorithmen waren zu seiner Zeit nicht ausreichend entwickelt, die Prozessoren nicht schnell genug, die Speicher zu klein. Zusätzlich war die digitale Datenbasis knapp und die Ergebnisse unzureichend, der Widerstand gegen die Menschenrasterung jedoch groß.

Die technischen Umstände und gesellschaftlichen Realitäten haben sich seitdem grundlegend gewandelt, in der Wirtschaft wie bei der polizeilichen Fahndung. Heute sind der Umgang mit digitalen Kommunikationsinformationen, verbunden mit ebenfalls gespeicherten Bildern, Bewegungsdaten, Einkaufsvorlieben oder biometrischen Informationen alltäglich. Sowohl die technischen Voraussetzungen als auch die mathematisch-statistischen Methoden zur Analyse der in den Daten abgebildeten Persönlichkeit sind nicht nur vorhanden, sondern auch noch preiswert verfügbar. Dank der gleichzeitigen und anhaltenden Verbilligung von Speicher- und Verarbeitungskapazitäten werden computerisierte Verfahren eingesetzt, die auch Millionen Datensätze mühelos durchforsten und dabei überraschende Eigenschaften zu entdecken vermögen: Daß Porsche-Fahrer, die kinderlos sind, eine Schwäche für Apfelkuchen haben und als Urlaubsziel Florida und Alaska bevorzugen, war für Werbetreibende vor der Computerisierung kaum ermittelbar.

Der einzelne Mensch ist nach algorithmischer Rasterung kaum mehr als eine quantifizierbare Menge von Vorlieben, Gewohnheiten und Kaufmerkmalen, die natürlich nach der Größe seines Geldbeutels typisiert werden kann. Diese menschliche Datenhülle kann hernach mit potentiell zu kaufenden Produkten gefüllt werden. Dabei hinterlassen die Käufer wiederum digitale Fingerabdrücke, die das Profil weiter schärfen – und so den Nutzen der stetig lernenden algorithmischen Auswertung erhöhen.

Eine wichtige Rolle spielt beim Datenschürfen die Art und Genauigkeit der Anfragen, die ein Algorithmus bearbeitet. Je präziser die Fragen, um so höher die Wahrscheinlichkeit, aussagekräftige Auskünfte zu bekommen. Ein Beispiel dafür liefert die Firma Google. Sie führt detaillierte Einstellungsgespräche mit den zukünftigen Arbeitnehmern und analysiert ihre Online-Profile. Die angegebenen und gefundenen Daten werden dahingehend analysiert, ob sich statistische Häufigkeiten finden, die Aussagen über die prognostizierte Länge des Arbeitsverhältnisses ermöglichen oder die Berechnung von Risiken für den Arbeitgeber wie Krankheiten, Kündigungswahrscheinlichkeiten oder gar Wirtschaftsspionage zulassen.

Natürlich liefern diese Analysen nur Abziehbilder des wirklichen Menschen mit all seinen Neigungen und Eigenschaften, mit seiner Spontaneität und seinen Neurosen. Dennoch entsteht bei ausreichender Genauigkeit eine gute Skizze, vergleichbar mit einer technischen Zeichnung, die ein Gebäude darstellt. Das Wesentliche ist verzeichnet, obgleich der Uneingeweihte Mühe hätte, anhand dieser Zeichnung das tatsächliche Haus in einer Stadt wiederzuerkennen. Je nach Interesse des Datenauswerters können Unschärfen in der Abbildung vorkommen, aber auch Passagen mit erschreckender Genauigkeit, die das Wesen eines Menschen gut erfassen. Vor allem aber bieten diese technischen Zeichnungen Quantifizierbarkeit und zusätzlich Vergleichbarkeit mit anderen Personen. Anhand einer solchen Zeichnung, der Zusammenstellung seiner Merkmale und Gewohnheiten kann jedoch nur selten eine Aussage über den wahren Charakter eines Menschen getroffen werden.

Existierten vor wenigen Jahren aus verschiedenen Quellen zusammengesammelte Datenbanken noch weitgehend getrennt, so werden heute in zunehmendem Maße die Informationen vernetzt. Die einzelnen technischen Zeichnungen setzen sich dadurch nach und nach zu genauen Entwürfen ganzer Stadtteile zusammen. Der Trend ist auch deshalb entstanden, da Daten die erstaunliche Eigenschaft haben, bei ihrer Addition ihren Wert mehr als zu verdoppeln. Algorithmische generierte Annahmen über Eigenschaften eines Menschen können am besten durch mehr Daten bestätigt oder falsifiziert werden. Interessanterweise ist dabei eine Abweichung von der mathematischen Vorhersage genauso wertvoll wie eine Übereinstimmung, da die Formeln dadurch automatisch korrigiert werden und den gleichen Fehler für ähnlich gelagerte Daten nicht noch einmal machen.

Die digitalen Abbilder unserer Persönlichkeiten sind in allerlei Hinsicht praktisch. Werbetreibende erreichen uns viel einfacher. Unternehmen und Behörden können uns zielgerichteter verwalten. Bei Bedarf können auch prognostische Werte errechnet werden, die es erlauben, unsere Kosten als zukünftige Versicherte abzuschätzen oder bei auffälligen Kontenbewegungen einen präventiven Überwachungsalgorithmus zu aktivieren.

Der Mensch als Helfer der Maschinen

Mensch und Maschine greifen hier nach wie vor ineinander, denn kaum ein Algorithmus ist so genau, daß er Verhaltensweisen mit hundertprozentiger Wahrscheinlichkeit vorhersagen könnte. Also muß ein Mensch in vielen Fällen die Ergebnisse ansehen und entscheiden, ob auch er der Tendenz zustimmt. Selbstverständlich ist diese Zusammenarbeit auch bei immer wieder auftauchenden Fehlmeldungen des Computers noch weit effizienter, als wenn ein Mensch ganz allein den Wust der Daten überblicken und korrelieren müßte. Und die lernenden Algorithmen unterscheiden sich in einem ganz wesentlichen Punkt von früheren Versuchen des mathematischen Realitätsabbildes: Sie lernen tatsächlich aus den Fehlern, die ihnen mitgeteilt werden. Das kann die Ablehnung eines Kaufvorschlages beim Online-Buchhändler sein oder die fälschliche Klassifizierung eines Menschen als potentiell gefährlicher Bösewicht. Machine Learning beruht genau auf dieser Fähigkeit, sich vom Menschen helfen zu lassen. Die mathematischen Einsortierungen von digital erfassten Ereignissen, von Datenveränderungen und menschlichen Aktivitäten werden nach und nach automatisch angepasst, je nachdem, was vom Menschen implizit oder explizit als korrekt oder fehlerhaft angegeben wird.

Computerisierte Analysen sind wir mittlerweile gewohnt, sie begegnen uns fast täglich. Die Vorschläge der automatischen Empfehlungen bei Online-Buchhändlern sind uns vertraut, auch deren noch offensichtliche Unzulänglichkeiten mit zuweilen humoristischem Charakter. Obwohl über viele Menschen schon jahrelang Kauflisten angelegt wurden, sind manche der Angebote noch immer belustigend, wenn etwa dem Biologen, der sonst meist Fachbücher und zuweilen elektronische Geräte ersteht, italienische Kochbücher angedient werden.

Die Funktionsweise der Vorschlagsalgorithmen scheint nachvollziehbar, da uns offenkundig angeboten wird, was Kunden mit ähnlichen Interessen außer dem Produkt, das wir gerade anklicken, sonst noch gekauft haben. Der besagte Wissenschaftler wird eben eine gewisse Menge an Kollegen haben, die gern in die Toskana reisen oder eben Spaghetti-Rezepte mögen. Vergleichbares kennen wir beim

64

musikalischen Geschmack oder bei Vorlieben für kulturelle Ereignisse, bei denen ebenfalls häufig von getätigten Kaufentscheidungen auf die Neigungen der nächsten vorbeisurfenden potentiellen Kunden geschlossen wird.

Das dunkle kleine Geheimnis hinter dieser Offensichtlichkeit ist die Täuschung über die eigentliche Funktionsweise der Empfehlungsmechanismen. Die Empfehlungen sind mitnichten nur dadurch gesteuert, was andere Kunden gekauft haben. Die Reihenfolge der anhand der Ähnlichkeit im Kundenverhalten ausgewählten Produkte wird vielmehr auch danach priorisiert, welche Produkte und Bücher gerade abverkauft werden sollen, ob der Verlag eine spezielle Hervorhebungsgebühr gezahlt oder dem Online-Buchhandel einen größeren Rabatt eingeräumt hat. Was als Empfehlung daherkommt, die ausschließlich auf der Auswertung von Kundenverhalten beruht, ist in Wahrheit nur ein Teil der Parameter, die in den Algorithmus einfließt. Die Umsatzmaximierung nimmt einen mindestens ebenso großen Raum ein. Das geht so weit, daß nicht allen Kunden der gleiche Preis offeriert wird. Je nach Einkaufshistorie, Suchbegriffen und aktueller Priorisierungsliste für den Abverkauf wird der angezeigte Preis dynamisch angepaßt.

Mit Abertausenden Datensätzen von Suchanfragen, virtuellen Shop-Besuchen und Einkäufen können einfache Zusammenhangslogiken erheblich erweitert werden. Das daraus extrahierte Detailwissen und gemessene Verhaltensweisen über bestimmte Zeiträume hinweg können genauere und vor allem profitablere Vorschläge hervorbringen. Daran wirken viele fleißige Kundenhände selbst mit, indem sie Gekauftes bewerten, Punkte vergeben, Kommentare schreiben. Dabei liefern sie Stichworte und Themenkategorien gleich mit. Diese semantischen Einordnungen können Menschen deutlich besser als Maschinen, entsprechend werden Kunden gern dazu animiert, genau das zu tun.

Jede Suchanfrage ist eine Antwort

Der Anbieter, der seit Anbeginn das menschliche Wissen umfangreich nutzt, ist Google. Der Altmeister der Individualisierung und Auswertung des Such- und Surfverhaltens optimiert die Ergebnisse der Google-Suche fortwährend aufgrund der Nutzeranfragen. Gleiches gilt für die eingeblendeten Werbeanzeigen, die dahingehend analysiert werden, ob und nach welcher Suchanfrage die Nutzer auf sie klicken. Jede einzelne Bewertung der angezeigten Suchergebnisse wird von Google erfaßt und verwertet, ob sie explizit durch Anklicken eines der Links auf der ersten Seite oder implizit etwa durch die Präzisierung der Suchanfrage durch den Nutzer erfolgt, falls das Gesuchte nicht in der Ergebnisliste war.

Das grobe Prinzip, nach dem nicht nur Google, sondern viele andere Suchmaschinen arbeiten, ist denkbar einfach. Automatisiert wird das Netz nach Webseiten durchkämmt, wobei jeder einzelne darauf gesetzte Link verfolgt wird. Die Inhalte der Seiten werden in Stichworten erfaßt, danach jeweils ein Index gebildet. Die Kombination aller Indizes ist dann die Grundlage der Erstellung der Suchergebnisse und der dazu verkauften Werbung. Sie liefern dann auf der Basis der kombinierten Indizes aller erfaßten Seiten Verweise und Werbeeinblendungen zu denjenigen, die am besten zu den gesuchten Stichworten passen.

Eine der Annahmen beim Indizieren der Webseiten gehört zum Wesen des Netzes: Webseiten, auf die viele andere Webseiten verlinken, werden als interessanter eingeschätzt und gewichtet. Der erfaßte Inhalt dieser Seiten ist also vermutlich bei einer Suche für den Anfragenden hilfreich. Denn wenn viele Menschen von sich aus darauf verlinkt haben, kann man erwarten, daß die Seite Interessantes zu bieten hat.

Dabei ist die weitere Verfeinerung der Suchergebnisse dem Anfragenden überlassen, dieser destilliert aus den Antworten mit jedem seiner Klicks auf einen Link ein verbessertes Ergebnis. Das erhöht wiederum die Qualität der Antworten und in der Folge den Werbeumsatz des Anbieters. Die Auswertung, welche Links vom Nutzer tatsächlich angeklickt werden, ist für die Ergebnisliste und für den erfolgreichen Werbungsverkauf also von hoher Bedeutung. Google verwendet dafür sogenannte verborgene aktive Elemente, die in jeder Ergebnisliste integriert, aber auf der Seite nicht zu sehen sind. Diese versteckten virtuellen Helfer übermitteln jeden Klick an Google.

Die Intelligenz einer Menschenmenge wird auch noch in einer anderen Hinsicht mitgenutzt: Kunden können neben der eigenen Bewertungen bei vielen Plattformen auch die Kommentare anderer Kunden in bezug auf ihre Nützlichkeit einschätzen. Die Frage »Wie hilfreich war diese Bewertung?« auf einer eingeblendeten Skala zu beantworten ist für den Besucher einer Webseite nur ein kleiner Klick, in der Masse jedoch ein wichtiger Zuwachs an semantischer Information. Es ist das wichtigste der Geheimnisse der schlauen Maschinen: sich die wirkliche Intelligenz – die des Menschen – zunutze machen.

3. Kein Vergeben, kein Vergessen? –
Wie das digitale Gedächtnis funktioniert

Computer speichern Daten als Bits – Nullen und Einsen, jeweils acht zusammengefaßt zu einem Byte, was etwa einem Buchstaben entspricht. Aus diesen minimalen Einheiten werden dann Texte, Bilder, Videos, Musik, Kontonummern, Facebook-Einträge und Telefonate zusammengesetzt. Der Preis für die Speicherung von großen Datenmengen sinkt mit hoher Geschwindigkeit von Jahr zu Jahr. Für die Summe, die man noch vor fünfundzwanzig Jahren ausgeben mußte, um das Textvolumen einer Handvoll Bücher zu speichern, bekommt man heute so viel Festplattenplatz, daß der Inhalt aller Bände der größten Bibliotheken der Welt hineinpassen würde.

Ein Ende ist nicht abzusehen. Gleichzeitig nimmt die Menge an Daten, die jeder Mensch produziert, dramatisch zu. Nicht nur das, was wir schreiben, diktieren, fotografieren, scannen oder filmen, landet auf den Festplatten. Auch alle unsere sonstigen digital erfaßbaren Lebensäußerungen werden gespeichert. Und da die Kosten dafür immer weiter fallen, gibt es auch keinen Grund mehr zu löschen. Damit die Daten in lesbarer Form erhalten bleiben, werden sie meist jeweils bei der Umstellung auf die nächste Technologiegeneration umkopiert. So nimmt man auch zu Hause nach der Anschaffung der nächstgrößeren Computerfestplatte die alten Daten auf den neuen Rechner mit.

Das Leben von Kindern, die nach dem Beginn des Digitalzeitalters geboren wurden, ist schon jetzt ein ganz anderes, als das ihrer Altersgenossen vor fünfzehn Jahren. Von einigen gibt es bereits Ultraschallbilder im Netz, bevor sie geboren wurden. Die Bilder ihres Aufwachsens, die Geschichten von Kinderkrankheiten und die Streiche ihrer Jugend sind häufig genug auf den Profilseiten oder Online-Bilderdienst-Accounts ihrer Eltern zu bewundern – falls diese nicht gleich zur Geburt einen eigenen Account für ihren Sprößling angelegt haben. In letzterem Fall kann er immerhin später selbst entscheiden, was davon noch sichtbar sein soll.

Was jedoch schon woanders hinkopiert, archiviert und weiterverbreitet wurde, darauf hat er keinen Einfluß. Die Eltern haben ihrem Nachwuchs damit seine digitale Mündigkeit über den ersten Teil seines Lebens schon vorgreifend auf die Zukunft verwehrt. Denn was einmal ins Netz entfleucht ist, kann man kaum wieder einfangen.

Die Daten-Warenhäuser

In Unternehmen werden alle anfallenden Daten schon seit etlichen Jahren in sogenannten Data Warehouses erfaßt. Egal, ob firmeninterne Memos und E-Mails, Logistikvorgänge, Präsentationen, Zahlungsbewegungen, Kundenkontakte bei der Hotline oder Daten über Besuche auf der Firmenwebseite – immer mehr Konzerne sind dazu übergegangen, einfach alles zu speichern, um Material für spätere Analysen zu haben. Die Großen der IT-Branche – ob Oracle, SAP, IBM oder HP – bewerben mit großer Ausdauer und vielen Versprechen ihre jeweils neueste Produktgeneration, die aus diesen Datenbergen verwertbare Informationen extrahieren soll. Wie schon zuvor die Geheimdienste, sind viele Konzerne an einem Punkt angelangt, an dem der kritische Faktor nicht mehr die Verfügbarkeit der Daten ist, sondern die Kunst, die richtige Frage zu stellen, um an die gewünschten Informationen zu kommen. Die Algorithmen zur automatischen Generierung von Wissen aus den Datengebirgen werden langsam besser – gerade aufgrund der Verfügbarkeit der Informationsmengen.

Die Kosten für die Speicherung großer Datenmengen sind zwar gering, aber natürlich nicht bei Null. Der Betrieb der dafür nötigen Rechenzentren kostet Geld, es müssen Sicherheitskopien angelegt werden, um Datenverluste zu verhindern. Die Software für große Datenbanken muß auch bezahlt, gepflegt, erweitert und gewartet werden. Die Entscheidung, welche Daten aufgehoben werden, fällt also nicht primär nach ihrer Menge, sondern nach ihrer potentiellen Nützlichkeit. Gerade Daten, aus denen sich das Verhalten von Kunden oder Mitarbeitern über längere Zeiträume ersehen läßt, sind von hohem monetären Wert. Die effiziente Verarbeitung führt dabei zu einer Individualisierung der Datenauswertung, die auf den einzelnen Menschen gerichtet ist. Der Wert der Menschenprofile ist so erheblich, daß etliche Firmen sogar ein klein wenig Geld an die Kunden abgeben, um zum Beispiel ein genaues Profil ihrer Einkäufe erstellen zu können.

Das heißt dann Rabatt- oder Loyalitätskarte. Jedesmal, wenn die Karte beim Einkauf des Kunden zum Einsatz kommt, wird die detaillierte Zusammensetzung des Warenkorbes gespeichert und dem Kunden zugeordnet. Schon nach wenigen Wochen lassen sich daraus umfangreiche Schlußfolgerungen über den Kartenbesitzer ziehen. Wie hoch ist seine tatsächliche Kaufkraft? Kauft er vorzugsweise Sonderangebots- und Discount-Artikel und vielleicht selten mal einige wenige Luxusartikel? Ist er eher ein Centfuchser oder doch jemand, der nach Qualität kauft und dem der Preis offenbar egal ist? Wann wird eingekauft? Zu welcher sozialen Gruppe gehört der Konsument? Der frühe Nachmittag weist eher auf Rentner, Hausfrauen oder Arbeitslose, der frühe Abend häufig auf regulär Angestellte, der späte Abend auf Selbständige, Freiberufler oder höhere Gehaltsklassen. Für wie viele Menschen mit welchen Gewohnheiten und Vorlieben kauft der Besitzer der Karte ein? Wie hat sich das Kaufverhalten in den letzten drei Jahren verändert? Welche Prämien nimmt der Kunde für seine gesammelten Treuepunkte in Anspruch? Loggt er sich oft auf der entsprechenden Webseite ein, um zu schauen, wie viele Punkte schon angehäuft sind und was er dafür bekommen kann?

All diese Informationen lassen sich automatisiert aus den gesammelten Daten gewinnen und übersichtlich darstellen. Die Menge der tatsächlich zu speichernden Rohdaten pro Kunde ist dabei recht gering. Selbst für enthusiastische Power-Shopper paßt die Liste aller Rabattkarten-Transaktionen eines Jahres auf ein paar dutzend Seiten, am Ende auf ein Eckchen einer Festplatte. Es macht also keine Mühe und verursacht so gut wie keine Kosten, die Daten einfach für immer aufzuheben. Wer weiß schließlich, was sich daraus in ein paar Jahren noch für interessante Schlüsse ziehen und welche Prognosen und vorher nicht bekannten Zusammenhänge sich daraus berechnen lassen?

Kopfkissen und Kreditkarten

Ein typisches Beispiel für dieses Verhalten sind internationale Oberklasse-Hotelketten. Diese legen für jede Buchung einen Datensatz an und schauen automatisch nach, ob der Kunde bereits bekannt ist. Alle Präferenzen, Sonderwünsche, Essensbestellungen und Vorkommnisse werden vermerkt. Welche Tageszeitung gewünscht ist, welches Essen zu welcher Tageszeit aufs Zimmer bestellt wurde, welche Videos im Pay-TV ausgewählt worden sind, ob Nähzeug oder Zahnbürste gewünscht waren, ob eine besondere Kopfkissensorte gewählt wurde – alles wird verzeichnet, um dem Gast beim nächsten Mal besser zu Diensten zu sein.

Die Informationen, die durchaus intime Einblicke in die Lebensgewohnheiten, Krankheiten und Allergien des Gastes bieten, werden über viele Jahre aufbewahrt. Der Hotelkunde hat sie nicht einmal explizit abgegeben, sie werden meist ohne sein Wissen aufgezeichnet. Vielleicht wundert er sich, daß bei der nächsten Übernachtung schon das bevorzugte antiallergische Kopfkissen auf dem Bett liegt oder der Zimmerservice schon weiß, daß er die Pizza um kurz vor Mitternacht lieber ohne Anchovis möchte – auch wenn er in einem Hotel der gleichen Kette auf einem anderen Kontinent absteigt. Kritisch wurde es allerdings, als einer größeren Kette dieser Datenbestand zusammen mit den Kreditkartendaten aller Kunden, die eines ihrer Häuser besucht hatten, abhanden kam. Erhebliche dieser ungewollten Datenabflüsse aus Unternehmen wurden in den letzten Jahren bekannt, doch auch bei Übernahmen sind die Kundendaten ein Faustpfand.

Datenhortung hat neben der Nutzung der Informationen durch den ursprünglichen Dateneintreiber immer eine zweite Seite: Die technische Sicherheit gerade in weitverteilten Netzen mit vielen Zugriffsberechtigten – wie sie etwa beim System von Hotelketten üblich sind – reicht in der Regel nur von gerade noch ausreichend bis äußerst mangelhaft. Hier muß man also nicht nur das Risiko des Mißbrauchs der Daten durch das Unternehmen in Betracht ziehen, sondern auch die nicht unwahrscheinliche Möglichkeit eines kriminellen Angriffs, der die Profildaten in gänzlich skrupellose Hände bringt.

Insbesondere solche Daten, die mit Zahlungsinformationen verknüpft sind, wie etwa bei Hotels, Ladenketten oder Internet-Shops, unterliegen einer besonderen Gefährdung. Denn auch Online-Kriminelle betreiben eine durchaus intensive Datenhaltung und -verarbeitung, nur unterliegt die Beschaffung anderen Mechanismen. Bei verschiedenen Fällen von organisierten Strukturen, die mit geklauten Kreditkartendaten handelten, fanden die Ermittler Hinweise auf umfangreiche Datenbankabgleiche sowie auf Anreicherung durch Kombination von Datensätzen aus verschiedenen Quellen. Manche Datendiebe schaffen es sogar, eine regelmäßige Aktualisierung ihrer Datenbestände zu ergaunern, falls bestehende Sicherheitslücken nicht entdeckt und daher nicht geschlossen werden.

Was aber fangen die Kriminellen mit den geklauten Informationen an? Durch Einblick in die mit den Kreditkarten bei verschiedenen Läden getätigten Umsätze ist es möglich, Hinweise auf die vermutlichen Kreditkartenlimits zu erhalten, die dann maximal ausgereizt, aber nicht überzogen werden. Außerdem läßt sich mit den Daten ein Einkaufsprofil erstellen, um herauszubekommen, wie der Betroffene seine Karte normalerweise einsetzt. Denn auch die algorithmische Betrugsabwehr der Kreditkartenunternehmen arbeitet zum großen Teil auf der Basis von Profilen des Einkaufsverhaltens der Kunden.

Für eine Karte, dessen Besitzer aus Buxtehude sie typischerweise nur zum Tanken, zusätzlich vielleicht mal zum Wochenendeinkauf im Supermarkt und ansonsten nur Weihnachten und einmal jährlich im Tunesienurlaub einsetzt, wird von der Betrugserkennung Alarm ausgelöst, wenn mit einem Duplikat plötzlich Flachbildschirm-Fernseher in Hongkong gekauft werden. Bei der Karte eines vielfliegenden Geschäftsmannes wäre dies nicht zwingend eine Auffälligkeit. Durch die Nachbildung der Einkaufsprofile auf Basis der mit den Kartennummern gestohlenen Einkaufsdaten können die Kriminellen sich nun aber ein Bild machen, wie sie möglichst effizient und ohne Aufmerksamkeit zu erregen die gestohlenen Kreditkartenkonten benutzen können.

Sie folgen damit einem Muster, das zum Mantra der Datenhaltung geworden ist: dauerhaft speichern, abgleichen, anreichern, verfeinern, weiter aufheben. Selbst wenn die Gewinne durch die Speicherung minimal sind, so ist doch allein die Möglichkeit zu verführerisch. Das deutsche und europäische Datenschutzrecht geht demgegenüber von den Grundsätzen der Datensparsamkeit und Datenvermeidung und insbesondere der Zweckbindung aus. Es soll also prinzipiell nur gespeichert werden, was wirklich für einen vorab definierten Zweck gebraucht wird, und es soll gelöscht werden, was nicht mehr benötigt wird. In der Praxis sind jedoch gerade angloamerikanische Unternehmen große Freunde von nahezu ewiger Datenhaltung, und auch deutsche Firmen speichern lieber mehr und länger, wenn es sich irgendwie einrichten läßt. Dadurch steigt auch das Risiko mit der Zeit immer mehr, da die Datenkonvolute wertvoller und attraktiver für Verkauf, Verwertung, aber auch für Diebstahl und Datenspionage werden.

Freiwillige Datenabgabe

Immer wichtiger werden die Daten, die wir freiwillig den verschiedenen digitalen Gedächtnissen offerieren. Ob Online-Bilderdienst, Chat, Forenbeiträge, Profileinträge oder Kommunikation in sozialen Netzwerken – wir vertrauen immer mehr Datenhappen Systemen an, über die wir nur eine sehr eingeschränkte Kontrolle haben. Benutzer geben dennoch freiwillig an, wo sie arbeiten und wie lange, was

74

ihre Position oder Berufsbezeichnung ist, dazu kommen Daten wie E-Mailadressen oder Mobilnummern. Die Profile der sozialen Netzwerke sind etwa bei einem Viertel der Nutzer ausgesprochen genau.

Bei der einige Monate lang weltweit größten Plattform MySpace ist das Verhalten der freiwilligen Datenweggabe bei Minderjährigen untersucht worden. Öffentliche Profile von Nutzern im Alter von 14 bis 18 Jahren wurden dazu in einer Studie der Universität Wisconsin nach bestimmten Bildern durchforstet. Bikinifotos oder Fotos in Badebekleidung fanden sich bei zwei Millionen der jungen Leute, oft direkt mit ihrem Namen versehen. Den meisten Nutzern – ob Jugendliche oder Erwachsene – ist es nicht einmal bewußt, aber die Nutzungsbedingungen von populären Diensten wie Flickr oder Twitter geben den Betreibern das faktische Recht, mit den hochgeladenen Bildern und Texten zu machen, was sie wollen.

Natürlich achten die Betreiber darauf, ihre Nutzer nicht offen zu vergrätzen und machen zumindest derzeit nicht in dem Maße von ihren Rechten Gebrauch, wie sie laut Nutzungsbedingungen könnten. Eine Garantie auf zukünftiges Berücksichtigen von Empfindlichkeiten der Datenspender gibt es jedoch nicht. Spätestens dann, wenn ein Online-Dienst an einen Konkurrenten verkauft wird oder pleite geht, werden die Nutzerdaten mitverkauft, und dann ist es mit der Rücksicht vorbei.

Das Ausmaß und die Intensität der kommerziellen Verwertung von Nutzerdaten hängt in erster Linie also davon ab, was die Teilnehmer beispielsweise eines Online-Bilderdienstes zu tolerieren bereit sind. Wenn nur ausgewählte Bilder auf der Hauptseite vorgestellt und verlinkt werden, haben die wenigsten damit ein Problem. Wenn jedoch – wie es die Nutzungsbedingungen einiger Anbieter durchaus gestatten würden – die Profildaten samt der Bilder an kom-

merzielle Abnehmer verkauft werden, ohne daß der Fotograf etwas davon hat oder dagegen tun kann, so dürfte für
viele eine Grenze überschritten werden. Sie würden wohl zu
einem anderen Anbieter wechseln, der sich weniger her-
ausnimmt – oder einfach einen besseren Service offeriert.

Daten als Geiseln

Die spannende Frage ist also, ob ein Wechsel der sozialen
Plattform überhaupt möglich ist, ob man seine Daten mit-
nehmen und vielleicht in einen anderen Dienst integrieren
kann, wenn man wechseln möchte. Das ist jedoch meist
nicht so einfach, in einigen Fällen sogar schlicht unmöglich. Anders als bei Stromversorgern oder in der Telekom-
munikationsbranche haben sich noch keine Regularien für
den halbwegs unkomplizierten Anbieterwechsel herausge-
bildet.

Die wesentlichen Kriterien für den Marktwert von Online-Services an der Börse ist die Zeit, die Nutzer auf der
Plattform verbringen, und die Menge an Daten, die sie
dort hinterlassen. Ziel beim Design der Dienste ist daher,
die Kunden zu möglichst häufiger und intensiver Nutzung
zu animieren, denn wer viel Zeit und Mühe investiert hat,
wird nicht so schnell zur Konkurrenz wechseln. Sollte dies
aber doch der Fall sein, so soll man es möglichst schwer
haben. »Stickiness« heißt der Fachterminus, am besten mit
Klebrigkeit zu übersetzen. Er ist ein Maß dafür, wie gut es
gelingt, den Nutzer fest an sich zu binden und einen
Wechsel unbequem, zeitraubend und lästig zu machen,
ohne daß dies dem Nutzer auffällt, bis es soweit ist.

Wer einmal alle seine Freunde, seine Notizen und Dokumente in einem Online-Service wie Facebook abgelegt hat,
wird kaum ohne weiteres zur Konkurrenz wechseln. Wer

fünf Jahre sein digitales Leben und Arbeiten in den gesammelten E-Mails bei Google Mail archiviert hat, tut sich schwer mit einer Trennung vom Anbieter. Wer alle Fotos der Lieblingskamera über Jahre hochgeladen, sortiert, korrekt benannt, nach Alben geordnet und von Freunden und Familie hat verlinken lassen, wird ebenso an der Plattform kleben. Die Stickiness steigt mit jedem Tag. Die Zeit und Daten, die man in einen Dienst investiert hat, sind der eigentliche Halteanker.

Es gibt zwar immer wieder Initiativen, den Nutzern die Mitnahme ihrer Daten zu erleichtern, sie finden aber aus naheliegenden Gründen keine Unterstützung seitens der Anbieter. Diese haben keinerlei Interesse daran, einen einfachen Wechsel zur Konkurrenz zu ermöglichen. Natürlich kann man per Hand seine Bilder und ähnliches wieder herunterladen und dann mühsam in einen neuen Dienst hochladen. Das gelingt jedoch für Verbindungen zu Freunden, Nachrichten und anderes nur unvollständig. Die Informationen und Daten sind in Geiselhaft.

Ein Benutzer, der auf einer Plattform besonders aktiv ist, wird daher auch wesentlich seltener bereit sein, diese wegen etwas, das wie eine Kleinigkeit erscheint, wie etwa eine Änderung der Datenschutz- und Privatsphäre-Einstellungen zu seinen Ungunsten, zu verlassen. Das wäre ungefähr so, als würde man seine Stammkneipe oder Lieblingsrestaurant wechseln, weil einem die neu installierte Überwachungskamera vor der Tür oder die Farbe des neuen Einbands der Speisekarten nicht paßt. Seine Freunde, Sozialkontakte, Reputation, liebgewonnenen Erinnerungen und die Vertrautheit mit dem System zurückzulassen fällt den meisten Menschen schwer. Lieber arrangieren sie sich mit den widrigen Neuerungen, überlegen sich kleine Kniffe, die das Problem für sie erträglicher zu machen scheinen oder blenden die negativen Effekte für sich einfach aus. Es wird mich ja schon nicht treffen, was kann schon passieren, denken sich nicht wenige.

Besonders geschickt im Ausnutzen der Datengeiselsituation ist das im Stanford Research Park residierende amerikanische Unternehmen Facebook, dessen Sitz einem Hochsicherheitstrakt gleicht. Die schiere Größe erlaubt der Firma Datenpraktiken, die für kleinere Konkurrenten vermutlich existenzvernichtend wären. 2009 überstieg die aktive Mitgliederzahl die Hundertmillionen-Grenze. Längst speichert die Plattform beispielsweise deutlich mehr Bilder als die auf Fotos spezialisierten Anbieter.

Viele Jugendliche, aber auch Erwachsene können sich ein Leben ohne ihre Facebook-Seite kaum noch vorstellen. Praktisch alle Sozialkontakte, der Austausch über Erlebtes, Bilder, Flirts, Unterhaltung, Spiele und Selbstpräsentation finden dort statt. Auch der Besuch vieler anderen Webseiten ist bereits eng mit der ubiquitären Facebook-Welt verwebt: Ruft man eine Nachrichtenseite auf, sieht man sofort, wer aus unserem Freundeskreis schon dort war und ob er den Inhalt der Nachricht weiterempfohlen hat. Umgekehrt funktioniert es ebenso. Eine Webseite kann als empfehlenswert an Freunde weitergereicht werden.

»Liken« (von engl. to like, mögen) heißt das im Facebook-Deutsch. Facebook zu verlassen wäre aus dem Blickwinkel vieler aktiver Benutzer in etwa so, als würde man in eine fremde Stadt umziehen, wo man niemanden kennt. In der Regel passiert dies nur, wenn ganze soziale Gruppen den Sprung wagen. Das ist dann für den verlassenen Anbieter um so verheerender, weil er viele User in kurzer Zeit verliert. Der »MySpace-Exodus« war ein Beispiel aus jüngerer Zeit, bei der ganze Freundeskreise in Scharen direkt zu Facebook gewechselt haben. MySpace war im Rennen um Funktionalität und Bequemlichkeit zu weit zurückgefallen.

78

Verbergen statt Löschen

Besonders interessant ist ein Blick hinter die technischen Kulissen eines solchen sozialen Netzwerks. Das Sammeln der Benutzerdaten gleicht einer ewigen Liste, denn das Löschen von Informationen, die bei Facebook hinterlassen wurden, ist zwar zuweilen auf der für die Webseiten-Besucher sichtbaren Ebene möglich, nicht jedoch aus den internen Datenbanken. Dort bleibt jedes hochgeladene Foto, jede einzelne Nachricht, jede Registrierung von Profilaufrufen, jede Änderung des eigenen Facebook-Status oder Profils erhalten. Facebook hat immerhin versprochen, die Aufzeichnungen, welcher Nutzer was in seinem System getan hat, also welche Profile er besucht hat, wie lange er eine Bildergalerie angesehen hat, nicht länger als drei Monate aufzuheben und für Werbezwecke zu verwenden. Google läßt sich dafür achtzehn Monate Zeit, danach sollen sie nicht mehr Personen zugeordnet werden können.

Der technische Grund für das effektive Nichtlöschen ist im Design der Software und Datenbanken zu suchen, auf denen Systeme wie Facebook betrieben werden. Man kann sich das als ein dichtes Gewebe von Verbindungen zwischen allen Datenschnipseln innerhalb eines Systems vorstellen. Wenn ein Nutzer etwa ein Bild von seiner Kamera hochlädt, erhält es zunächst einige Metainformationen angehängt: zu welchen Profil gehört das Foto, wann wurde es dort abgelegt. Das Foto wird vielleicht zusätzlich mit den Informationen annotiert, wer darauf zu sehen ist. Schon gibt es Verbindungen zu den Profilseiten dieser Personen und natürlich auch zurück von dort zum Foto. Wenn nun jemand das Bild kommentiert, antwortet jemand anderes vielleicht darauf. Auch diese Informationshappen werden mit dem Foto verknüpft. Ein zweites Bild wird dann von einem anderen Nutzer eingestellt und verlinkt, das vielleicht auf derselben Party gemacht wurde. Es entsteht eine Verbindung zur Event-Seite der Party.

Wenn nun eines der Bilder gelöscht wird, müßte das gesamte Verbindungsknäuel aus Metainformationen, Kommentaren und Verlinkungen aufgelöst werden. Alle Links müßten entfernt, die entsprechenden Einträge modifiziert werden. Das kostet Zeit, Aufwand und Personal, bringt aber keinen Mehrwert für den Anbieter. Denn schnell kann so eine Löschung eines einzelnen Datenfragments Hunderte andere Fragmente beeinflussen oder gar zu unauflösbaren Konflikten führen. Soll man etwa den Kommentar zu dem Bild mitlöschen, der ja eigentlich von jemand ganz anderem stammt? Wenn man das Problem nicht im ursprünglichen Design des Systems mit eingeplant und berücksichtigt hat – was nahezu kein Anbieter getan hat –, ist es kaum sinnvoll zu lösen, ohne daß die Nutzer meutern und die Last auf den Servern enorm anwächst. Daher arbeiten die meisten Systeme so, daß die Daten nicht wirklich gelöscht, sondern nur verborgen werden.

Die virale Streisand-Villa

Wesentlich für viele Menschen ist die Frage, wie lange etwaige Ungeschicklichkeiten, Mißgriffe oder kompromittierende Bilder für ihre Freunde oder gar für jeden, der im Internet sucht, verfügbar sind. Um die oft gestellte Frage »Wie lösche ich etwas aus dem Internet?« beantworten zu können, müssen wir uns zuerst den Grundsätzen der Aufmerksamkeitsökonomie im Netz zuwenden.

Aus dem Meer von Bildern, Videos und Texten im Netz werden jeden Tag etliche hochgeschwemmt, die plötzlich die Aufmerksamkeit von vielen Menschen erregen. In der

Regel sind es Informationen, die lustig, Schadenfreude provozierend, schockierend oder besonders niedlich sind, die auf schreiende Ungerechtigkeiten hinweisen oder von ungerechtfertigter Zensur bedroht zu sein scheinen. Voraussetzung für das Überschreiten der Aufmerksamkeitsschwelle ist eine gewisse emotionale Intensität und ein Format, welches die Aufmerksamkeit des Rezipienten nicht zu lange beansprucht. Unter diesen Bedingungen kann ein Bild oder Video »viral« werden, also massenweise per E-Mail, Facebook-Nachricht oder Twitter wieder und wieder weiterverbreitet werden. Informationen, die viral werden, sind praktisch nicht mehr aus dem Netz zu entfernen. Sie tauchen binnen Stunden auf Hunderten Blogs und Webseiten auf.

Besonders nachhaltig geschieht dies, wenn die Nutzer zu dem Schluß kommen, eine Nachricht, ein Bild oder ein Video solle mit juristischen oder sonstigen Mitteln aus dem Netz zensiert werden, ohne daß es dafür einen akzeptablen Grund gibt. Dann wird die inkriminierte Webseite häufig binnen Minuten tausendfach gespiegelt, über Länder und Kontinente hinweg. Dieses Phänomen wird allgemein »Streisand-Effekt« genannt und geht auf die Schauspielerin Barbra Streisand zurück. Diese hatte auf gerichtlichem Wege versucht, ein Bild ihrer Strandvilla aus einer Online-Bildkollektion tilgen zu lassen, die den Fortschritt der Erosion an der kalifornischen Küste dokumentiert. Die Aufmerksamkeit, die dem Fall durch große Online-Medien zuteil wurde, führte zu einem vieltausendfachen Auftauchen des Bildes auf Webseiten in aller Welt. An ein Löschen war nicht mehr zu denken.

Zum Glück für Betroffene, die beispielsweise das Pech haben, daß sie in einer peinlichen oder Schadenfreude provozierenden Situation gefilmt wurden, das Video davon ins Netz gelangt ist und viral wurde, halten solche Aufmerksamkeitswellen nur kurze Zeit an. Nach zwei Wochen spätestens ist etwas anderes interessanter geworden, nach vier Wochen kann sich kaum noch jemand erinnern. Der Schaden entsteht meist an der eigenen Psyche, weswegen das beste Mittel in einer solchen Situation wohl ist, für ein paar Wochen komplett offline zu gehen und sich dieser Welle der Belustigung und Schadenfreude nicht auszusetzen. Juristische Versuche, etwas, das viral geworden ist, einzudämmen oder einzugrenzen, führen in der Regel nur noch zu mehr Aufmerksamkeit und verschlimmern das Problem.

Freunde und Facebook-»Freunde«

Häufig genug treten Probleme mit kompromittierenden oder anderweitig unangenehmen Informationen oder Bildern jedoch im Kreis der Freunde, Bekannten und Kollegen auf. Besonders oft werden gerade in den USA Bilder oder Nachrichten aus sozialen Netzen für Scheidungsverfahren herangezogen. In einigen Bundesstaaten verschlechtert der Nachweis einer außerehelichen Affäre die Chancen des Betroffenen bei der Scheidung deutlich. Schon die Mitgliedschaft in Flirt-Plattformen oder die Signalisierung der Bereitschaft für Flirts im eigenen Profil hat sich in Scheidungsstreits negativ ausgewirkt.

Auch Facebook-Nachrichten über Einkäufe oder Aufenthaltsorte, die Hinweise auf finanzielle Gegebenheiten enthalten, die nicht mit den offiziell gemachten Angaben zusammenpassen, werden gern vor Gericht angeführt. Der Trend geht mittlerweile so weit, daß Ausdrucke solcher Webseiten gelegentlich auch gefälscht werden, in der Hoffnung, daß der Richter dem Prozeßgegner nicht glaubt.

Die Risiken, sein ganzes Leben online zu dokumentieren und speichern zu lassen, sind heute noch für niemanden in ihrer langfristigen Dimension überblickbar. Grundsätzlich gilt, daß man nie wissen kann, ob nicht ein einmal online publiziertes Foto – auch wenn es nur für die Freunde sichtbar war – nicht doch von jemandem gespeichert oder weiterkopiert wurde. Im Zweifel gilt der Grundsatz, daß nur die Bilder, die gar nicht gemacht, zumindest aber nicht hochgeladen werden, auch nicht mißbraucht werden können. Nicht bei jeder sich bietenden peinlichen oder intimen Gelegenheit muß man auf den Auslöser drücken, und wenn doch fotografiert wurde, sollte man sich genau überlegen, ob man den Datenschutzversprechen des Bilderdienstes vertrauen kann.

Die Auflösung des Begriffs »Freund« durch Facebook, wo viele Nutzer einfach jeden Bekannten als »Freund« in die Tiefen ihres Profils und ihre Bildersammlungen schauen lassen, trägt ein übriges zur Unsicherheit bei. Daß man nun jedem, den man mal flüchtig getroffen und daraufhin der »Freunde«-Sammlung hinzugefügt hat, alle seine Aktivitäten sehen lassen und damit auch die Möglichkeit geben will, alle im eigenen Profil abgelegten Daten für seine eigenen Zwecke zu kopieren und zu archivieren, ist wohl eher fragwürdig. Es empfiehlt sich also, die Privatsphäre-Einstellungen sorgsam vorzunehmen.

Wolkiges Gedächtnis

Immer mehr Unternehmen verlagern Teile ihrer Arbeitsumgebung ins Netz oder sammeln Nutzerdaten nicht mehr selbst, sondern beauftragen damit Firmen. Ein Trendsetter, der die Möglichkeiten dazu bietet, ist das US-amerikanische Unternehmen Salesforce.com, das damit groß wurde, ein »Software als Service« genanntes Geschäftsmodell auf den Bereich Kundenverwaltungssoftware anzuwenden.

83

Salesforce bietet ein komplettes Paket der Verwaltung von Kundendaten, inklusive der Aufzeichnungen aller Kontakte, dem Verfolgen von Vertriebschancen, der Berechnung von Verkaufswahrscheinlichkeiten und Provisionen für Unternehmen an. Gezahlt wird pro Benutzer, die Daten werden in den Salesforce-Rechenzentren gespeichert. Das Unternehmen sammelt diese wichtigen Daten also nicht mehr selbst, sondern delegiert die heikle Aufgabe an einen Dienstleister.

Dieses Schema wiederholt sich zunehmend. Der Betrieb von Servern und Sicherheitskopiersystemen hat seinen Preis und ist vor allem personalintensiv, darum wird er gern an externe Dienstleister delegiert. Die engagierten Dienstleister fassen ihrerseits immer mehr Kunden in ihren Rechenzentren zusammen, die Infrastruktur wird geteilt und dadurch billiger. Das, was heutzutage gern als »Cloud-Computing« bezeichnet wird, ist nichts weiter als die einfache Anmietung von Computerkapazität und Standardsoftware auf verteilten Servern, die irgendwo auf der Welt in einem großen Rechenzentrum stehen.

Das Anmieten geht schnell, mit ein paar Mausklicks ist es getan. Wenn mehr Computer gebraucht werden, wenn mehr Daten zu speichern sind, ist innerhalb von Minuten mehr Kapazität buchbar. Ein wichtiger Nebeneffekt davon ist, daß sich die Daten nicht mehr unter der unmittelbaren Kontrolle des beauftragenden Unternehmens befinden. Sie lagern nicht nur über die Welt verteilt, sie werden vom Anbieter des Cloud-Services auch je nach Last und geographischer Verteilung der Zugriffe von Rechenzentrum zu Rechenzentrum verschoben. Schon allein die Frage, unter welcher Jurisdiktion welchen Landes die Daten gerade gehortet werden, ist schwer zu beantworten. Auch nach der Auflösung eines Mietvertrages können Sicherheitskopien der Daten noch für Jahre in den Systemen der Anbieter herumliegen, ohne daß der ehemalige Kunde davon Kenntnis, geschweige denn die Kontrolle darüber hat.

Gleiches gilt für E-Maildaten. Die großen Anbieter, allen voran Google Mail, bieten schier endlose Mengen Speicherplatz, eine gut funktionierende Nutzeroberfläche und die Möglichkeit zur schnellen Volltextsuche in den eigenen E-Maildatenbeständen. Der Preis dafür ist, daß Google die Mails nach werberelevanten Stichworten durchsuchen kann, um dann zum Inhalt der Nachrichten passende Werbung einzublenden. Die E-Mails selbst aber liegen irgendwo in Googles schier endlosen Datenhalden. Wonach sie genau wann durchsucht und ob dabei wirklich nur automatisiert Werbestichworte ermittelt werden, bleibt allein Googles Geheimnis.

Die Daten-Identität

Die Gesamtheit unserer erfaßten, preisgegebenen und zurückgelassenen Daten ist ein verzerrtes Spiegelbild der eigenen Identität. Unser digitaler Schatten wächst, wenn wir nicht aufpassen, relativ unkontrolliert weiter und beginnt im schlimmsten Fall – wie bei Scoringwerten oder kompromittierenden Informationen – ein Eigenleben zu entwickeln. Denn die Kerneigenschaften von digitalen Daten sind Beweglichkeit und Persistenz. Sie gleiten flüchtig und schnell durchs Netz und bleiben für lange Zeit an vielen Orten gespeichert.

Der wichtigste Schritt zur Rückeroberung der eigenen digitalen Mündigkeit ist daher: kritisch hinterfragen, welche Daten über uns wirklich erfaßt, preisgegeben und womöglich für die digitale Ewigkeit irgendwo gespeichert werden müssen. Daten sind nicht nur Futter für die Algorithmen, die unser Leben immer weiter bestimmen, sie

85

sind auch Macht über unser eigenes Schicksal. Es aus der Hand zu geben, auf den Gestaltungsspielraum zu verzichten – oder ihn gar für unsere Kinder leichtsinnig zu vernichten –, indem wir alles leichtsinnig und bedenkenlos dem digitalen Gedächtnis anvertrauen, ist sicher nicht weise.

4. Die Datenprofiteure –
Nutznießer und Propagandisten des »Endes der Privatsphäre«

Das eigene Profil, die persönlichen Bilder, die Verbindungen zu Freunden werden zur Ware mit klar bezifferbarem Preisschild. Denn die Maschinen und Algorithmen, denen wir intimste Daten anvertrauen, sollen zum Sargnagel der Privatheit werden, wenn es nach denen geht, die ihr Geld mit diesen Profilen verdienen. Ohne den Hintergrund der Monetarisierung von Nutzerdaten zu kennen, sind die in den letzten Jahren so häufig erschallenden Proklamationen vom »Ende der Privatsphäre« nicht zu verstehen. Es lohnt ein genauer Blick, wer davon profitiert. Nur so lassen sich die Motivationen für die angestrebte großflächige Veränderung gesellschaftlicher Standards und Selbstverständlichkeiten einordnen.

Eine tiefgreifende Änderung von Sitten und Gebräuchen ist nie ein linearer, einfacher gesellschaftlicher Prozeß. Weder wird er allein vom Gewinnstreben der Unternehmen getrieben, noch entsteht die Änderung im Umgang mit der eigenen Privatsphäre in Teilen der Online-Generation spontan und von selbst. Vielmehr ist hier ein Zyklus der Verführung beobachtbar, der auch im MyBelovedPet-Beispiel in Kapitel 1 schon deutlich wurde. Die Anbieter versuchen, eine immer stärkere Nutzerbindung zu erreichen, um ihren Firmenwert zu steigern. Am besten geht das, sobald ein »Jeder ist da«-Effekt erreicht wird. Dabei gibt es einen natürlichen Konzentrationseffekt: Kaum jemand tummelt sich in mehr als einer Handvoll Social Networks gleichzeitig. Doch dort, wo schon viele Nutzer sind, kommen auch deren Freunde dazu.

Die gierigen Propheten

Eine genauere Betrachtung der lautesten Propagandisten des angeblich nahenden Endes der Privatsphäre offenbart Erstaunliches. Nicht zufällig sind die Profiteure der Netzökonomie dieselben, die nicht müde werden zu betonen, daß die analogen Zeiten vorbei seien, in denen wir noch selbst bestimmen durften, was wir von uns preisgeben – Privacy is dead, you know. Die Mehrheit der Netznutzer interessiere sich einfach nicht für Privatheitsverletzungen – das sei halt nun so, die modernen Zeiten eben. Doch schauen wir uns die wichtigsten Vorreiter und ihre Interessen etwas näher an.

Einer der ersten aus der Wirtschaft, die sich trauten, öffentlich das Ende der Privatheit zu verkünden, war 1999 Scott McNealy, der damalige Chef des Computerkonzerns Sun. »You have zero privacy anyway, get over it«, kanzelte er Kritiker ab, die nach den Privatsphären-Vorkehrungen in einem damals neuen Angebot von Sun fragten, das die Daten aus verschiedenen Computern und Mobilgeräten über die Server der Firma synchronisieren sollte. Sein Kommentar zur obsoleten Privatheit, den er auf der Einführungsveranstaltung der kritisierten Software abgab, erlangte traurige Berühmtheit. Sun, ein mittlerweile altehrwürdiges Silicon-Valley-Unternehmen, war mit der Entwicklung von teuren, aber leistungsfähigen Computern und Servern groß geworden, die für lange Zeit der Quasistandard bei Telekommunikationsunternehmen, Banken und dann auch Internetunternehmen waren.

Die Rechnung für Sun war einfach: Je mehr Informationen die Nutzer hinterlassen, je freigiebiger sie mit ihren Daten umgehen, desto mehr Server werden Suns Kunden kaufen. Da 1999 bereits klar war, daß viele aus der ersten Welle der neugegründeten Internetunternehmen kein funktionsfähiges Geschäftsmodell für tragfähigen Umsatz entwickeln konnten, lag es im ureigenen Interesse von Sun, das damals noch recht neue »Bezahlen mit Daten«-Modell zu befördern, um ihre Kunden vor der Pleite zu bewahren und dabei die eigenen Umsätze zu erhöhen.

Für Sun hat es am Ende nicht gereicht, und McNealy ist nicht der Prophet, für den ihn einige hielten. Die Firma wurde von der Oracle Corporation gekauft, einem der größten Hersteller von Software für Datenbanken und Informationsauswertung. Die Führung des Unternehmens vermarktet zu den verkauften Technologien ebenfalls die passende Ideologie. Oracles Boß, der Multimilliardär Larry Ellison, haut im Interview mit dem Magazin Playboy in dieselbe Kerbe wie vor ihm McNealy: »Privacy is an illusion.« Durch die langjährige Erfahrung als großer Datenauswerter muß er es wohl wissen. An anderer Stelle erklärt er einem Journalisten: »Trust me, your data is safer with me than with you.« Wir können also alle ganz beruhigt sein.

Oracle ist einer der größten Profiteure der anschwellenden Datenflut der letzten Jahre. Praktisch jedes große Unternehmen setzt die Produkte des Anbieters ein, nicht nur zur Speicherung der Daten, auch bei der Auswertung und Verknüpfung von Informationen ist Oracle weit vorn dabei. Die Preise für die angebotenen Produkte orientieren sich letztlich daran, wie viele Daten der Kunde verarbeitet. Je mehr ein Oracle-Kunde speichert, je intensiver er die festgehaltenen Daten verknüpft und je aufwendiger die Verknüpfungen sind, desto mehr Geld verdient Oracle. Die Datenbanken und Software-Produkte des Konzerns sind die Mechanik hinter den Systemen vieler Datenfresser in allen Branchen und Industrien. Larry Ellison hat also ebenfalls sehr gute Gründe, der Öffentlichkeit einzureden, daß es ohnehin keinen Sinn ergeben würde, auf seine Privatsphäre zu achten.

Wenn in den USA in den letzten Jahren über Fragen der Privatheit und Anonymität im Netz gestritten wurde, schlugen sich sowohl McNealy als auch Ellison stets auf die Seite der Datensammler. Sie sprachen sich unisono für ein in Amerika bisher nicht übliches nationales Identifizierungssystem aus, das vernetzt arbeiten sollte. Ellison setzt sich explizit dafür ein, die verschiedenen Karten, die in den USA zur Identifikation gebraucht werden, zu vereinheitlichen, deren Informationen zusammenzuführen und ein nationales Personenregister anzulegen. Seine Begründung zielt vor allem auf effizientes staatliches Verwalten, wofür er dem Staat sogleich die passende Software andiente. Der potentielle Nutzen für die eigene Firma ist zu augenfällig, um übersehen zu werden. Er betrifft aber eben nicht nur den direkten Verkauf der eigenen Produkte, sondern zugleich die schleichende Veränderungen der Bedingungen, unter denen Daten verarbeitet werden dürfen.

Zuckerberg im Datengebirge

Der jüngste in der Runde der Datenfresser-Multimillionäre, die lauthals das Lied vom Ende der Privatsphäre singen, ist der Facebook-Gründer Mark Zuckerberg. Er führt immer wieder aus, daß der Schutz der Privatheit im Zusammenleben der Menschen an Bedeutung verloren hätte. Daher verhielte sich seine Firma nur konsequent, wenn die Daten der Nutzer vermarktet würden.

Facebook als das derzeit größte soziale Netzwerk weltweit – mit Ausnahme des chinesischen Marktes – lebt davon, die Gewohnheiten und sozialen Normen seiner Nutzer aktiv in Richtung weniger Privatheit zu verschieben. Über Daten-auswertung wird hier natürlich nicht allzu offen geredet, der Fokus der Marketing-Darstellung des Unternehmens liegt auf sozialen Funktionen und virtuellem Miteinander. Das Kunststück, auf dem das Facebook-Geschäftsmodell fußt, besteht vor allem darin, daß die Nutzer von sich aus Profile mit ihren ganz realen Namen anlegen, sie möchten schließ-lich gefunden werden. Im Gegenzug bekommen sie ein we-nig Speicherplatz und die Sichtbarkeit im Netz überreicht.

Facebooks Unternehmenswert wird, wie im Beispiel MyBelovedPet beschrieben, nach der Anzahl seiner Nutzer bewertet und danach, wie lange sie auf der Seite verweilen und wieviel sie über sich und ihr Leben mitteilen. Zuk-kerbergs ganz persönliches Vermögen ist also direkt ab-hängig davon, wie gut es seiner Firma gelingt, Dienste und Funktionen anzubieten, die jedes Facebook-Mitglied nach-haltig dazu verleitet, mehr über sich mitzuteilen und länger auf der Plattform zu bleiben.

Facebook hat dabei eine interessante Entdeckung ge-macht, die für viele Nutzer gilt und typisch menschliche Eigenschaften des sozialen Miteinanders ausnutzt: Je mehr Menschen ihre Stimmungen, Geistesblitze, Lokationsdaten, banalen Alltagsäußerungen, Bilder, Kontakte und Lieb-lingswebseiten sehen können, desto stärker weitet sich ihre Facebook-Nutzung aus. Jede digitale Lebensäußerung auf Facebook erhöht die Chance, darauf eine Antwort zu be-kommen, also die gewünschte Aufmerksamkeit zu erhei-schen, was wiederum zu mehr Facebook-Nutzung führt.

Deshalb tut Facebook alles, um diesen Trend zu verstär-ken, durchaus auch mal mit gewissem Druck und Zwang, nämlich über die Grundeinstellungen, die für neue Funk-tionen gewählt werden können. Praktisch im Quartals-rhythmus bringt Facebook neue Optionen für seine Mit-glieder heraus, die sich meist dadurch auszeichnen, daß

91

man erst einmal die Einstellungen ändern muß, um nicht versehentlich seinen Aufenthaltsort, seine Vorlieben oder seine Bilder mit der ganzen Welt zu teilen, statt nur mit seinen Facebook-Freunden. Diese Facebook-Freunde sind ohnehin nicht identisch mit den Freunden in der realen Welt, es sind in der Regel hauptsächlich Personen, zu denen man eher in loser Verbindung steht.

Aus den Daten, die zunehmend auch die Internetnutzung außerhalb der eigentlichen Facebook-Seite umfassen, generiert das Unternehmen umfangreiche Profile, die wiederum für gezielte Werbung genutzt werden. Welche Filme sprechen den Nutzer an? Was sieht er im Fernsehen? Welche Nachrichtenseiten frequentiert er und wie regelmäßig? Und diese gesammelten Personenprofile sind oft akkurater als die Selbsteinschätzung von Menschen. Sie sind aktuell und werden fortlaufend genauer. Facebook weiß nicht selten lange vor der Schwiegermutter, daß eine Nutzerin schwanger ist oder welche größere Anschaffung bevorsteht.

Die Strategie des im Jahr 2004 gegründeten Unternehmens Facebook änderte sich mit seiner Rolle als digitaler Platzhirsch, dessen Aktienwert im Sommer 2010 auf sagenhafte 33 Milliarden Dollar stieg. Wurde anfangs noch ein gewisser Wert auf die Geschlossenheit der Plattform und die Hoheit der Nutzer über ihre Daten gelegt, sollen nun die Verbindungen zum eigenen Freundeskreis omnipräsent werden, auch weit jenseits der Plattform. Klickt man beispielsweise als morgendlicher Nachrichtenleser auf die Seite der Lieblingszeitung und wählt einen Artikel aus, läuft nebenbei die Information mit, daß sich dieser oder jener Arbeitskollege vor vierzig Minuten ebenfalls ebenjene Nachricht durchgelesen hat. Bevor man den Artikel liest, erfährt man so, ob der Inhalt von ihnen als interessant eingeschätzt wurde oder nicht. Neudeutsch heißt das »liken« oder »sharen«.

Das »liken« ist nur ein Beispiel für viele Funktionen, die

Informationen aus der Facebook-Welt hinaustragen und den Kosmos der Plattform verbreitern. Auch in den nicht so bekannten Ecken des Internets trifft man nun vielleicht den virtuellen Freundeskreis wieder. Die Informationen, die sich auf diese Weise bei Dritten ansammeln, bleiben aber nicht auf diesen Kreis beschränkt. Überall dort, wo eines der derzeit etwa fünfhundert Millionen Facebook-Mitglieder ein Bild, ein Filmchen oder einen Artikel eines Blogs als wohlgefällig markiert hat – mit »liken« also –, verbleibt diese Information zur Weiterverarbeitung. Sie ist wertvoll, denn durch sie kann sehr direkt auf einen Menschen und seine Interessen geschlossen werden, denn er hat sie gar eigenhändig verifiziert.

Noch einen Schritt weiter geht Facebooks neuer Ansatz zur Erfassung jeglicher textueller Kommunikation seiner Mitglieder. Facebook-Intensivnutzer haben ohnehin schon mindestens den halben Tag ihre Facebook-Mitteilungsseite im Browser offen oder sind per Applikation auf dem Mobiltelefon ständig verbunden. Die frühere gebräuchliche E-Mail an Freunde ist für viele durch die facebookeigenen Nachrichten und Chat-Funktionen ersetzt worden.

Da lag es nahe, dafür zu sorgen, daß immer mehr Mitglieder der Plattform ihre Kommunikation vollständig über Facebook abwickeln. Durch geschickte technologische Konvertierung werden neuerdings auch normale E-Mails, Chat und SMS so in die acebook-Nachrichtenseite eingebaut, daß sich der Nutzer gar nicht umgewöhnen muß. Eine soziale Sortierung der Mitteilungen ist ebenfalls integriert. Nachrichten von Freunden werden dabei höher gewertet. Solche aber, die nicht aus dem Facebook-Universum kommen, landen automatisch in einem »Sonstiges«-Ordner: Nur wer mitmacht, ist wichtig.

Facebook baut so geschickt seine Strategie aus, einfach alle wichtigen Aspekte des Online-Daseins innerhalb seines

geschlossenen Systems anzubieten und durch genaue Beobachtung von Gewohnheiten, Kommunikationsverhalten,
Freundeskreisen und sonstigen Aktivitäten zu optimieren.
Der Kern all der kleinen Nützlichkeiten ist die Bewertung der
sozialen Bindungen, um Informationen einzuordnen und
für den Nutzer und in der Folge auch für die Werbekunden
zu priorisieren. Die vollständige Einordnung von Informationen nach sozialen Zusammenhängen ist Facebooks Er-
folgsrezept. Wenn immer mehr Informationen im Facebook-
Universum landen, müssen die Mitglieder auch gar nicht
mehr außerhalb danach suchen. Doch für das Suchen und
Finden ist eigentlich im Internet bisher Google zuständig.

Von der Suchmaschine zur Lebensbegleitung: Google

Google ist heute – gemessen am Börsenwert – das wert-
vollste Internet- und Medienunternehmen der Welt und
vor allem für seine 1998 erstmals vorgestellte Suchmaschine international bekannt. Im Deutschen wie auch in anderen Sprachen hat sich dieser Erfolg bereits durch das
Verb »googeln« manifestiert. Die Dominanz der Firma
drückt sich auch darin aus, daß das Verb nicht nur innerhalb kürzester Zeit in den Sprachgebrauch Einzug hielt,
sondern seine Bedeutung bereits generalisiert für das Suchen verwendet wird.

Googles Vorstandschef Eric Schmidt geht noch einige
ideologische Schritte weiter als Zuckerberg, wenn es um
Datenschutz geht. »Wenn Sie etwas machen, von dem Sie
nicht wollen, daß es irgendwer erfährt – dann sollten Sie es
vielleicht gar nicht erst tun«, ist einer der Aussprüche des
Multimilliardärs zum Thema Privatsphäre im Rahmen
eines Fernsehinterviews mit dem amerikanischen Sender
CNBC im Dezember 2009. Dahinter steht der Gedanke,

94

daß jeder für die Daten, die er durch sein Verhalten verursacht, selbst verantwortlich sei. Doch gerade die Vernetzung der Nutzer untereinander bringt Informationen über Menschen in unerhörtem Ausmaß zutage, die der einzelne kaum mehr steuern kann. Bei einer Rede in Berlin im Jahr 2010 wurde Schmidt noch deutlicher: Das Konzept der Privatsphäre sei überholt, wir alle müßten uns endgültig davon verabschieden. Er fügte hinzu, daß wir durch das Netz nie mehr allein seien, daß die Maschinen alles über uns wissen würden. Es ist nicht überliefert, ob es den Zuhörern bei diesen Sätzen schauderte.

Im Zentrum von Eric Schmidts Strategie steht zukünftig das Mobiltelefon. Google hat mit großer Energie eine Marktlücke auf dem Mobiltelefonmarkt erkannt und ausgenutzt – ein Betriebssystem für Telefone, das genauso einfach zu bedienen ist wie Apples iPhone, aber kostenlos an die Telefonhersteller abgegeben wird, die so viel billigere Angebote machen können. Selbstverständlich sind in den Google-Telefonen – Android genannt – der eigene Digitalpostdienst Google Mail, der Karten- und Navigationsdienst Google Maps und die Google-Suche fest eingebaut. Google muß sein Betriebssystem gar nicht an die Telefonhersteller verkaufen, bezahlt wird es von den Kunden mit ihren Daten. Die Werbeerlöse im Mobiltelefonbereich sind heute bereits ein wichtiger Geschäftszweig des Konzerns und auf eine Milliarde Dollar pro Jahr angewachsen.

Seine Vision für die Zukunft äußert Schmidt mit der gelassenen Hybris eines Monopolisten: »Ich glaube, die meisten Leute wollen nicht, daß Google ihre Fragen beantwortet. Sie wollen, daß Google ihnen sagt, was sie als nächstes tun sollen.« Diese Vorstellung von Google als allgegenwärtigem Lebensbegleiter, der durch die algorithmische Beobachtung des Lebens des Nutzers seine Vorlieben kennt und seine Bedürfnisse erahnt, ist technologisch nicht mehr allzu

fern. Mit der Attitüde eines Herrn über nicht nur die aktuellen, sondern auch die Daten der Zukunft erzählte Schmidt im Sommer 2010, daß Google selbstverständlich bereits heute aus den Bewegungen und den Nachrichten an Freunde oder Kollegen algorithmisch berechnen könne, wohin wir uns zukünftig bewegen und was wir tun werden.

Natürlich sind diese Prognosen bares Geld wert. Nachdem sich Google zwar erst eine Weile geziert hat, ist die Firma nun offiziell auch beim Spekulieren an der Börse aktiv. Die intelligente Auswertung der Daten, die Milliarden Google-Nutzer zur Verfügung stellen, erlaubt es, Börsenbewegungen mit einer hinreichend hohen Wahrscheinlichkeit vorherzusagen und zu erkennen, in welchen Bereichen in naher Zukunft verstärktes Investoreninteresse zu verzeichnen sein wird. Google hat also einen Weg gefunden, Daten und daraus errechnete Informationen nicht nur über Werbung, sondern auch direkt an der Börse zu Geld zu machen.

Die kritischen Fragen für den zukünftigen Erfolg der Firma sind jedoch, was am Ende seitens der Benutzer wirklich akzeptiert wird – und was legal sein wird. Das Konzept eines elektronischen guten Geistes, der das Leben begleitet, praktische Tips gibt, Fragen beantwortet, Kontakte selbständig informiert und vor Gefahren warnt, ist schon lange in der Science-fiction-Literatur verankert. Die meisten Autoren stellten sich jedoch vor, daß der helfende Computer eher eine sehr persönliche Angelegenheit sei, nicht der Auswuchs eines weltumspannenden Datennetzes.

Mitbedacht werden muß dabei die oftmals absolute Ehrlichkeit, die Menschen Google entgegenbringen, wenn sie die Suchmaschinenfunktion benutzen. Der Nutzer wird seine Suchmaschine nicht anlügen, schließlich will er eine präzise Antwort. Je erfahrener er im Umgang damit ist, desto genauer und zielgerichteter werden seine Anfragen. Auf der Suche nach bestimmten Informationen oder Unterhaltungsangeboten stellen die Menschen nur vordergründig Anfragen, in Wahrheit geben sie Antworten, deren Klarheit keine Umfrage je ermitteln könnte. Was viele Menschen für eine Suchmaschine halten, ist in Wirklichkeit nur ein Werkzeug Googles, um durch die Anfragen an Antworten sowie im nächsten Schritt an Einnahmen über das Anzeigengeschäft und die Display-Werbung zu kommen. Die allgegenwärtigen »Google Ads« sorgen dabei stets für die paßgenaue, individualisierte Werbung.

Die Mächtigkeit des Google-Ansatzes liegt außerdem darin, daß sich Menschen in vergleichbaren Situationen häufig sehr ähnlich verhalten, nach ähnlichen Dingen fragen und ähnliche Bedürfnisse haben. Wer sich beispielsweise über bestimmte Symptome oder eine medizinische Behandlung einer Krankheit informiert, wird vielleicht selbst von der recherchierten Erkrankung betroffen sein. Mindestens aber einen persönlichen Bezug, etwa über Angehörige, Freunde oder aus beruflichen Gründen, wird es in der Regel geben.

Gleiches gilt für aktuelle Bedürfnisse: Wer gerade in einer fremden Stadt angekommen ist, will sicherlich wissen, wie man am besten vom Flughafen in die Stadt und zum Hotel kommt, wie das Wetter sein wird, ob Bekannte oder Kollegen gerade in der Stadt sind, wo es das beste Essen in der normalerweise bevorzugten Kategorie gibt oder welche potentiell interessanten Abendveranstaltungen stattfinden. Ihn interessiert auch, welche lokalen Nachrichten, etwa über Streiks, Unruhen, Krankheitshäufungen oder Infrastrukturprobleme, von Belang sein könnten, da diese vielleicht seinen Aufenthalt beeinträchtigen.

All das kann Google als Gralshüter individueller Profile problemlos zusammenstellen und dem willigen Nutzer – ausgelöst durch die Beobachtung der vorherigen Suchbegriffe und der Positionsänderung des Mobiltelefons – zu geeigneter Zeit mitteilen. Nach nur wenigen Jahren der kontinuierlichen Verbesserung durch die Beobachtung des aus den Informationen resultierenden Nutzerverhaltens kann ein solches Assistenzsystem tatsächlich eine ganz neue Qualität erreichen. Es wird sich anfühlen wie eine gute Fee, die einen unauffällig umsorgt, immer die gerade passenden Informationen zur Hand hat und die Wünsche erfüllt, fast ehe sie einem in den Sinn kommen. »Unser Ziel ist, daß Sie eine Frage stellen, und Google gibt Ihnen die eine und immer richtige Antwort«, sagt Eric Schmidt. Nur daß diese Antwort nicht ausschließlich vom eigenen Wohl getrieben sein wird, sondern von Googles Werbekunden. Nirgendwo läßt sich besser auf das monetäre Ausgabeverhalten eines Menschen Einfluß nehmen als über einen sehr persönlichen und einfach unglaublich praktischen Service, dem er vertraut und der ihn gut zu kennen scheint.

Google-Chef Schmidt, dessen Unternehmen eine der teuersten Marken der Welt ist und über zwanzigtausend Menschen beschäftigt, weiß sehr wohl, daß ein zu schnelles Vorpreschen bei Fragen der Privatheit die Akzeptanz gefährden kann. Schmidt sagt dazu: »Die Google-Unternehmenspolitik bei vielen Dingen ist es, bis genau an die Grenze zu gehen, wo es den Leuten unheimlich wird, aber nicht darüber hinaus.« Wo genau diese Grenze zur Unheimlichkeit verläuft, weiß Google aufgrund eines extensiven, präzise ausgewerteten Programms von Testanwendungen sehr genau. Und diese Grenze nach und nach durch das Angebot immer attraktiverer Dienste im Tausch für das Wissen über den Nutzer zu verschieben ist die kaum kaschierte Ideologie hinter Googles Geschäftsprinzip.

Google existiert erst etwas mehr als eine Dekade, ist aber in dieser kurzen Zeit zum Inbegriff des Internetwissens geworden. Eine Mehrheit der im Netz Suchenden hat sich freiwillig in die Abhängigkeit der klandestinen Selektions-

und Rankingkriterien eines einzelnen Konzerns begeben. Der Journalist Jochen Wegner hat den Begriff der »Googleisierung der Recherche« gebraucht, den man sicher auch auf andere Bereiche als nur auf die journalistische Recherche erweitern kann. Google ordnet die Informationen der Nutzer nicht nur und verarbeitet mit Abstand den größten Anteil aller Suchanfragen, es besitzt gleichzeitig das weltgrößte Archiv. Ein solches marktbeherrschendes Informationsmonopol gilt es aus Schmidts Sicht zu bewahren, die politischen Entscheider bei Laune zu halten. Die eine oder andere freiwillige Selbstverpflichtung einzugehen ist da oft hilfreich, um im Gegenzug das Geschäftsmodell einengende Gesetze abzuwehren, etwa eine in vielen Medienbereichen übliche regulatorische Reichweitenbegrenzung.

Etwas, das Google fürchtet wie der Teufel das Weihwasser, ist staatliche Regulierung der marktbeherrschenden Stellung und der Datensammelwut des Unternehmens. Dazu bestünde ja auch keine Notwendigkeit, wird daher aus der Unternehmensführung stets betont, denn die Benutzung sei vollkommen freiwillig. Das gilt auch für »23andMe«, einer Datensammlung individueller genetischer Informationen, die von Google gesponsort wird. Das Sponsoring ist kein Zufall: Genealogische Recherchedaten sind bereits vor Jahren als wichtiger zukünftiger Markt erkannt worden.

Doch von seiten der Politik erwächst keine ernsthafte Gefahr für den Monopolisten. Die Macht der Nutzer aber besteht. Erst wenn die Nutzer anfangen, Googles Verhalten anzuzweifeln, werden sie die angebotenen Services nicht nutzen oder gar woanders hingehen. Das gilt auch für die Dienstleistungen mit personalisierter Anmeldung, wie etwa Google Calendar oder Google Mail. Es kann den Anbieter in Schwierigkeiten bringen, wenn dem Werbepublikum klar wird, welchen Preis es für die vorgeblich kostenlosen Dienste zahlt. Daß etwa die höchstpersönlichen

Kontaktdaten und sogar die Inhalte der E-Mails zur Optimierung der Marketingerlöse benutzt werden, sollte daher nicht allzu öffentlich breitgetreten werden, schon gar nicht im Detail: Es könnte die Menschen verschrecken.

Doch was Nutzer verschreckt, was allgemein als problemlos oder adäquat empfunden wird, ist gemächlichen, aber manipulierbaren Veränderungen unterworfen. Die Bedingungen, unter denen die freiwillige Preisgabe persönlicher Informationen, vollständiger Namen, Adressen, Bankverbindungen oder Angaben zum Beruf gesellschaftsfähig werden, sind nicht feststehend für alle Zeiten. Betont wird daher – nicht nur im Hause Google – der soziale Aspekt der Kommunikation und die Bedeutung von Wissen für die menschliche Gemeinschaft.

Entsprechend wählt Vinton Cerf, Vizepräsident und »Chief Internet Evangelist« von Google, einen historischen Vergleich, um die gewünschte zukünftige Ideologie zu umreißen: »Seit die Menschen damals verstanden haben, daß Informationen hilfreich für ihr Überleben sind – etwa zu wissen, welches Tier ein Säbelzahntiger ist und welches ein Rind –, wollten sie alle möglichst viele Informationen besitzen. Nun aber stellt sich heraus, daß sie eines noch viel mehr wollen – Informationen mit anderen teilen. Millionen Menschen wollen uns dabei helfen, unsere Mission zu erfüllen: Alle Informationen der Welt ins Internet zu transportieren, sie zu ordnen, zu demokratisieren.« Daß diese Informationen gleichzeitig monetarisiert werden, unterschlägt er dabei. Auch daß von alters her geschützte Geheimnisbereiche selbstverständlich sind, erwähnt Cerf nicht. Daß seit dreitausend Jahren beispielsweise der Eid des Arztes eine Schweigepflicht begründet, paßt wohl nicht recht ins geschäftliche Engagement bei Googles Genomdatenbanken oder im Bereich »Google Health«, wo umfangreiche medizinische Daten aggregiert werden.

100

Ein erfolgreiches Geschäftsmodell hat allerdings mit Vertrauen zu tun, der Erwartung, daß Google mit den ihm anvertrauten Informationen schon kein Schindluder treiben wird, sondern nur – wie versprochen – die Werbung besser personalisiert und die Suchergebnisse und Dienstleistungen an den Nutzer anpaßt. Es ist die Hoffnung auf den inoffiziellen Google-Leitspruch »Don't be evil«, der passenderweise quasireligiös daherkommt: Man muß eben dran glauben.

Die Mission des Eric Schmidt ist also klar: Er versucht, die sozialen Normen schleichend in die gewünschte Richtung zu ändern, um auch in Zukunft sein Geschäftsmodell erhalten und expandieren zu können. Das ganze Konzept der Privatsphäre stellt er dabei zur Disposition, um weiterhin die Werbeeinnahmen fließen zu lassen, deren Anteil am Umsatz bei Google weit über neunzig Prozent ausmachen.

Dazu wird zum einen der Eindruck der Unausweichlichkeit erweckt. Die technologische Entwicklung und der einhergehende Verlust der Datenkontrolle wird als alternativlos dargestellt: Jeder tut es, es ist total normal, wer nicht mitmacht, ist anachronistisch, ein verkappter Luddit, oder er hat das Internet nicht verstanden. Privatsphäre ist etwas von gestern, die Informationen sind doch sowieso vorhanden, warum soll man sich also noch Sorgen machen und auf seiner informationellen Souveränität beharren? Diese oft wiederholte Argumentation der Unausweichlichkeit führt soweit, daß nicht wenige Menschen bereits heute der Überzeugung sind, es wäre vollkommen sinnlos, den Kampf gegen die Datenfresser überhaupt erst aufzunehmen – frei nach der Devise »Sie wissen ohnehin schon alles über mich«.

Das Dilemma, daß sowohl personalisierte Informationsangebote als auch eine respektierte Privatsphäre erstrebenswerte Annehmlichkeiten sind, ist so neu nicht. Schon vor

101

dem digitalen Zeitalter wurde uns bewußt, daß wir manchmal das eine für das andere aufgeben müssen. Für den Kauf einer Ware oder Dienstleistung, die man mit guter Beratung erwerben möchte, sollte man dem Fachverkäufer auch nicht die eigenen Wünsche verheimlichen. Um maßgeschneiderte Waren und Dienstleistungen offeriert bekommen zu können, müssen wir Informationen über unsere Vorlieben preisgeben. Oder andersrum gesagt: Je weniger wir preisgeben, desto weniger passend auf unsere Wünsche und Vorstellungen werden die Angebote sein. Der Unterschied in der heutigen Datenwelt besteht aber darin, daß die Offerten heute erst aufgrund der Menschenprofile gemacht werden und daß oft ein unüberblickbares Informationsgefälle zwischen Kunde und Anbieter klafft.

Googles Allwissen

Doch die Nutzer selbst sind nur eine Seite der Medaille. Auf der anderen Seite sind die Werbekunden, die vom Prinzip der Datensparsamkeit ebensowenig halten wie Google. Die Verfügbarkeit komplexer individualisierter Datenprofile hat die Werbebranche komplett umgekrempelt, und die Gier nach mehr und besseren Zielgruppendaten ist ungebrochen. Wer es genauer, aktueller, vor allem aber umfassender wissen will, kommt um Googles Allwissen nicht herum. Nur dann kann aus einer Werbebotschaft eine ganz gezielte Nachricht werden, die sich so in den alltäglichen Informationsfluß einschleicht, daß der potentielle Kunde sie womöglich als nützlich und nicht als störend empfindet.

Verpackt wird die profitgetriebene Ideologie in wohlklingende Warnungen, die Gesellschaft sei zwar noch nicht reif für die Segnungen der nutzergetriebenen Technologien und die um sich greifende Menschentransparenz. Doch all die Informationen in den weltweiten Google-Datenfarmen würden auch in anderen Zusammenhängen höchst nutzbringend sein, man denke nur an Bildung oder soziologische Forschung. Die Krönung der Forderungen aber: Die Abschaffung jeglicher Anonymität im Internet sei unabdingbar, sonst werde man der Mißbrauchspotentiale der modernen Technik nicht Herr. Nur mit der Transparenz des Lebens jedes einzelnen und vollständiger Nachvollziehbarkeit aller Handlungen sei letztlich Sicherheit vor Kriminalität und vielen sonstigen Problemen zu erzielen. Ein Schelm, wer Böses dabei denkt.

Der angestrebten Transparenz auf seiten der datenvermarktenden Unternehmen steht aber das Interesse nach Anonymität der Benutzer diametral entgegen, vor allem, wenn es um höchstpersönliche Informationen geht. Google mit seinen dutzenden Wegen, schon heute das Verhalten jedes Internetnutzers an allen möglichen Stellen zu verfolgen und daraus Profit zu schlagen, hat natürlich ein eminentes Interesse an der weiteren Verdichtung der Identifizierbarkeit und Rückverfolgbarkeit bis hin zu vollständiger Transparenz.

Wer davon lebt, daß jeder möglichst gut verfolgbar ist, um ihm dann die Werbung so gezielt zu präsentieren, daß sie mehr wie eine Fortsetzung der eigenen Gedanken und Wünsche erscheint anstatt einer lästigen Darreichung eines allwissenden Internetkonzerns, kann weder Interesse an anonymen Nutzern noch am Konzept des Vergessens haben, wie es für das menschliche Gedächtnis typisch ist. Werbekunden wollen vor allem gezielte, aber auch über Monate oder Jahre gesammelte Informationen über Menschen, denn sie erkaufen sich damit den Zugang zu ihnen. Google besitzt dafür mit »Adsense« und »DoubleClick« die bekanntesten und marktführenden Dienste.

Anonymität, die im Internet letztlich den einzig wirksamen Schutz vor Ausforschung und Informationsausnutzung bietet, ist dem Konzern ein Dorn im Auge. Die Interessen der Strafverfolger und die der kommerziellen Datensammler decken sich hier. Ohnehin sind die Unternehmen in Deutschland bereits heute verpflichtet, innerhalb der gesetzlichen Grenzen Daten an Strafverfolger weiterzugeben. Auch in Ländern wie den USA sorgt der Patriot Act dafür, daß angeforderte Informationen aus privaten Datenbeständen sofort herausgegeben werden müssen. Entsprechend ist das Interesse der politischen Entscheider auch aus diesem Grund oft ausgesprochen gedämpft, wenn es um den Schutz der Privatsphäre der Bürger geht.

Google-Vordenker Vinton Cerf verweist gern darauf, daß es neben der Freiwilligkeit der Datenweggabe der Nutzer doch um bloße maschinelle Verarbeitung ginge: »Kein Mensch liest Ihre E-Mails oder andere persönliche Daten, keiner kopiert sie, niemand registriert Ihren Namen, Ihre Adresse. Ein Bot tut das. Ein Bot ist ein Computerprogramm, das Ihre Daten scannt, um zu sehen, ob es bestimmte Stichwörter gibt, die uns sagen, daß eine der Anzeigen unserer Werbepartner für Sie interessant sein könnte.« Als würde es einen Unterschied machen, daß Maschinen die Informationen zusammentragen, die von Menschen hernach meistbietend verhökert werden und dem Unternehmen Google derzeit pro Quartal über zwei Milliarden Dollar Gewinn bescheren. Und schließlich – so Cerfs ebenfalls leicht zu durchschauende Argumentation – würden die Nutzer schon dafür sorgen, daß Google nichts mit ihren persönlichen Informationen anfinge, was ihnen nicht passen würde. Als hätten sie umfassendes Wissen über den Datenhort, der zudem für viele ein Navigationsersatz im Netz geworden und in mancher Hinsicht kaum mehr abkömmlich ist.

Nicht ohne eine gewisse Ironie ist aber das Verhalten der

Datenprofiteure, wenn es an die eigenen Daten geht. Interessanterweise ist Eric Schmidts Privatleben nicht gänzlich kompatibel mit seinen Postulaten. Er ist berüchtigt dafür, private Informationen über sein Leben – etwa über ehemalige Beziehungen – mit allen Mitteln zu unterdrücken, die einem Multimilliardär in den USA zur Verfügung stehen.

Daten-Lifestyler Apple

Von seiten des Konzerns, der in der derzeitigen Liste der weltweiten Datenfetischisten nach Platzhirsch Google wohl am intensivsten seine Nutzer beobachtet, gibt es nur dürre Statements zum Thema Privatsphäre. Apple, der einstige Underdog der Computerszene, ist in den letzten Jahren zum Vorreiter neuer Dienste und Angebote geworden. Vielleicht pflanzte gar Oracle-Chef Ellison seine Datenideologie 1997 in das Unternehmen, als er Mitglied des Aufsichtsrates wurde. Für den seit einigen Jahren vorherrschenden ausgeprägten Hang zur Ausforschung und Verfolgung der Nutzer würden andere Unternehmen in der Öffentlichkeit gekreuzigt werden – nicht aber die hippe Firma aus dem kalifornischen Cupertino.

Apple hat eine ganz eigene Methode perfektioniert, an wertvolle Nutzerdaten zu kommen. Während Google alles umsonst anbietet, kassiert Apple für seine Software weiterhin Geld – eng eingebunden in die nur von Apple selbst angebotene Hardware. Diese Kombination funktioniert für viele Nutzer so problemlos und streßfrei, daß sie gern bereit sind, über die diskret stattfindende Überwachung ihres Aufenthaltsortes, ihres Musikhörverhaltens und weiterer privater Gewohnheiten hinwegzusehen. Apple hat den Beweis angetreten, daß etliche Nutzer – selbst wenn sie dafür bezahlen müssen – ihre Daten bereitwillig preisgeben, solange die angebotenen Dienste reibungslos funktionieren und obendrein schön anzusehen sind.

Dennoch mehrte sich in letzter Zeit die Kritik an den Datenpraktiken der Firma, ebenso an den inhaltlichen Schranken, die Apple leichter Hand setzt. Über den sogenannten App Store bietet das Unternehmen die Möglichkeit, Programme für das iPhone und den Tablet-PC iPad herunterzuladen. Ohne sich mit mindestens den Daten der eigenen Kreditkarte bei diesem App Store anzumelden, kann kein Nutzer eine Applikation bekommen, auch dann nicht, wenn sie kostenlos ist, die Kreditkarteninformationen also eigentlich gar nicht benötigt würden.

Wer welche Programme über den App Store anbieten darf, unterliegt dabei strikten, aber wandelbaren Regeln. Hier existiert eine ganz eigene Ordnung der Dinge, eine geschlossene Welt. Apple untersagte etwa Programme für Internettelefonate, da dies die Umsätze seiner Vertragspartner bedroht hätte. Anfang 2010 wurden außerdem viele Applikationen für Erwachsene ganz nach dem Motto »Freiheit von Porno« entfernt, die nach dem Geschmack des Firmengründers Steve Jobs zuviel nackte Haut enthielten. Begründet wurde das Vorgehen mit moralischer Verantwortung, vor allem aber mit neuen Bedingungen, die über Nacht und ohne vorherige Ankündigung in Kraft traten. Viele Nutzer sehen jedoch einen engen Zusammenhang zu Disneys puritanischer Familienfreundlichkeitsideologie, insbesondere seit Steve Jobs über seine Trickfilm-Firma Pixar geschäftlich so eng mit Disney verbandelt ist.

Schafft es der Entwickler aber, daß sein Programm im App Store auftaucht, hat er auch gute Chancen, an die Daten der Telefon- und Computernutzer zu kommen. Jedes der kleinen Programme hat Zugriff auf eine ganze Reihe persönlicher Informationen über den Benutzer. Bei iPhone gehört dazu die Telefonnummer, die verwendeten E-Mail-Adressen und zugehörigen Einstellungen, allerdings ohne die entsprechenden Paßwörter. Auch die Suche-Historie des Browsers wird an die Anbieter der Programme im App Store übermittelt. Und selbst die Lokationsdaten sind dabei.

Doch nicht nur Dritte, auch Apple-Software, die von vielen Nutzern verwendet wird, greift auf weitreichende Informationen zu, so auch iTunes. Das Programm iTunes verwaltet Musik, Filme, Radioprogramme und vieles mehr, jedoch nicht ohne vorab die Zustimmung des Benutzers zu verlangen, zusätzlich präzise Informationen in Echtzeit über den Aufenthaltsort zu sammeln. Die Informationen fügen sich schon nach wenigen Tagen zu einem Bewegungs- und Vorliebenprofil zusammen, das laut den Benutzungsbedingungen nicht nur von Apple selbst verwendet, sondern auch weitergegeben und verkauft werden darf. Natürlich muß der Nutzer dem zustimmen, um die Software überhaupt verwenden zu können.

Apples Musikempfehlungsdienst Genius, der in iTunes enthalten ist und anhand der Vorlieben und Hörgewohnheiten Kauftips erteilt, wurde vor einigen Monaten zu einem sozialen Netzwerk namens Ping erweitert. Der Versuch, etwas verspätet auf den schon fahrenden Zug der sozialen Netzwerke aufzuspringen, mißlang allerdings: Der neue Dienst kam bei den Nutzern nicht gut an, Apple hatte offenbar unterschätzt, daß sein inhaltlich eher dürftiges Ping-Angebot und die etwas aufdringliche Art der Gewinnung neuer Nutzer nicht einmal von den Applejüngern goutiert werden würde.

Die Dinosaurier kommen: Microsoft

Interessant ist die Positionierung der Microsoft Corporation in der Debatte um das angebliche Ende der Privat-

107

sphäre. Microsoft ist aufgrund der langjährig monopolar-
tigen Stellung in der Softwareindustrie – noch immer
laufen mehr als achtzig Prozent aller Computer weltweit
mit Betriebssystemen und Bürosoftware des Software-Rie-
sen – lange Jahre der Buhmann der Branche gewesen,
wenn es um den Umgang mit Nutzerdaten ging. Parallel
zu einer umfangreichen Offensive gegen die notorischen
Sicherheitsprobleme der eigenen Softwareprodukte war
Microsoft lange Zeit bemüht, einen anderen Ansatz als
seine Konkurrenten zu verfolgen. Anders als bei Google ist
bei Bill Gates' ehemaliger Garagenfirma, die zum Welt-
konzern aufstieg, die öffentliche Wahrnehmung schon lange Jahre durch das Marktmonopol geprägt. Daran wurden
Produkte und Dienstleistungen gemessen.

Die Betonung in Redmond, der Heimat von Microsoft,
lag immer auf dem Personal Computer, einem Gerät, das
sich möglichst weitgehend unter der Kontrolle des Nutzers
befindet. Alles, was mit Internet, Vernetzung, Informationen und ihrer Verknüpfung zu tun hat, war für Microsoft
stets suspekt. Angesichts der Monopolstellung des Konzerns wäre es auch kaum möglich gewesen, ohne massiven
Gegenwind eine ähnliche Tiefe und einen vergleichbaren
Umfang der Nutzerüberwachung wie Google, Facebook
oder Apple anzustreben. Dem entsprachen die öffentlichen
Äußerungen von Microsofts Gründer Bill Gates zum Thema Privatsphäre: Er forderte explizite gesellschaftliche Regeln für den Schutz der Privatsphäre, die auch in die Soft-
ware-Entwicklung einfließen sollten.

Aus jüngerer Zeit sind keine so deutlichen Worte von
Microsoft-Oberen mehr bekanntgeworden. Kein Wunder,
auch Microsoft hat sein Geschäftsziel radikal angepaßt. Es
gibt nun eine eigene Suchmaschine, inklusive Kartendienst
und weiteren Funktionen, die Bing genannt wird. Auch das
gutbesuchte Microsoft-Portal MSN beteiligt sich im Zuge

der allgemeinen Freude am Datensammeln mutig beim Nutzerausforschen: Alter, Wohnort, Geschlecht, Einkommensgruppe, Familienstand, Kinderanzahl und Wohnsituation dürfen es schon sein.

Hinzu kamen in den letzten Jahren eine eigene Werbevermarktungsagentur, ein kostenloser E-Maildienst und zahlreiche weitere Netzangebote, mit denen der zuvor auf den Personal Computer fixierte Konzern nun versucht, Googles Geschäftsmodellen nachzueifern. Das Geld wird in Redmond immer noch primär mit Bürosoftware verdient, die Konkurrenz aus Kalifornien wurde aber so übermächtig, daß ein Beharren auf dem alten Modell kaum durchhaltbar war.

Das Ende der informationellen Autonomie

Daß die Äußerungen der Konzernchefs nicht die von unabhängigen Experten sind, sondern getrieben von eigenen Geschäftsinteressen, überrascht nicht. Dennoch birgt das anschwellende Herbeireden des »Endes der Privatsphäre« eine nicht unerhebliche Gefahr: die Beschleunigung der Erosion der informationellen Selbstbestimmung sowie damit einhergehende Abschreckungs- und Einschüchterungseffekte. Angesichts der Massen von Menschen, die in den letzten Jahren mehr oder weniger aktive Mitglieder der sozialen Netzwerke geworden sind, ist es gängiges und bei wirklich keiner Diskussion fehlendes Argument geworden, daß die Benutzer offenbar gar kein Interesse mehr an einer allzu privaten Kommunikation hätten. Daß fast ein Viertel der aktiven, regelmäßigen Internetnutzer einen Facebook-Account besitzen, wird als Indiz gewertet, daß wir uns in eine transparente oder gar exhibitionistische Gesellschaft wandeln.

Eine Gesellschaft ohne Geheimhaltungsinteressen, die das Konzept von schützenswerter Privatheit ohne Pflicht zur Rechenschaft nicht mehr wertschätzt und für weniger wichtig erachtet als effizientes Einkaufen und allumfassende soziale Kontaktmöglichkeiten, verändert sich von Grund auf. Denn natürlich steht der Rückzugsraum des Privaten letztlich für Freiheit und Autonomie, die bedroht ist von einer mehr und mehr verinnerlichten und zuweilen exhibitionistischen Selbstüberwachung und letztlich dem schnöden Diktat des Mammons.

Schon in den 1990er Jahren hatten Autoren wie der Science-fiction-Autor David Brin die Idee, im digitalen Umfeld auf eine Privatheit und einen Rückzugsbereich im heute bekannten Sinn gänzlich zu verzichten. Statt dessen soll eine vollständige reziproke Transparenz Usus werden, Brin nennt sie informationelle Symmetrie: Du weißt alles über mich, ich weiß alles über dich. Und gerade weil jeder die Geheimnisse des anderen kennt, sollen sie nicht mehr als Waffen gegeneinander verwendet werden können. Damit sollen also gleichzeitig Machtverhältnisse egalisiert werden. Freilich funktioniert das ganze Konzept nur, wenn alle mitmachen. Die zwischenmenschliche Vertraulichkeitserwartung und Freiräume der Unbeobachtbarkeit würden dann obsolet – ganz so, als würden Ungleichheiten hinsichtlich der Machtverhältnisse nicht existieren.

Einfache Beispiele machen jedoch deutlich, daß die Egalisierung von Machtverhältnissen keineswegs mit gegenseitiger Datentransparenz einhergeht. Stellen Sie sich vor, sie machen eine Auslandsflugreise. Wir alle haben uns an langwierige, zum Teil erniedrigende Flughafenprozeduren gewöhnt, die mit solchen Reisen einhergehen, aber auch an eine umfangreiche Datenweitergabe, noch bevor wir ein fremdes Land auch nur betreten. Die Asymmetrie der

110

Macht zwischen demjenigen, der als Tourist am Einreise-schalter des fremden Landes steht, und dem Beamten der dortigen Einreisebehörde ist dabei augenfällig. Selbst wenn der Einreisewillige denselben Datensatz über sein Gegen-über einsehen könnte, wie der Beamte auf seinem Bild-schirm ihn über den Reisenden abruft, entstünde natürlich noch lange kein Machtgleichgewicht. Der Tourist könnte seinerseits beispielsweise weder Einträge in Datenbanken der ausländischen Behörden vornehmen noch die Erfas-sung verhindern. Auch der Versuch, dem Beamten auf seine Nachfragen zum genauen Reiseziel, Reisegründen oder Rückkehrzeitpunkt mit Gegenfragen zu bombardieren, dürfte eher zum Scheitern verurteilt sein. Es gilt hier kein Quidproquo.

In den letzten Jahren hat allerdings ein Art Gegenbewe-gung eingesetzt, die sich weiterentwickelt. Der staatliche Datensammeldrang, das Eindringen in die private Fern-kommunikation und die überbordende kommerzielle Neugier der Werbeindustrie werden scharf kritisiert und teilweise auch boykottiert. Der ehemalige Bundesinnenmi-nister und Rechtsanwalt Gerhart Baum versteht besonders die jüngsten Urteile des Bundesverfassungsgerichtes, die sich gegen die Ausweitung staatlicher Überwachung rich-ten, als »Auftrag an den Gesetzgeber, den Schutz der Pri-vatheit, auch und gerade im hochgefährdeten privaten Be-reich, nun endlich den neuen technischen Möglichkeiten anzupassen«, wie er anläßlich der Verleihung des Theo-dor-Heuss-Preises 2008 anmahnte. Daß die Regierungen ausgerechnet die Datenprofiteure und ihre Lobbyisten als Ratgeber heranziehen, wenn es darum geht, sinnvolle Re-gularien für das Netz zu finden, ist daher fatal.

5. Nur noch mit Maske zum Einkaufen?
Was Biometrie in Zukunft bedeutet

Der Wunsch, Individuen zu identifizieren, ist so alt wie die menschliche Gesellschaft. Das Wiedererkennen, die Zuordnung von Handlungen zu Personen ist eine Grundlage für den Aufbau von Vertrauen zu vormals Fremden, aber auch für die Ergreifung und mögliche Bestrafung von Missetätern und daraus resultierend die implizite Abschreckung von Verbrechern. Wer damit rechnen muß, wiedererkannt zu werden, wird sich vielleicht überlegen, ob er eine gesellschaftlich geächtete Handlung begeht.

Je mehr Menschen es gab, je länger die möglichen Reisewege wurden, desto mehr stieg das Bedürfnis nach einer von der individuellen Bekanntschaft abstrahierten Identifikation. Passierscheine, Empfehlungsschreiben, Berechtigungskarten und – nach der Erfindung der Fotografie – Lichtbildausweise und Reisepässe mit Unterschriften und Stempeln dienten der mehr oder minder zuverlässigen Identifikation von Personen. Gleichzeitig wurden mit diesen Dokumenten individuelle Rechte verbunden, etwa reisen zu dürfen, Geld von der Bank abzuheben oder einen Kredit zu bekommen.

Mit dem Aufkommen der biologistischen Kriminologie und der Fahndung nach Kriminellen in Frankreich und Großbritannien Ende des 19. Jahrhunderts begann das frühe Zeitalter der Biometrie. Lange getrieben von der Vorstellung, man könnte aus der Form und Größe der menschlichen Schädel und anderer Körperteile auf kriminelle Neigungen schließen, wurde in den Gefängnissen

112

begonnen, Verdächtige und Verurteilte zu vermessen und zu beschreiben. Ein Ziel war es, Wiederholungstäter zu identifizieren und beim nächsten Mal härter bestrafen zu können.

Gerade in den Städten war vor der Einführung von Ausweisen die Chance gering, einen Karrierekriminellen oder notorischen politischen Oppositionellen wiederzuerkennen. Das war eigentlich nur dann möglich, wenn einer der Polizeioffiziere glaubte, eine bestimmte Person wiederzuerkennen und vielleicht noch Zeugenaussagen zu Verdächtigen in anderen Fällen ihr zuordnen zu können. Mit der Verbreitung der Fotografie wurde die zuvor nur auf Steckbriefen zur Ergreifung aufsehenerregender Krimineller genutzte bildliche Darstellung des Gesuchten nach und nach zur Normalität. Flächendeckend eingeführte Lichtbildausweise und Reisepässe machten sich die Fähigkeit des Gehirns zunutze, Menschen auch dann wiederzuerkennen, wenn sich ihr Äußeres leicht verändert. Größe, Augenfarbe, Geschlecht, Nationalität, Haar- und Hautfarbe wurden erfaßt und im Paß vermerkt.

Der Körper jedes Menschen ist ebenso wie seine Bewegungen so individuell wie sein Geist und sein Charakter. Erbanlagen und deren Ausprägung, Einflüsse im mütterlichen Bauch, seine Umwelt und sein Verhalten bestimmen, wie sich seine Statur, sein Gang, sein Gesicht, seine Augen, die Form seiner Ohrmuscheln, die Muster seiner Fingerabdrücke, die Iris seiner Augen, das Muster der Venen in seiner Handfläche und Hunderte andere Teile seines Körpers entwickeln. Vieles davon ist Veränderungen über längere Zeit unterworfen, aber einige dieser Merkmale sind zumindest für einige Jahre relativ stabil. Die Fingerabdrücke etwa bleiben über viele Jahrzehnte nahezu gleich, nur Hautkrankheiten und Alter verändern sie schließlich. Langzeitstabilität ist ein besonders wichtiges Kriterium bei der Entscheidung, welches der zahlreichen biometrischen Merkmale man zur Identifizierung heranzieht.

Doch auch über Jahrzehnte stabile Merkmale bereiten vielen Menschen durchaus relevante Probleme hinsichtlich medizinischer Informationen, die sich daraus ersehen lassen. So können Gesichter ungewollt Auskunft über Krankheiten geben. Anhand von Irisbildern lassen sich etwa bestimmte Stoffwechselkrankheiten automatisiert erkennen – eine Information, die natürlich niemanden außer den Betroffenen und seinen Arzt etwas angeht. Das überrascht nicht, da in der Biometrie von jeher Fragestellungen der Biologie und Medizin untersucht wurden.

Die Idee, an automatisierten Systemen körperliche Merkmale zur Authentifizierung zu nutzen, ist schon einige Jahrzehnte alt. Zuerst wurden frühe technische biometrische Systeme in Hochsicherheitsbereichen eingesetzt, wie etwa beim Zugang zu Atomanlagen. In der Filmkultur regten solche Systeme schon seit langem die Phantasie der Drehbuchschreiber und Filmemacher an. Seit den 1970er Jahren finden sich immer wieder Szenen, in denen die Aktivierung von Atomwaffen per Iris-Erkennung oder der Zugang zum Geheimbunker per Stimmerkennung oder Handabdruck gezeigt werden.

Die technisch unterstützte Verwendung der Biometrie wird filmisch überwiegend als die ultimative Sicherheitsmaßnahme dargestellt – das offenbar hochsichere System, das man einsetzt, um Atomwaffen zu sichern. Nur James Bond ist in der Lage, es zu überwinden – und das gleich in mehreren Filmen. In der Realität waren allerdings gerade die frühen biometrischen Systeme eher störanfällig und viel zu teuer und die Atomwaffen über viele Jahre mit schlichten Zahlencodes gesichert.

Mit dem Fortschritt der Technik wurde es schließlich möglich, einige der Visionen in die Realität umzusetzen.

114

Fingerabdruckleser sind beispielsweise billig zu erstehen, dadurch wird der Biometrieeinsatz für jedermann erschwinglich. Körpermerkmale wie Fingerabdrücke dienen als Paßwortersatz an Computern, sie fanden ihren Weg in Türschlösser und auch in die Reisepässe. Andere Formen der Biometrie als die Gesichts- und Fingerabdruckerkennung zur Zugangskontrolle sind immer noch esoterisch. Die Handvenen- oder die Iriserkennung kennen die meisten Menschen bisher nur aus Filmen, sie finden aber nach und nach ihren Weg in die Breitenanwendung.

Die Möglichkeit der Identifizierung von Menschen anhand des Musters der Iris des Auges ist schon lange bekannt. Bis vor kurzem war jedoch die technische Umsetzung eher problematisch. Der Eintrittswillige mußte sein Gesicht präzise positionieren und ruhig in die Kamera blicken, seine Augen dabei gut beleuchtet sein. Seit kurzer Zeit gibt es jedoch Systeme, die mit Hilfe entsprechender Objektive, hochauflösender Kameras und spezieller Software auch die Augen von Passanten aus bis zu einem Meter Entfernung so aufnehmen können, daß ein für die Identifizierung ausreichendes Irisbild entsteht.

Einem größerem Publikum wurde die Methode in dem Film »Minority Report«, damals noch als Fiktion, bekannt. Im Film sind derartige Iris-Scanner überall an öffentlichen Orten, in Verkehrsmitteln und in personalisierten Werbetafeln, aber auch in tragbaren Geräten von Polizisten eingebaut. Jeder Passant wird im Film erfaßt und überprüft, es werden ihm aber auch auf ihn zugeschnittene Werbebotschaften gezeigt. Noch sind wir von einem solchen flächendeckenden Einsatz eine Weile entfernt. Klar ist aber, daß sich der Preisverfall bei den zugrundeliegenden Technologien – Optik, Kameras, schnelle Computerchips – in den nächsten Jahren fortsetzen wird, die Technologien aber gleichzeitig verbessert werden. Ob es dann Zustände wie in »Minority Report« geben wird, hängt wahrscheinlich einzig von der öffentlichen Akzeptanz der Technologie und ihrer Anwendung ab.

Die gleichen Mechanismen gelten auch für die automatische Gesichtserkennung. Derzeit funktioniert das computerisierte Wiedererkennen von Gesichtern nur unter bestimmten Bedingungen, bei geeignetem Lichteinfall und wenn die Anzahl der gespeicherten Gesichter, mit denen die Bilder von Passanten verglichen werden, nicht zu groß ist. Darauf zu vertrauen, daß das für immer so bleibt, wäre jedoch kurzsichtig. Solange es keine grundlegenden physikalischen Hürden gibt, werden die meisten Biometriesysteme irgendwann flächendeckend benutzt.

Das gilt auch für ein bisher recht wenig beachtetes Gebiet der Biometrie, die Handvenenmuster-Erkennung. Die Venen in der Handfläche bilden bei jedem Menschen ein sehr individuelles Geflecht, das mit Hilfe einer Infrarotkamera sichtbar gemacht werden kann. Nachdem die Methode über Jahre hinweg perfektioniert wurde, hat sie heute Einsatzreife erlangt und wird in Zugangskontrollsystemen und bei Geldautomaten verwendet. Im Gegensatz zu Fingerabdrücken ist die Überlistung dieses Systems mit Hilfe eines nachgemachten biometrischen Merkmals zumindest bisher nicht ganz so einfach.

Interessanterweise wurden bereits in Filmen schon vor vielen Jahren ansatzweise realistische Methoden vorweggenommen, mit denen biometrische Systeme überwunden werden können. Der Bösewicht im James-Bond-Film läßt das Auge eines Offiziers in seinen Agenten transplantieren, um eine Retina-Erkennung zur Atombombenaktivierung zu überlisten. Der Universal-Held McGuyver schaffte es mit wenig mehr als Kreidestaub, etwas Wachs und einer Kerze, einen Fingerabdrucksensor auszutricksen, um durch die alles entscheidende Bunkertür zu kommen. Solche Methoden sind gar nicht so weit entfernt von der Realität.

Überlisten und Attrappenbau

Die fiktiven Szenen in Filmen weisen auf einen grundlegenden Schwachpunkt der Zugangskontrolle und Authentifizierung mit Biometrie hin. Die Systeme arbeiten zwangsläufig immer mit einem Abbild des körperlichen Merkmals, das sie zur Erkennung verwenden. Wenn ein Angreifer es schafft, dieses Abbild nachzumachen oder gar den Körperteil, der vermessen wird, funktionstüchtig in seinen Besitz zu bringen, kann das System überlistet werden.

Viele der Merkmale, die für die biometrischen Erkennungssysteme verwendet werden – wie etwa Fingerabdrücke –, hinterlassen wir jeden Tag überall. Andere, wie das Abbild des Gesichts, unsere Stimme oder das Bild der Iris des Auges, lassen sich ohne unser Mitwirken und zum Teil sogar aus großer Entfernung erfassen.

Wenn ein Angreifer erst einmal im Besitz von Abbildern der Körpermerkmale ist, kann er mit geeigneten Methoden Attrappen herstellen, die das biometrische Zugangssystem überlisten. Der eigentliche Besitzer hat dann ein gravierendes Problem. Während er ein Paßwort oder einen PIN-Code, der verlorengegangen ist, problemlos austauschen kann, läßt sich ein biometrisches Merkmal, wie etwa ein Fingerabdruck oder ein Gesicht, nicht wechseln. Einmal in der Hand eines Angreifers, ist es für immer unbrauchbar. Biometrie wird so zur Falle, deren Langzeitrisiken der normale Nutzer noch kaum versteht.

Das Opfer eines Biometriediebs hat dann zudem das Problem, daß der Gedanke an nachgemachte, simulierte körperliche Merkmale zu sehr nach Fiktion oder amerikanischen Krimiserien klingt. »Wie soll man denn einen individuellen Fingerabdruck nachmachen?« werden sich viele fragen. Dummerweise ist das ganz einfach.

Biometrische Fingerabdruck-Sensoren erfassen mit verschiedenen Methoden die Papillarmuster. Meist wird von unten ein Bild des Fingers gemacht, während er gegen eine beleuchtete Glasfläche gepreßt wird. Dabei zeichnen sich die Täler und Berge des Linienmusters der Fingerkuppe ab und können digital erfaßt werden. Eine andere Methode sind Sensoren, die an Tausenden mikroskopisch kleinen Kontaktpunkten den elektrischen Widerstand messen. Dort, wo gerade ein Berg der Fingerkuppe aufliegt, also direkter Kontakt zur Haut besteht, ist der elektrische Widerstand geringer als dort, wo im Tal ein minimaler Luftspalt den Stromfluß behindert.

Eine der Eigenschaften, die gerade Fingerabdrücke fundamental ungeeignet für Sicherheitsanwendungen machen, ist der Fakt, daß wir sie täglich überall hinterlassen. Die Fettschicht auf der Haut der meisten Menschen bleibt an Gegenständen haften, die wir berühren. Ein Fingerabdruck auf einem Glas ist physikalisch betrachtet eine strukturierte Ablagerung von Ölen und Fetten in der Form der Papillarmuster der Fingerkuppe. Bei jeder Berührung eines glatten Objektes bleibt ein solcher Abdruck zurück. Mit Hilfe recht einfacher Mittel kann ein Fingerabdruck – besonders leicht von glatten Oberflächen – abgenommen und weiterverarbeitet werden. Es eignet sich beispielsweise dafür ein Glas oder eine Tasse.

Eine auch bei Kriminalisten sehr beliebte Methode ist es, die Dämpfe von Sekundenkleber einen Moment auf einen hinterlassenen Abdruck einwirken zu lassen. Die Dämpfe reagieren mit den Fettablagerungen des Fingerabdrucks zu einer weißen Substanz, die sich gut fotografieren oder auch mit Klebeband abnehmen läßt. Das Foto des Fingerabdrucks wird dann in einem normalen Bildbearbeitungs-programm verbessert, nachbearbeitet und damit deutlicher gemacht, bis sich die Papillarmuster sauber abzeichnen. Wenn man das einmal selbst probiert hat, stellt sich schnell heraus, wie einfach die Arbeitsschritte sind, um den Ab-druck in dieser guten Qualität vorliegen zu haben.

Das so entstandene Fingerabdruckbild wird dann mit einem Laserdrucker auf eine Folie gedruckt. Der Toner des Laserdruckers bildet auf der Folie ein genaues Berg- und Tal-Muster, das den Papillarmustern des Fingers ent-spricht, nur ist das Bild invertiert. In diese ausgedruckte Vorlage streicht man nun etwas Latex-Holzkaltleim und läßt ihn trocknen und aushärten. Vorsichtig von der Folie abgezogen und mit Maskenkleber aus dem Schauspielerbe-darf auf einen Finger geklebt, überlistet eine solche preis-wert und ohne viel Aufwand erstellbare Fingerabdruck-attrappe praktisch alle am Markt befindlichen Fingerab-druck-Biometriesensoren.

Der Sensor »sieht« oder »mißt« genau wie bei einem echten Finger das Berg- und Tal-Bild der Attrappe und erfaßt die Merkmale, die zur Authentifizierung notwendig sind, die sogenannten Minutien. Das sind besonders cha-rakteristische Verzweigungen im Papillarmuster des Fin-gers, etwa wo Linien und Rillen aufeinandertreffen. Sobald das biometrische System genügend dieser Minutien er-kannt hat, kann es nach gleicher Konstellation der Merk-male zueinander in seiner Datenbank suchen und den Nutzer einlassen oder abweisen.

Dadurch, daß die dünne Latex-Attrappe auf einen ech-ten Finger geklebt wird, werden auch viele der üblichen Methoden zur sogenannten Lebenderkennung unterlaufen. Die Lebenderkennung soll verhindern, daß jemand zum Beispiel mit einem abgetrennten Finger eines berechtigten Nutzers das System täuscht. Da unter dem dünnen Latex-

Häutchen eines nachgemachten Fingerabdrucks aber ein lebendiger Finger mit der richtigen Temperatur, Schweißdrüsen und pulsierendem Blut steckt, kann so manche Lebenderkennung wenig ausrichten.

Festzuhalten bleibt, daß biometrische Erkennungssysteme in der Praxis selten die versprochene Sicherheit der Identifizierung bieten, wie sie in den Hochglanzbroschüren der Hersteller versprochen werden. Das hält die wichtigsten Käufer der Technologien natürlich nicht davon ab, Biometrie als vorgebliche Sicherheitstechnologie in immer mehr Bereichen einzusetzen.

Grenzszenarien: Individualität heißt Identifizierbarkeit

Einige Körpermerkmale bestehen ein Leben lang. Werden sie digital festgehalten, bleiben sie also dem Menschen über Jahre hinweg zuzuordnen, was ein großer Vorteil für die Datensammler ist.

Der Siegeszug der Biometrie geht einher mit der veränderten Bedrohungswahrnehmung der Gefahren des Luftverkehrs nach den Anschlägen vom 11. September 2001. Obwohl ein Sachzusammenhang zwischen biometrischen Erkennungssystemen und der Abwehr von Flugzeugentführungen nur schwerlich zu sehen ist, wurde in Europa und Nordamerika noch im September 2001 diskutiert, die Gesichter und Fingerabdrücke aller Paßbesitzer zu erfassen. In den meisten Ländern wurde die Vermessung der Körpermerkmale und deren Aufnahme in die Reisedokumente also mit der Terrorismusbekämpfung begründet, auch hierzulande. Entsprechend beschloß der Deutsche Bundestag im Rahmen der Verabschiedung des Terrorismusbekämpfungsgesetzes gleichzeitig die Änderung des Paßgesetzes.

Ab 2005 sollte biometrisch vermessen werden. Inwiefern diese Aufnahme körperlicher Merkmale bei der Bekämpfung von Kriminalität hilfreich sein sollte, blieb offen. Sachlich nachvollziehbar erscheint lediglich die Angabe, daß der Einsatz biometrischer Bilder die Fälschungen von Pässen erschwert und die Bindung an den Besitzer des Dokuments erhöht. Schließlich muß beispielsweise ein Dieb zusätzlich zu den seit Jahren erfolgreich eingesetzten Fälschungssicherungen nun auch die Körpermerkmale nachmachen, um einen gestohlenen Paß einsetzen zu können.

Leider scheitert die Idee, daß Biometrie gegen Fälschungen helfen könnte, gleich zweifach an der Realität. Zum einen sind die physischen Sicherungen des deutschen Passes derart hoch entwickelt, daß Fälschungen der knapp dreißig Millionen in Umlauf befindlichen Exemplare eines deutschen EU-Reisepasses praktisch gar nicht vorkommen. Dazu gibt es ganz konkrete Zahlen: Zwischen 2001 und 2006 fand der Bundesgrenzschutz (heute Bundespolizei) genau sechs Fälschungen deutscher Pässe. In all den Jahren kam also kaum ein Beamter überhaupt mit Paßbetrügern in Kontakt, da dies durch den hohen Aufwand für Kriminelle schon lange nicht mehr lohnend ist. Zum anderen spielten in keinem dieser sechs Fälle laut Angaben der Bundesregierung durchgeführte oder geplante terroristische Anschläge eine Rolle. Daß gerade Flugzeugentführer stets gültige Pässe besessen haben, wird ohnehin ignoriert.

Der finanzielle Millionenaufwand der Einführung der Biometrie in Reisedokumente ist also nicht durch einen nachweisbaren Nutzen zu rechtfertigen. Nach nur sehr kurzen Phasen des Testens und der Erprobung werden jedem Deutschen dennoch seit 2007 auf den Meldeämtern nicht nur ein biometrisches Frontalgesichtsbild abverlangt, sondern auch zwei seiner Fingerabdrücke in den extra dafür entworfenen Chip in den Reisepaß gespeichert. Das betrifft

121

sogar Kinder, deren Eltern einen Kinderreisepaß beantragen, obgleich lange bekannt ist, daß biometrische Verfahren erst für Erwachsene sinnvolle Erkennungswerte aufweisen.

Dem Europäischen Parlament kamen jedoch Bedenken, was die biometrische Vermessung von Kindern angeht. Die Argumente gründeten sich jedoch nicht etwa auf ethische Bedenken, sondern orientierten sich nur an der Praktikabilität. Die Merkmale der Heranwachsenden verändern sich noch, führen daher die biometrische Erkennung ad absurdum. So wurde im Januar 2009 mit großer, parteiübergreifender Mehrheit beschlossen, europaweit zumindest von Kindern unter zwölf Jahren keine Fingerabdrücke mehr aufzunehmen. In Deutschland werden jedoch weiterhin auch von Kleinkindern biometrische Frontalgesichtsbilder gespeichert.

Ist der Mensch erst einmal vermessen und sind seine Merkmale digital erfaßt, liegt die Idee nahe, typische Vorgänge, in denen diese Daten verwendet werden, zu automatisieren. Diese Idee kam auch Herstellern biometrischer Erkennungssysteme, vermutlich beim Feiern des riesigen neuen Absatzmarktes, der durch den staatlich erzwungenen Einsatz der Biometrie entstanden war. Entsprechend wurden Systeme und Verfahren erfunden und entwickelt, die den vermessenen Menschen automatisch oder halbautomatisch identifizieren. Gleichzeitig mußten diese neuen Produkte aber an den Mann gebracht werden – daher versuchte man vorzugsweise, politische Entscheidungsträger zu überzeugen.

Beispielhaft konnte das bei biometrischen Einreisesystemen beobachtet werden, die an Flughäfen und Grenzübergängen eingesetzt werden. Schritt für Schritt wurde der Weg zum biometrischen Erfolg geebnet. Zuerst mußten die politischen Entscheidungsträger überzeugt werden, wie hilfreich der Einsatz der Biometrie ist. Je nach Zeitgeist – hier:

122

Schutz vor Terrorismus – wird die Technologie als sinnvolle Ergänzung bei Ausweisdokumenten beworben und im Falle des Erfolges in die Paßgesetzgebung aufgenommen. Von den USA aus begann so eine erste Welle der Biometrieausbreitung. Als die amerikanische Regierung beschloß, eine visumfreie Einreise im Rahmen des sogenannten Visa-Waiver-Verfahrens nur noch für Staaten zuzulassen, deren Bevölkerung Biometriepässe besitzt, startete wie auf Knopfdruck eine weltweite Nachfrage. Etwa fünfzehn Millionen Menschen aus 27 teilnehmenden Ländern reisen jährlich in die USA im Rahmen des Visa-Waiver-Programms für bis zu neunzig Tage ein. Den Biometriefirmen wurde ein neuer Milliardenmarkt eröffnet, der seinesgleichen sucht.

Als diesen Ländern von den USA eine Frist bis Oktober 2006 gesetzt wurde, um biometrische Pässe einzuführen, steigerten sich schlagartig die Umsätze der Biometrieindustrie. Allein in den USA selbst wurde eine Milliarde Dollar in den Aufbau der weltweit größten Sammlung digitaler Menschenkörpermerkmale gesteckt. Das Projekt mit dem Namen »Next Generation Identification« wurde beim FBI angesiedelt.

Wenige Jahre nach der Jahrtausendwende war der Prozeß der Umstellung der Pässe auf die neue Technologie in vielen Ländern weltweit bereits abgeschlossen, meist wurden digitale biometrische Frontalgesichtsbilder in die Dokumente aufgenommen, in manchen Ländern – wie etwa in Deutschland – zusätzlich auch Fingerabdrücke.

Nachdem biometrische Daten seitdem nach und nach in den Pässen der Bevölkerung gespeichert werden, kann die Automatisierung nun in Angriff genommen werden. Die Flughäfen wurden als erstes neues Geschäftsfeld ins Auge gefaßt. Dazu muß zuerst ein Produktname her, der nach Modernität und Sicherheit klingt. So wurde beispielsweise das »SmartGate«, ein vollautomatisches biometrisches

Grenzsystem, Politikern und Flughäfen als ultimative Lösung verkauft. Bereits seit dem Jahr 2007 ist es in Australien im Einsatz. Australier und die benachbarten Neuseeländer werden seither nicht mehr durch Beamte kontrolliert. Ihre Reisedokumente und ihre menschlichen Merkmale prüft ein Computer in einer speziellen Vereinzelungsschleuse, die jeweils nur ein Reisender passieren kann.

Um dieses System verkaufen zu können, mußten zuvor natürlich Reisedokumente an die Bevölkerung ausgegeben werden, die biometrische Gesichtsdaten der Bürger enthalten. Besitzt der Reisende einen solchen neuen Paß, nimmt eine digitale Kamera das Gesicht der Person auf und vergleicht das gerade aufgezeichnete Bild mit dem im Paß abgespeicherten. Die Schleuse wird freigegeben, wenn das System dem Einreisenden ausreichende Ähnlichkeit bescheinigt. Vergleichbare Systeme sind auch in Portugal im Einsatz: die vollelektronische Paßkontrolle »e-Gates«.

Die australische Regierung gab vierzig Millionen Euro für das SmartGate-Projekt an den Flughäfen aus, obgleich die Tests einige gravierende Probleme aufzeigten. Sechs bis acht Prozent der computerisierten Grenzübertritte erwiesen sich als fehlerhaft. Entweder wurde ein Reisender durchgelassen, der gar nicht der Besitzer des Passes war, oder aber rechtmäßige Dokumentbesitzer standen vor verschlossenen Schranken. Die Testergebnisse waren dermaßen ernüchternd, daß die Behörden »aus Sicherheitsgründen« beschlossen, keine Daten der Testreihen mehr an die Öffentlichkeit zu geben.

Das Vorgehen, schlechte Evaluierungsergebnisse von Biometrieprodukten kleinzureden, hat System und konnte auch hierzulande beobachtet werden. Die leistungsvergleichenden Tests biometrischer Grenzkontrollsysteme in Deutschland ergaben ebenfalls hohe Fehlerraten: Drei bis sieben Prozent der Betroffenen wurden fälschlicherweise zurückgewiesen. Aber als Entscheidungshilfen und Empfehlungen für die Politik waren die Studien ohnehin nicht vorgesehen, waren doch die politischen Vorgaben bei Studiendurchführung bereits beschlossene Sache. Die Abschlußberichte wurden in Deutschland nicht einmal abgewartet, bevor der biometrische Reisepaß beschlossen und im Jahr 2005 eingeführt wurde.

Denn trotz der Ergebnisse der Tests und obwohl Sicherheits- und Ausweisspezialisten dem konventionellen deutschen Paß stets Höchstnoten ausstellten, seine Fälschungssicherheit lobten und die hohen Standards in der Produktion weltweit vorbildhaft waren, sollten die zehn Jahre gültigen Pässe ohne eine ernsthafte sachliche Debatte über Sinn und Unsinn in elektronische biometrische Dokumente umgewandelt werden. Mit mehreren zehntausend neu zu produzierenden Dokumenten pro Tag winkte nicht nur der Bundesdruckerei ein großes Geschäft.

Es gibt deutliche Hinweise darauf, daß die Aussicht auf umfangreiche Profite die eigentliche Ursache für die technisch überstürzte Einführung der biometrischen Personaldokumente ist. Als Dankeschön wurden zuständige Politiker, Staatssekretäre und Abteilungsleiter nach ihrem Ausscheiden aus dem aktiven Dienst mit lukrativen Aufsichtsrats- und Beraterposten bei Biometrieherstellern bedacht. Auch der damalige Bundesinnenminister Otto Schily, der für die elektronischen Fingerabdrücke in den Pässen verantwortlich zeichnete, wurde Aufsichtsrat der Unternehmen Byometric Systems sowie SAFE ID Solutions AG. August Hanning, zuvor verantwortlicher Staatssekretär im Innenministerium, wurde mit einem Aufsichtsratsposten bei der Bundesdruckerei belohnt, welche die deutschen biometrischen Reisepässe und Personalausweise herstellt. Selten ließ sich eine so systematische Welle von direkter Belohnung von ehemaligen Amtsträgern für politische Entscheidungen beobachten, die in den nächsten Jahren Milliarden in die Kassen der Unternehmen spülen werden.

Um ein Milliardenprojekt wie die Digitalisierung der menschlichen Körpermerkmale weltweit anzuschieben, bedarf es einer internationalen Organisation, die Standards festgelegt und nationalen Alleingängen vorbeugt. Die International Civil Aviation Organization (ICAO, Zivilluftfahrtorganisation) nahm diese Rolle ein. Eine kleine Gruppe industrienaher Techniker entwickelte die technischen Vorschriften und entwarf die nötigen Papiere, um die Dokumente in den über 180 Mitgliedsstaaten der Organisation zu vereinheitlichen.

Gleichzeitig lief der politische Begleitprozeß an: Neue »Sicherheitsmerkmale« sollen europaweit in die Reisepässe integriert werden, beschloß die Europäische Union auf Druck der USA. Dazu legte die EU fest, daß in Europa die Papillarlinienabdrücke zweier Finger und ein Frontalbild des Gesichtes digital im Paß zu speichern sind. Mit Europa als Vorbild begann die internationale Umstellung der Pässe.

Im Jahr zuvor war auch in den USA die Körpervermessung der Paßbesitzer gestartet worden. Der US-Rechnungshof kalkulierte dafür 8,8 Milliarden Dollar an Ausgaben, zuzüglich jährlicher Folgekosten in Höhe von 1,4 Milliarden Dollar. Die Sektkorken für die Biometrieindustrie konnten knallen. Allein für Deutschland wurde eine Verzehnfachung des Umsatzes im Biometriemarkt prognostiziert. Mochten die Verfahren auch unausgereift sein, nun ging es nur noch darum, welches Unternehmen in welchem Land zum Zuge kommen würde.

Gleichzeitig freuen durfte sich die RFID-Industrie und deren Verbände wie die Smart Card Alliance über die industriepolitische Förderung, denn sie produzieren die Chips, die in die neuen Identitätsdokumente eingelassen sind und die biometrischen Kennzahlen speichern. RFID steht für Radio Frequency Identification, bedeutet also die Identifizierung per Funk. Die Chips in den Ausweisdokumenten funken allerdings nicht von sich aus, denn sie haben keine eigene Energiequelle. Werden sie aber in die Nähe eines Lesegerätes gehalten, können die gespeicherten Daten ausgelesen werden. Die Reichweite der Lesegeräte für RFID-Chips schwankt je nach technischem Aufbau und System zwischen einigen Zentimetern und mehreren Metern. Mit guten Antennen kann dieser Vorgang auch über einige Meter hinweg von Dritten mitgeschnitten werden.

Den Empfehlungen der ICAO folgten weltweit viele Staaten. Sie führten digitale Aufnahmen der Gesichtsbilder und Fingerabdrücke in ihre nationalen Pässe ein, wie vorgeschlagen auf winzigen kontaktlosen Mikrochips, die, mit einer kleinen Antenne ausgestattet, unsichtbar Daten aus den Dokumenten funken können. Das im ICAO-Standard als fakultativ empfohlene Aufnehmen der Iriden der Menschen hatte dagegen bisher für Grenzkontrollsysteme wenig Erfolg.

Maschinenlesbar sind Reisedokumente bereits seit Jahrzehnten. Man benutzt dafür eine Zahlen- und Zeichenkombination, die auf jedem Paß oder Ausweis aufgedruckt ist. Bei den deutschen Dokumenten ist dies die sogenannte maschinenlesbare Zone, die aus großen, gut automatisch zu erkennenden Buchstaben am unteren Rand der Ausweiskarte besteht. Nun aber wurde die Maschinenlesbarkeit auf die Menschen ausgeweitet: Vermessen werden Körperteile und Merkmale, die Menschen voneinander unterscheidbar machen. Die Daten der Gesichtsbilder und der Fingerabdrücke sind zur globalen Speicherung freigegeben.

Diskriminierung und Schildbürger

Um Biometrie für Authentifizierungssoftware nutzbar zu machen, müssen Kriterien ersonnen werden, um die menschlichen Merkmale sinnvoll erfassen zu können. Viele dieser Regeln sind zunächst einfacher Natur: Dem Benutzer wird etwa bei der Erfassung des Gesichtsbildes der Neigungswinkel des Kopfes vorgeschrieben, und der Fotograf erhält klare Vorgaben für die Ausleuchtung des Gesichts. Oft wird zusätzlich ein neutraler Gesichtsausdruck verlangt.

Menschliche Gehirne können ohne Probleme das Gesicht einer lachenden und einer ernst dreinblickenden Person demselben Menschen zuordnen, Maschinenalgorithmen können dies jedoch nicht ohne weiteres. Im Falle der Gesichtserkennung muß zusätzlich vorab gemessen werden, welche Kopf- und Gesichtsformen für die biometrische Erkennungssoftware geeignet sind. Höhen- und Breitenvorgaben werden also spezifiziert. Doch leider fügen sich die menschlichen Maße nicht immer dem Willen des Programmierers.

Ein Beispiel ist die Einführung des biometrischen Passes in Deutschland: Hier wurde die Bildhöhe für das abzugebende Foto vom Kinn bis zum Haaransatz auf mindestens 32 Millimeter und höchstens 36 Millimeter festgeschrieben. Fotografen bereiteten diese Vorgaben Kopfzerbrechen, denn die Köpfe von etwa zehn Prozent der Kunden wollen einfach nicht in dieses Raster passen. Ihre Paßfotos würden aufgrund der neuen Richtlinien in den Meldeämtern abgelehnt werden. Die Gesichter der Abgelehnten wären schlicht zu lang, zu kurz, zu breit oder zu schmal. Da Abhilfe nur schwerlich dadurch zu schaffen wäre, das Gesicht chirurgisch zu verändern, wählten die Fotografen einen anderen Weg. Sie suchten sich technologische Hilfe.

Da heute ohnehin ein großer Teil von Fotografien digital nachbearbeitet und optimiert wird, mußten die Fotografen nur noch im selben Arbeitsgang per elektronischer Schablone prüfen, ob das Paßfoto den biometrischen Richtlinien entspricht. Der Kopf wird dann mit Hilfe digitaler Bildbearbeitung etwas gestaucht oder das Gesicht schmaler gemacht. Dem menschlichen Betrachter fällt das in den meisten Fällen gar nicht auf.

Aus Sicht der biometrischen Erkennungssysteme ist dies jedoch ein veritabler Schildbürgerstreich. Denn vermessen werden für das Wiedererkennen eines Gesichtes die Abstände zwischen markanten Punkten der Kopffront. Um also ein sinnvolles biometrisches Abbild in das Personaldokument aufzunehmen, müssen die Proportionen des Gesichtes unverändert bleiben. Doch um das normabweichende Gesicht in die Vorlage zu pressen, verändern die Fotografen – kaum oder gar nicht sichtbar – genau diese Proportionen. Ob menschliche Betrachter der Bilder die Veränderung nun erkennen mögen oder nicht, für die biometrischen Algorithmen ist eine Erkennung jedoch kaum mehr möglich.

Nicht nur bei der Gesichtserkennung gibt es diese Probleme. Auch die Fingerabdruckerkennung kennt Gruppen von Menschen, die nicht in die digitale Norm passen. Alte Menschen oder solche, die manuellen Tätigkeiten nachgehen oder Hautkrankheiten haben, weisen häufig kaum verwendbare Fingerabdrücke auf. In den Meldeämtern müssen Betroffene dann eine aufwendige Prozedur mit mehrfachen Versuchen der Erfassung der Abdrücke über sich ergehen lassen. Erst wenn der Sachbearbeiter ein Einsehen hat und den Knopf für »keine Fingerabdrücke« der Ausweisantragssoftware drückt, endet eine solche Diskriminierung.

Biometrie wird Alltag

Durch die staatlicherseits betriebenen Biometrievorzeige-projekte sickert die Technologie allmählich in den Alltag der Menschen. Zwar gibt es noch Gegenwehr, etwa wenn wie im letzten Jahr in Bayern an einer Musikschule Finger-abdruckscanner die Minutien der Kinder erfassen sollten. Das Zutrittssystem, das für ein paar tausend Euro bereits beschafft war, wurde dort aufgrund der Elternproteste wieder abgebaut.

Dennoch ist der Siegeszug mit Blick auf andere Länder kaum aufzuhalten. Über fünftausend britische Bildungs-einrichtungen nutzen bereits biometrische Scanner für ihre Bibliotheken oder Schulen, um das Ausleihen mit Fingerabdrücken statt Bibliothekenausweisen abzuwickeln oder Anwesenheitspflichten zu prüfen. Kritiker weisen nicht zu Unrecht darauf hin, daß besonders Kinder so daran gewöhnt werden, für Alltägliches die eigenen Kör-permerkmale anzugeben.

Viele Computer und einige Mobiltelefone sind heute bereits mit einfachen Fingerabdruckscannern ausgestattet, über die sich der Besitzer mit seinen körperlichen Merk-malen als solcher identifizieren kann. Selbst den etwa neun Millionen legalen deutschen Schußwaffenbesitzern wird seit 2006 ein biometrisches Fingerabdrucksystem angebo-ten, um die Schießeisen wegzusperren.

In Deutschlands Süden kann seit wenigen Jahren in neunhundert Supermärkten sogar mit dem Fingerabdruck bezahlt werden. Der Abdruck der Kunden wird einge-scannt und in einer Datenbank zusammen mit den Bank-daten des Einkaufswilligen gespeichert. Auf die biometri-schen Daten kann jede Kassiererin zugreifen, wenn der Kunde danach Waren kauft: Statt der Geldbörse wird der Finger auf den Scanner gelegt.

130

Wo ein Trog ist, kommen die Schweine

Es wundert also nicht, daß die weltweite Einführung der neuen biometrischen Pässe Vorbild für ganz unterschiedliche Anwendungen der Vermessungstechnologien im privaten Sektor ist und weitere staatliche Begehrlichkeiten nach sich zieht, immer befeuert von den Heilsversprechen der Hersteller. Kaum war die erste Million neuer Reisedokumente hergestellt und unters Volk gebracht, da startete 2006 das Kriminalistische Institut des Bundeskriminalamts am Hauptbahnhof Mainz einen Test mit an den Rolltreppen angebrachten Videokameras. Es hieß »Foto-Fahndung«, und das Interesse galt den Gesichtern der Bahnreisenden.

Der Traum der Ermittler: Jedes gesuchte Gesicht, das irgendwann in Polizeidatenbanken gespeichert wurde, wird automatisch beim Vorbeigehen erkannt und löst Alarm aus. Die Menschenmengen auf der Rolltreppe der Eingangshalle, die sich täglich durch den Bahnhof bewegen, sollen daher probeweise erfaßt, von der automatisierten Gesichtserkennung verarbeitet und ihre Gesichter mit bestehenden Ermittlungsdaten abgeglichen werden – ein europaweit einmaliges Vorhaben.

Mehrere Monate filmten sechs Kameras die Mainzer Bahnhofsrolltreppe und die Treppenstufen direkt daneben, wo an stark frequentierten Tagen schon mal zwanzigtausend Menschen vorbeilaufen. Drei konkurrierende Firmen lieferten dem BKA die Software, um wenige hundert vorab erfaßte Freiwillige wiederzuerkennen, deren Gesichter die Systeme gespeichert hatten. Da die meisten Benutzer einer Rolltreppe stehenbleiben und im günstigsten Fall nach vorn sehen, blieben der Software in diesem Optimalfall ungefähr zwanzig Sekunden, um deren Gesichter aufzuzeichnen und mit der Datenbank abzugleichen. Die Stufen neben der Rolltreppe erwiesen sich als problematischer:

131

Menschen blicken in der Regel auf ihre Füße beim Treppensteigen, ihr Gesicht richtet sich also nach unten. Das verschlechtert den Aufnahmewinkel und den Lichteinfall.

Zwar erreichte keiner der Anbieter akzeptable Fehlerraten, so daß das Pilotprojekt wegen des Mißerfolges nicht fortgeführt wurde. Dennoch bleibt die Vision einer automatisierten Fahndung anhand körperlicher Merkmale bestehen. Dazu könnten schließlich in Zukunft die zwangsweise erhobenen biometrischen Gesichtsbilder der über fünftausend deutschen Meldeämter per Online-Zugriff herangezogen werden. Zunächst ist die Technik jedoch gescheitert. Selbst der BND hat nach Tests in seinem Neubau an der Berliner Chausseestraße auf einen Einbau biometrischer Gesichtskontrollen verzichtet. Die Systeme hätten vor allem dann Probleme gezeigt, wenn Menschen beim Friseur waren. Auf unterschiedliche Weise ins Gesicht hängende Haare hatte die Erkennungssoftware bereits ins Schleudern gebracht.

Die mangelhafte Technik hindert die Strafverfolger und Geheimen jedoch nicht daran, weiterhin auf die Biometrie zu setzen. Europaweit ist eine schwunghafte Weitergabe von Körperdaten Usus geworden. Innerhalb des sogenannten Schengen-Informationssystems (SIS) der Polizeien, Zollbehörden und Geheimdienste werden auch biometrische Daten ausgetauscht. Die Grenzstationen besonders der Schengen-Außengrenzen sollen in Zukunft besser vernetzt werden, um jederzeit die in den Pässen gespeicherten Fingerabdrücke lesen und vergleichen zu können.

Die vernetzte SIS-Software der Grenzpolizeien wurde in zwei Etappen entwickelt. Seit über zehn Jahren ist das ursprüngliche Computersystem bereits in Gebrauch, sollte aber in der zweiten Stufe im Jahr 2007 um biometrische Daten erweitert werden. Der Start verzögerte sich jedoch aus technischen Gründen immer wieder. Zwar scheiterte

2010 auch der zweite große Testdurchlauf nach kaum 25 Stunden mit einem vollständigen Systemausfall, die Planung wird aber von den EU-Innenministern und der Firma Hewlett-Packard – nach einer Vertragsstrafe von nur 360 000 Euro – unbeirrt fortgeführt.

Verhaltensbeobachtende Systeme

Die Vermessung des Menschen für seine Identifikationspapiere ist nur der Anfang. Denn neben den biometrischen Merkmalen wie Gesichter, Iriden, Handformen, Stimmen oder Körperformen ist auch das Verhalten geeignet für die Unterscheidung von Personen. Nicht nur, wie sich ein Körper bewegt, kann dabei von Interesse sein, sondern auch Verhaltensänderungen und abweichende Körperfunktionen unter Streß oder anderen nichtalltäglichen Bedingungen.

Wiederum sind dabei Grenzkontrollsysteme Forschungsgegenstand. Wie ändert sich etwa die Körpertemperatur oder die Weitung der Pupillen eines Menschen, wenn er von einem Grenzbeamten bei der Einreise befragt wird? Kann anhand solcher Messungen mathematisch ermittelt werden, wer einer genaueren Kontrolle unterzogen werden sollte? Kann ein Computer gar besser als ein erfahrener Beamter entscheiden, wer intensiv durchsucht werden sollte? Immerhin ist er nie mit seinen Gedanken woanders, nie übermüdet und hat nur selten Vorurteile – außer er wurde darauf programmiert, bestimmte Menschen auszusortieren.

Analysiert werden auch viele Formen von nonverbaler Kommunikation. Man fühlt sich ein wenig an Lügendetektoren erinnert. In der Forschung wird mit Hochdruck daran gearbeitet, weitere Biosignale des Körpers zu vermessen, etwa Herzsignale. In einigen Ländern wird sogar mit Systemen experimentiert, die angeblich dann auf bestimmte Veränderungen in der Stimme reagieren können sollen, wenn ein zu seinen Absichten befragter Reisender unter Streß steht – was als Anzeichen für Falschangaben angesehen wird.

Die Sprachanalyse ist ein weiteres Beispiel, wie durch alltägliche Anwendung der Biometrie die automatisierte Abwicklung vormals menschlicher Interaktion möglich wird. Man verwendet etwa Sprachcomputer, die häufig in Callcentern zum Einsatz kommen. Die meisten Großunternehmen gehen heute nicht mehr selbst ans Telefon, sie betreiben Callcenter oder mieten sie an. Ein vorgeschalteter Sprachcomputer für die möglichst effiziente und arbeitssparende Abwicklung der Kundenkontakte kommt hier zunehmend zum Einsatz. Die algorithmische Analyse dessen, was der Kunde sagt und vor allem, wie er es sagt, ist mittlerweile ein fester Bestandteil solcher Systeme.

Entwickelt wurden die Algorithmen ursprünglich – wie so oft – für Geheimdienste, die große Mengen mitgeschnittener Telefonanrufe nach bestimmten Kriterien durchrastern. Die Techniken zur Erkennung von emotionalen Zuständen anhand der Stimme, von Dialekten, Geschlecht, Alter und auch von bestimmten Stichworten wurden seit den 1980er Jahren immer weiter verfeinert, bis sie schließlich so leistungsfähig und billig wurden, daß sie an normale Callcenter verkauft werden konnten. Sie werden nun zum einen dazu verwendet, um Anrufer zu klassifizieren und zu priorisieren, zum anderen um aufgebrachte oder aggressive Kunden automatisch zu einem Vorgesetzten oder besser auf Umgang mit Problemkunden trainierte Mitarbeiter durchzustellen. Einige Banken benutzen zusätzlich bereits biometrische Algorithmen zur Erkennung der Sprechenden, um im Telefonbanking eine Authentifizierung des Anrufers vorzunehmen.

Biometrische Blockwarte

Nicht jede Erfassung biometrischer Eigenschaften ist darauf angewiesen, daß der Besitzer des zu vermessenden Körpers kooperiert. Nicht nur die Stimme eines Menschen kann ohne sein Wissen oder seine Mithilfe analysiert werden, auch sein Gesicht trägt er in der Regel offen zur Schau. Eine typische biometrische Gesichtskontrolle wird allerdings unter homogenen Lichtbedingungen und mit Wissen des Datengebers absolviert. Der Kopf wird gescannt, das digitale Ergebnis mit vorher gespeicherten biometrischen Daten verglichen. Bei Übereinstimmung öffnet sich beispielsweise die Tür.

Während der Mensch bei der Abgabe des Fingerabdrucks in der Regel aktiv mitwirken muß, kann die Gesichtserkennung gänzlich unbemerkt vonstatten gehen. Wenn aber das Gesicht im Kamerabild nicht frontal und gut ausgeleuchtet erfaßt wird, haben die Algorithmen noch Schwierigkeiten, das dazu passende Gesicht in der Datenbank mit hinreichend hoher Wahrscheinlichkeit herauszusuchen. Videoüberwachungssysteme oder bisher prototypische Software auf Mobiltelefonen haben sie dennoch bereits heute eingebaut: Gesichtserkennung beim Vorbeigehen.

Die Verfolgung von Fußgängern über den Erfassungsbereich mehrerer Kameras hinweg, stellt technisch kein Problem mehr dar. Wenn eine Person einmal als »interessant« angesehen wird, ist es ein leichtes, sie über die Videoströme aus vielen Kameras in einem Gebiet zu verfolgen. Sogar die Steuerung von schwenkbaren Kameras kann die Software übernehmen, so daß der Verdächtige von Kamera zu Kamera »weitergereicht« werden kann und immer im Bild bleibt.

Die Techniken sind jedoch noch lange nicht perfekt. Oft genug kommt es gerade in Menschenmengen zu Fehlzuordnungen, Verwechslungen oder zum virtuellen Verfolgen der falschen Person. Auch die automatische Erkennung von kritischen Situationen, wie etwa herumstehende Gepäckstücke, die keinen offensichtlichen Eigentümer aufweisen, funktioniert alles andere als zuverlässig. Bei entsprechender organisatorischer Einbettung unter Kenntnis der Schwächen der Systeme entsteht jedoch eine neue Qualität der Überwachung.

Es geht nicht länger darum, ob jemand tatsächlich etwas Illegales tut. Es geht nur noch um die Abweichung von der Norm. Software durchforstet die aufgezeichneten Bilder, findet und analysiert Gesichter und gibt dem menschlichen Überwacher nach vorher programmierten Parametern Abweichungen vom Normverhalten zur Kenntnis. Sie löst Automatismen aus und sorgt so für verstärkte Aufmerksamkeit durch die Beobachter. Auch nur marginal abweichendes Verhalten, wie etwa im Eilschritt im Einkaufszentrum zum gewünschten Laden zu hasten, löst mit hoher Wahrscheinlichkeit automatisch eine intensivierte Beobachtung und Aufzeichnung aus.

Die Erzwingung von Verhalten, das der erwarteten, programmierten Norm entspricht, ist oft genug subtil. Am deutlichsten wird das in öffentlichen Räumen in privatem Besitz, etwa in Einkaufszentren. Die in der Regel restriktiven Vorgaben der Hausordnung und ungeschriebene Gepflogenheiten werden hier mit Nachdruck und Methoden durchgesetzt, die im allgemeinen öffentlichen Raum so nicht akzeptiert werden würden. Biometrieunterstützte Kamerasysteme werden von Shopping-Centern, in Spielkasinos, Bahnhöfen und Sporteinrichtungen mit großem Enthusiasmus installiert und regelmäßig modernisiert.

Die Erfassung, Auswertung und Wiedererkennung von körperlichen Merkmalen wird in immer mehr Fällen verwendet, um den Einsatz von menschlicher Arbeitskraft zu reduzieren. An die Stelle des Pförtners, der noch jeden

Mitarbeiter kannte und morgens begrüßte, trat zuerst ein unterbezahlter Wachschutzmitarbeiter, der nur noch stumpf die Ausweise kontrollierte. Sein Job wird nun durch eine elektronische Personenschleuse ersetzt, die Gesichter und Fingerabdrücke mit gespeicherten Daten vergleicht. Der Wachschützer soll statt dessen die Monitore des Videoüberwachungssystems beobachten, um bei Auffälligkeiten und Anomalien einzugreifen. Immer mehr Kameras werden installiert, die Kosten für Aufstellung und Betrieb schrumpfen dank der Internettechnologien immer weiter. Niemand könnte mehr alle Bilder von allen Kameras aufmerksam beobachten – aber das ist auch nicht der Sinn des Einsatzes.

Die Bewegungs- und Verhaltenserkennung auf Videoströmen wird insbesondere deshalb eingesetzt, um die Aufmerksamkeit des Beobachters auf die Kamerasignale zu lenken, auf denen die Algorithmen eine Unregelmäßigkeit ausgemacht haben. Auch hier kommt Biometrie ins Spiel. Neben einfachen Methoden, wie etwa dem Erkennen schneller Bewegungen, die auf ein außergewöhnliches Ereignis hinweisen, werden immer mehr Systeme verwendet, die nach Auffälligkeiten in Bewegungsmustern, in der Körperhaltung oder im allgemeinen Verhalten der Menschen suchen.

Die Techniken, um in Kamerabildern bestimmte Personen anhand ihres Ganges, ihrer Kleidung, ihrer Frisur und des Gesichts zu verfolgen, sind mittlerweile weit gediehen. Dabei geht es zum einen um die Wiedererkennung von Menschen, die zum Beispiel in einem Einkaufszentrum oder einem Spielkasino Hausverbot haben. Die Techniken hierzu sind derzeit noch von künstlich herbeigeführten idealen Beleuchtungs- und Blickwinkelsituationen abhängig. So werden die Eingangsbereiche von Spielkasinos so gestaltet, daß die Besucher aus dem gleichen Blickwinkel und optimal beleuchtet aufgenommen werden können, damit die Gesichtserkennung gute Ergebnisse liefern kann.

Die Kriterien, nach denen Besucher von Computeraugen aussortiert und als potentiell problematisch markiert werden, sind kaum öffentlich bekannt und damit schwer kontrollierbar. Ob sich nun ein Wachschützer oder nur eine Festplatte zum Speichern der Bilder am anderen Ende eines Videoüberwachungssystems befindet, ist aber für denjenigen, der aufgenommen wird, ohnehin nicht ersichtlich. Ist vielleicht ein Computer dafür programmiert, Bilder vieler Kameras algorithmisch nach Auffälligkeiten abzusuchen? Was davon wird wo gespeichert? Der Vorbeigehende kann es nicht einmal ahnen.

In Großbritannien etwa genügt schon das Tragen bestimmter Kleidungsmarken, um automatisch die Aufmerksamkeit des Sicherheitspersonals einer Einkaufscenter-Kette zu erregen. Wer dort mit einem Kapuzenpullover eintritt, gilt automatisch als verdächtig, da diese als bevorzugtes Kleidungsstück jugendlicher Krimineller gelten. Mit automatischer Erkennung der Logos von Marken oder Sportvereinen in den Kamerabildern, die nach Ansicht der Betreiber besonders häufig von Störenfrieden getragen werden, wird unerwünschten Shoppern der Besuch in der Folge durch ständige Ansprache durch den Sicherheitsdienst verleidet.

Systeme, die in Einkaufszentren nach verdächtig schnellen Bewegungen oder ungewöhnlich langem Aufenthalt fahnden, sind bereits heute im Einsatz. Ein typisches Beispiel ist die Erkennung von Autodieben in Parkhäusern. Jemand, der nach unverschlossenen Autos sucht oder nach solchen, in denen Wertgegenstände sichtbar abgelegt wurden, bewegt sich anders durch die Reihen der Fahrzeuge als jemand, der zielgerichtet sein abgestelltes Auto aufsucht. In Parkhäusern oder auf Parkplätzen werden daher die aufgenommenen Bilder in Echtzeit nach Personen durchforstet, die nicht direkt zu einem der Fahrzeuge gehen, sondern länger stehenbleiben oder ungewöhnliche Wege einschlagen.

Dabei können Bilder mehrerer Kameras algorithmisch kombiniert werden. Denn die automatische Verfolgung eines Objektes – etwa ein Auto – oder einer Person über verschiedene Kameras hinweg ist keine Science-fiction mehr. Die Software-Filter orientieren sich an der Kleidung, an deren Farbe, an auffälligen Mustern oder am Gang. Eine Gesichtserkennung kann dann entfallen, da auch der menschliche Gang als biometrisches Merkmal vermessen und zugeordnet werden kann. Die Proportionen und Bewegungen einer Person können dabei auch aus einiger Distanz noch gut erfaßt werden. Aktuell aufgenommene Bewegtbilder lassen sich zusätzlich mit bereits vorhandenen vergleichen, um weitere atypische Verhaltensmuster und Anomalien auszumachen.

Ein leichtes ist es auch, die ethnische Herkunft von Menschen im Kamerabild automatisch zu erkennen. Dunkelhäutige Menschen oder Asiaten lassen sich mit einfachen Algorithmen von »Weißen« unterscheiden. Vergleichbares gilt für das automatische Erkennen, ob ein Gesicht oder ein Gang zu einer Frau oder einem Mann gehören. Ethnisches Profiling, etwa in Form einer Aussortierung von Nichtweißen zur verschärften Sicherheitskontrolle, wird insbesondere in den USA immer wieder debattiert. Auch hierzulande gab es bereits Vorschläge, Grenzkontrollen nicht mehr für alle in gleicher Weise durchzuführen. Die Gefahr der Erkennungssoftware wird hier augenfällig: Sollte sich das gesellschaftliche Klima hin zu offenem Rassismus wandeln, ließe sich der weitgehende Ausschluß der Betroffenen vom öffentlichen Leben mit wenig mehr als einem Software-Update in die Überwachungssoftware erledigen.

Die menschliche Komponente der Überwachung unterliegt mehr und mehr dem Kostendruck, der überall bei digitalisierten und dadurch rationalisierbaren Tätigkeiten anzutreffen ist. Zunehmend wird die eigentliche Arbeit der Überwachung des Bildschirms, wenn die Algorithmen eine Auffälligkeit detektieren, an für geringste Stundenlöhne übers Netz angemeldete Menschen delegiert. Die Überwacher können heute auch in China oder Indien sitzen – Hauptsache, sie kosten wenig Geld. Derzeit werden auf diese Weise hauptsächlich Kameras in Straßen, Läden oder Parkhäusern überwacht, in denen normalerweise wenig passiert. Wenn dann doch ein Ereignis auftritt, wird per Webbrowser-Klick der Wachdienst vor Ort alarmiert.

In einigen britischen Städten wurden gar die Überwachungskameras in der Nachbarschaft in das lokale Kabelfernsehnetz eingespeist, wodurch eine zusätzliche Komponente genutzt wird – der menschliche Voyeurismus. Statt mit den Unterarmen auf der Fensterbank die Straße im Blick zu behalten, können nun selbsternannte Blockwarte ihr gesamtes Stadtviertel vor dem heimischen Fernseher kontrollieren. Es mag Menschen geben, die nichts dagegen haben, wenn ihr Viertel derart überwacht wird. Es gibt jedoch etliche, die keine Lust haben, sich der Gnade von selbsternannten Hilfssheriffs auszuliefern, deren Mentalität oder Ordnungsvorstellungen zuweilen nur schwerlich in eine moderne Großstadt passen.

Die Freunde erkennen

Die nächste große Welle der Biometrieanwendung wird anrollen, wenn die sozialen Netzwerke Gesichtserkennungsfunktionen in ihre Angebote aufnehmen. Das weltweit größte soziale Netzwerk Facebook testet schon seit einigen Monaten Funktionen, die das automatisierte Finden von Freunden unterstützen. Bilder von Freunden, die man schon benannt hat, werden mit anderen Bildern aus den eigenen Fotogalerien verglichen. Vermutliche Treffer werden dem Nutzer zur Korrektur oder Bestätigung vorgelegt. Zusätzlich soll damit den Nutzern das Tagging – also das Zuordnen von Begriffen zu Fotos – durch Vorschlagsverfahren erleichtert werden.

Wenn nun neue Fotos hochgeladen werden, die Gesichter enthalten, vereinfacht sich der Prozeß des Taggings. Ursprünglich mußte jedes Gesicht auf jedem Foto eigenhändig beschriftet werden. Bei einem durchschnittlichen Fotoalbum nahm das viel Zeit in Anspruch. Durch die neue Prozedur entfällt das manuelle Identifizieren weitgehend. Nun werden die Gesichter der hochgeladenen Fotos automatisch analysiert und die Namen der abgelichteten Freunde sofort vorgeschlagen.

Die Software setzt dabei auf die Mithilfe des Facebook-Mitglieds: Bei Gesichtern von Menschen wird zunächst die Frage »Whose face is this?« gestellt. Was die maschinelle Intelligenz nicht zweifelsfrei feststellen kann, erledigt der Benutzer, dessen Gesichtserkennung noch immer weit überlegen ist. Die Erkennungssoftware arbeitete anfangs nur auf dem Niveau der typischen Gesichtserkennung in modernen Digitalkameras, die dazu dient, Gesichter scharfzustellen oder automatisch dann auszulösen, wenn alle Personen im Bild lächeln. Algorithmen können recht sicher detektieren, welche abgebildeten Formen ein Gesicht sind und ob es lacht oder nicht. Die automatische Erkennung geht aber einen Schritt weiter, denn die Gesichter werden bestimmten Menschen zugeordnet.

Wenn die Gesichtserkennungsalgorithmen großflächig Einzug halten, bedeutet dies das Ende der Privatheit für alle Fotos, die irgendwie ins Netz gelangen. Bedurfte es bisher noch eines fleißigen »Freundes«, der sich bemüßigt fühlte, alle Partybilder durchzusehen und die darauf Abgebildeten per Hand zu benennen, wird es zukünftig der Normalfall sein, daß Bilder mit Personen digital nach Namen durchsuchbar werden. Und je mehr Bilder einer Person zugeordnet sind, desto einfacher wird es, auch sie auf zukünftigen Bildern automatisch zu erkennen. Sobald ein Gesicht einmal aus mehreren Winkeln erfaßt und verdatet ist, steigt die biometrische Erkennungsleistung deutlich an.

Der nächste Schritt ist dann der Einzug in den Alltag durch Mobiltelefone. Es gibt bereits heute experimentelle Anwendungen, die zum Beispiel dafür gedacht sind, auf unkomplizierte Weise – einfach durch Knipsen des Gesichts mit dem Telefon – das Facebook-Profil des Gegenübers aufzurufen. Derzeit funktioniert das noch mehr schlecht als recht, der Fortschritt ist jedoch auch hier absehbar. Doch die Zeiten, in denen wir noch anonym in einem Café sitzen konnten, ohne von anderen Gästen – und sei es aus Langeweile – mit Hilfe des Mobiltelefons identifiziert zu werden, könnten uns in zehn Jahren vielleicht paradiesisch erscheinen.

Was heute noch nicht funktioniert, wird morgen nutzbar

Gerade biometrische Verfahren, die ohne Kooperation des Betroffenen funktionieren – wie Gesichts-, Iris-, Stimmerkennung und Bewegungsmusterprofile – profitieren von den Fortschritten der Technologie überproportional. Allein die Zusammenführung mehrerer Kameraperspektiven der gleichen Person ermöglicht eine drastische Steigerung der Identifizierungsgenauigkeit. Gesteigerte Computerleistungen, bessere Objektive und höhere Kameraauflösungen tragen ihr übriges bei. Es wäre also leichtsinnig, aus den derzeit mangelhaften Ergebnissen der Feldversuche zu folgern, daß die Technik nicht besser werden wird. Die Investitionen in biometrische Überwachungstechnologien sind enorm, nicht zuletzt von seiten der einzelnen Staaten und der EU. Das Ziel universeller und ubiquitärer Identifizierbarkeit jedes Menschen, egal ob im Netz oder auf der Straße, wird durchaus mit großem Nachdruck verfolgt.

Um sich noch unbeobachtet und unidentifiziert bewegen zu können, wird man zukünftig einen gewissen Aufwand betreiben müssen. Alles, was das Gesicht verändert oder verdeckt und die Iris nicht erfaßbar macht, schafft Freiräume. Den eigenen Bewegungsstil zu ändern, die Art, wie man läuft, zu beeinflussen, das erfordert Training und ist nicht trivial. Einfacher ist es hingegen, seinen Freunden klarzumachen, daß man es nicht duldet, ohne Erlaubnis mit seinem Gesicht im Netz verewigt zu werden. Dem Verkommen der sozialen Normen in puncto Umgang mit der eigenen Identifizierbarkeit kann man am besten durch Erklären entgegenwirken. Wer sich nicht daran hält, wird zur nächsten Party nicht mehr eingeladen.

6. Wir wissen, wohin du gehst!
Orte, Wege, Bewegungsprofile

Wo wir uns aufhalten, wohin wir uns bewegen, mit wem wir uns wo treffen, all das spiegelt einen wesentlichen Teil unserer Persönlichkeit. Die Informationen darüber vergeben wir mehr oder minder freiwillig an immer mehr Interessenten. Von der kurzen Google-Maps-Abfrage auf dem Smartphone über die Lokationsdatenspur, die wir mit dem Mobiltelefon und im Navigationssystem hinterlassen, bis hin zum Geo-Tagging der Urlaubsbilder auf Flickr – oft gibt es nicht einmal mehr ein Bewußtsein dafür, an welchen Stellen und in welcher Detailtiefe wir Bewegungs- und Sozialdaten hinterlassen. Services, die uns verraten, wo sich die Freunde gerade zum Gelage versammeln oder wo sich der Verkehr staut, werden immer beliebter und sind heute kaum noch aus dem Alltag wegzudenken.

Die algorithmische Analyse von Informationen auf der Basis der dazugehörigen Ortsdaten macht rasante Fortschritte. Je mehr Bewegungsdaten aus den verschiedenen Quellen verfügbar und zusammengetragen werden, desto besser lassen sich Abweichungen vom gewohnten Alltag erkennen, die auf möglicherweise interessante Besonderheiten im Leben des Benutzers hinweisen. Die Verwendung dieser Bewegungsprofile wird eines der Kernprobleme der Netzgesellschaft werden. Wie also umgehen mit den eigenen Ortsinformationen?

Vom Militär zuerst eingesetzt, später von den Geheimdiensten aufgegriffen, werden heute typische Vorgehensweisen der automatischen Nachrichtenauswertung längst auch auf zivile Daten ausgeweitet. Dabei rückt das Mobiltelefon stärker in den Vordergrund, da die Technologie in sehr kurzer Zeit zum selbstverständlichen Bestandteil des Alltags der Menschen geworden ist. Was inhaltlich am Telefon besprochen wird, ist sehr viel schwerer auszuwerten als die anfallenden Bewegungs- und Verkehrsdaten. Diese lassen sich automatisiert von Algorithmen ohne Zutun eines Menschen analysieren.

Nicht nur ein mobiles Telefon

Man nannte sie früher »Fernverständigungsmittel«. Seit das noch analoge C-Mobilfunknetz 1986 in Deutschland in Betrieb ging, haben sowohl die Anzahl der Mobiltelefonbenutzer als auch die Datenübertragungsraten stetig zugenommen. In Windeseile wurde das Festnetztelefon als Hauptverständigungsmittel abgelöst. Und die zukünftigen technischen Entwicklungen und Nutzungsgewohnheiten sind bereits absehbar. Sie werden schon aus technischen Gründen zu einer weiteren Präzisierung der erstellbaren Kommunikations- und Aufenthaltsprofile führen.

Die Mobiltelefonnutzung hat sich trotz der kurzen Zeit seit der flächendeckenden Einführung mehrfach grundlegend verändert. Heute werden mit den kleinen Geräten zunehmend Transaktionen abgewickelt statt wie früher nur Telefongespräche zu führen. So kann man Hunderte Dienste bereits mit dem Mobiltelefon bezahlen, vor allem aber wird die mobile Netznutzung mit all den kleinen Nützlichkeiten mehr und mehr alltäglich. Hier mal eben eine Fahrkarte bezahlen, dort eine Straße und Hausnummer suchen, dann die Nachrichten klicken. Die verbreiteten Flatrates, also Datentarife mit pauschalen Beträgen ohne minuten-

genaue Abrechnung, begünstigen den permanenten Netz-
zugang. Andauernd anfallende Datensätze sind die Folge.

Diese Datensätze, im Industrie-Jargon »Call Data Re-
cords« genannt, entstehen bei jeder Benutzung des Telefons, die – zumindest theoretisch – irgendeine Art von
Abrechnung zur Folge haben könnte. Dazu gehören abge-
hende und ankommende Telefonanrufe, verschickte und
empfangene SMS und MMS, Abrufen des Anrufbeantwor-
ters und der Auf- und Abbau von Internet-Verbindungen.
Zu jedem dieser potentiell abrechenbaren Ereignisse werden die Zielrufnummer, die Uhrzeit, die Hardware-Identi-
fikationsnummer des Telefons und die Funkzelle, in der sie
geschahen, aufgezeichnet.

Mit Hilfe dieser Daten, wie sie in Deutschland auch für
die Vorratsdatenspeicherung für sechs Monate erfaßt werden sollten, läßt sich die Nutzung eines Telefons lückenlos
verfolgen. Die Daten liegen zunächst einmal nur beim
jeweiligen Netzanbieter, werden dann je nach Rechnungs-
relevanz gefiltert und zu einer Kundenrechnung verarbeitet. Doch nicht nur auf Netzseite kann der Aufenthaltsort
des Telefons oder vernetzten Gerätes ermittelt werden. Die
Software auf dem Gerät selbst ist ebenfalls in der Lage, die
Position zu bestimmen und an Diensteanbieter, wie etwa
Google Maps, weiterzuleiten.

Ein Mobiltelefon muß heute nicht mehr zwangsläufig
wie das bislang gewohnte Telefon in der Tasche aussehen.
Eine Ursache dafür ist die Miniaturisierung der technischen Komponenten, aber auch der drastische Preisverfall
im Telekommunikationsmarkt. Weitverbreitete Alltagsge-
räte wie tragbare Musikspieler, Navigations- oder Haus-
haltsgeräte, Aktivitätsmeßgeräte im Gesundheitsbereich
oder eBook-Reader wie beispielsweise der Amazon Kindle
sind heute vernetzt. Sie enthalten ein Funkmodul, das sich
mit verschiedenartigen Funknetzen verbinden kann. Viele

146

Autos sind ebenso fahrende Internetstationen geworden, Breitband-Internet auf dem Rücksitz ist keine Seltenheit mehr. Zusätzlich übermitteln Fahrzeuge heute Wartungsinformationen, automatisierte Hilferufe oder Diebstahlwarnungen. Dem Benutzer ist dies oft gar nicht bewußt. Falls er um die Vernetzung weiß, muß er aber noch lange nicht wissen, welche Funktechnik verwendet wird und wer welche Daten wie lange speichert.

Heutige Mobiltelefone – erkennbar als solche oder nicht – benutzen oft mehr als eine einzelne Technologie, um mit der Außenwelt zu kommunizieren und ihre Position zu ermitteln. Während die umstrittene Vorratsdatenspeicherung die Verbindungs- und Lokationsdaten aus den Protokollen der Infrastruktur der Funkzellen-Betreiber ermittelte, gehen die Mobiltelefonhersteller zur Ortung unterdessen neue Wege. Eine Kombination aus dem satellitengestützten GPS, WLAN-Netzen in Reichweite sowie der Position der GSM-Funkzelle, in die das Telefon eingebucht ist, bildet oft die Grundlage der präziseren Bestimmung der Geolokation. Typischerweise liegt die Genauigkeit im Bereich weniger Kilometer, wenn auch nur eine dieser drei Informationsquellen für das Mobiltelefon erreichbar ist. Wenn jedoch alle drei vorhanden sind, ist in der Regel eine sehr exakte Positionsberechnung auf zehn Meter genau möglich.

Mobilfunknetze – wie funktionieren sie?

Mobilfunknetze sind international nach verschiedenen Standards genormt. Sie schreiben die Art und Weise der Sprach- und Datenübertragung zwischen Telefon und Netz, den Verbindungsaufbau, die verfügbaren Zusatzdienste wie SMS und viele weitere technische Details verbindlich fest. Weltweit die größte Verbreitung hat der sogenannte GSM-

Standard (Global System for Mobile Communications). Auf dem GSM-Standard aufbauende Netze sind derzeit auch die in Deutschland am häufigsten verwendeten Mobilfunksysteme. Die aktuelle Generation Mobilfunk, 3G oder UMTS genannt, ist eine Erweiterung des GSM-Standards, ist vor allem in den Städten zusätzlich zu GSM verfügbar und bietet schnelle mobile Internet-Verbindungen.

Mobilfunknetze sind aus sogenannten Funkzellen aufgebaut, die jeweils einen bestimmten geographischen Bereich abdecken. Man kann die Mobilfunk-Sender mit ihren charakteristischen schmalen Rechteckantennen oft auf Dächern, Türmen oder aufgestellten Masten überall im Land sehen. Jede dieser Antennen versorgt ein Gebiet, das der Form eines Tortenstücks ähnelt, das mit der Spitze zum Sendemast liegt. Dieses Gebiet nennt man eine Funkzelle.

Man kann sich das gesamte Funknetz eines Landes als ein Mosaik aus vielen tausend solcher Funkzellen vorstellen. Von jedem Sendemast aus werden in der Regel drei bis fünf Funkzellen versorgt. Die Reichweite der Funkzellen eines Sendemastes, also die Länge der Tortenstücke, kann je nach umliegenden Gebäuden oder topologischen Gegebenheiten einen Radius von wenigen hundert Metern bis hin zu etwa fünfundzwanzig Kilometern umfassen. In Städten sind die Funkzellen tendenziell kleiner, auf dem flachen Land größer.

Um eine Kommunikation zu ermöglichen, muß sich jedes Mobiltelefon in eine dieser Funkzellen einbuchen. Erst dann kann eine ein- oder ausgehende Verbindung hergestellt werden. Für eingehende Telefonate oder SMS muß das Netz dabei wissen, wo sich das Telefon ungefähr befindet. Die Betreiber der Mobilfunknetze speichern zu diesem Zweck im sogenannten Location Register den letzten bekannten Aufenthaltsbereich des Telefons.

Entsprechend ist dem Funknetz bei jedem empfangsbereiten Mobiltelefon jederzeit der ungefähre Standort des

Telefons bekannt. Technisch sind dabei jeweils benachbarte Funkzellen in Gruppen zusammengefaßt. Wenn nun ein Anruf zum Telefon durchgestellt werden soll, werden all jene Funkzellen einer Gruppe alarmiert, zu der die letzte bekannte Funkzelle gehört, in der das Telefon gesichtet wurde. Das Netz muß also aus technischer Sicht nicht wissen, in welcher Funkzelle ein Telefon gerade genau ist, es genügt vielmehr die Funkzellengruppe, die einen viel größeren Bereich abdeckt.

Die Abdeckungsbereiche der Funkzellen schrumpfen nach und nach durch den technischen Fortschritt und den Ausbau der Netze. Immer kleiner werdende Funkzellen kommen bereits in den sogenannten Next Generation Networks, auch LTE genannt, zum Einsatz. Während die Betreiber der Netze heute typischerweise Ausdehnungen von mehreren Quadratkilometern mit einem Funkzellenmast abdecken, nimmt die Dichte der Zellen durch die Modernisierung der Netzinfrastruktur mit jedem Monat zu. Dies gilt besonders für urbane Räume.

Geolokationsdaten über das Mobiltelefonnetz in Ballungszentren werden daher schon in wenigen Jahren auf etwa fünfzig Meter genau ermittelbar sein. Daß das Mobiltelefon eine potentielle Ortungswanze in der Tasche ist, bringt die Technik mit sich und ist bereits heute Realität. In Zukunft wird die Wanze noch genauer, denn aufgrund der sich verändernden, räumlich dichter werdenden Netztopologie zieht sich die Lokalisierungsschlinge um das Mobiltelefon immer weiter zu.

Ortung des Mobiltelefons

Kaum ein Taxi fährt noch ohne, manche Vielfahrer haben bereits eines am Fahrrad: Viele Menschen kommen täglich mit einem Ortungssystem in Kontakt, das im Alltag vor allem aus Navigationsgeräten in Autos bekannt ist. Es ist das Global Positioning System (GPS), das über Satelliten die Position eines Empfängers ermitteln kann. Auch Mobiltelefone verwenden die Ortungstechnik.

Satellitengestützte GPS-Daten sind deutlich aussagekräftiger als die geographischen Daten der Mobiltelefon-Funkzellen. Im Mobiltelefon befindet sich dazu ein winziger Empfänger, der das Signal der GPS-Satelliten auswertet und daraus die Position auf der Erdoberfläche bestimmt. Die Genauigkeit der Lokationsbestimmung liegt unter optimalen Bedingungen, also freier Sicht auf den Himmel zu den Satelliten, bei etwa fünf Metern. Praktischerweise können die Satellitendaten über das GSM-Protokoll der Mobiltelefone übermittelt werden.

Der Grund dafür, daß GPS-Empfänger heute in vielen modernen Mobiltelefonen bereits eingebaut sind, ist in den USA zu suchen. Dort gibt es eine gesetzliche Regelung, die eine Notruflokationsdatenübermittlung verpflichtend macht. Wählt ein Amerikaner den Notruf 911, wird dabei seine geographische Position festgestellt. Da die Mobiltelefonhersteller für globale Märkte produzieren, hat diese Regelung zur Folge, daß viele Neugeräte die GPS-Satellitenortung typischerweise gleich eingebaut haben.

Längst haben auch kommerzielle Anbieter Satellitenortung in ihre Dienstleistungen integriert. Google und Nokia bieten beispielsweise die geographische Lokalisierung des Mobiltelefons inklusive eines kompletten Navigationsprogramms an. Fast wie selbstverständlich zeichnen die Unternehmen die Position des Telefons dabei auf, parallel zum GPS-Signal auch die Mobilfunkzelle, in der sich der Nutzer befindet. Sie verfügen dadurch über eine stets aktuelle Karte der Abdeckungsgebiete aller Funkzellen, die früher nur der Netzanbieter besaß.

Das Telefon selbst hat ohnehin zu jeder Zeit recht präzise Informationen darüber, welche Funkzellen sich in seiner Umgebung befinden und in welcher Zelle es gerade eingebucht ist. Die Nummer einer Funkzelle kann mit Datenbanken, aus denen die Lage und Ausdehnung jeder einzelnen der Zellen hervorgeht, zu einer geographischen Positionsinformation verknüpft werden. Wenn die Funkzelle, in der sich ein Mobiltelefon gerade befindet, an ein installiertes Programm, beispielsweise an den Google-Maps-Server, übermittelt wird, kann so die auf dem Display dargestellte Landkarte gemäß dem ungefähren eigenen Standort zentriert werden. Die Genauigkeit der Verortung hängt dabei direkt von der Größe der jeweiligen Funkzelle ab. In Großstädten erfolgt die Lokalisierung auf diese Weise auf einige hundert Meter genau, auf dem Land entstehen oft etliche Kilometer Fehlerradius.

Das gleiche Prinzip funktioniert auch mit WLAN-Hotspots, also den vielen kleinen lokalen Funknetzen, die privat oder kommerziell überall im Land betrieben werden. Viele Mobiltelefone können heute diese WLANs im Vorbeigehen entdecken. Selbst wenn sich das Telefon mangels Paßwort gar nicht in ein solches lokales Funknetz einbuchen kann, so empfängt es doch die eindeutige Identifikationsnummer des WLAN-Senders. Diese Nummer wird dann über das Mobilfunknetz an einen Diensteanbieter weitergegeben.

Einer der großen Anbieter ist Skyhook Wireless, eine amerikanische Firma, die ihren Kunden eine Software für Mobiltelefone anbietet. Darüber kann der Benutzer seine Position präziser ermitteln. Das wesentliche Geschäft macht Skyhook Wireless aber schon seit Jahren mit der Zulieferung dieser Software für die Telefone seiner Vertragspartner, beispielsweise iPods und iPhones der Firma Apple, die zusätzlich zu WLAN und Funkzelleninformationen die GPS-Positionen abfragt und speichert. Die durch das Telefon empfangbaren Mobilfunkzellen wurden dann mit den Informationen zur Lage von WLAN-Hotspots korreliert. Dadurch verfügt die Firma über einen Schatz: eine weltweite Datenbank mit sich stetig aktualisierenden Angaben, welche Funkzellen und WLANs wo verortet sind.

Google hat auf seinen Street-View-Fahrzeugen aus genau diesem Grund einen WLAN-Empfänger installiert: Die WLAN-Netze in der Umgebung der über das Land fahrenden Autos werden permanent erfaßt und zusammen mit ihrer Feldstärke und der Geoposition gespeichert. Aus diesen Daten baut Google ebenfalls eine Datenbank auf, mit der sich ein Telefon auf wenige dutzend Meter genau verorten läßt, besonders dann, wenn es im Innenstadtbereich, wo viele WLANs zu finden sind, unterwegs ist.

Auch ohne satellitengestützte GPS-Ortung kann so allein aus den Funkzellen und den in der Umgebung empfangbaren WLANs der Ort des Telefons genau bestimmt werden, ganz ohne Kooperation des Mobilfunkanbieters. Während es zumindest in Deutschland für die Übermittlung der Funkzelleninformation durch den Anbieter an Dritte restriktive Regeln gibt – um Mißbrauch zu verhindern –, werden von der Software auf dem Telefon selbst ausgelöste Übertragungen zu Drittanbietern kaum reguliert. Der Nutzer wird meist nur durch einen kurzes Hinweisfenster um seine Zustimmung gebeten. Danach überträgt die nützliche Landkarten-Software oder das kleine Social-Network-Programm ohne weitere Nachfragen die Positionsdaten zum Server des Anbieters.

Doch nicht nur beim Anbieter der Mobilfunknetze und bei Vertragspartnern der Telefonhersteller fallen geographische Informationen an, auch bei der Internetbenutzung entstehen Ortsinformationen, die ein Webseiten-Betreiber auswerten kann. Es ist nur wenigen bekannt: Aus Internet-Protokoll-Adressen lassen sich ebenfalls Lokationsdaten erkennen. Zwar ist die Zuordnung nur grob möglich, etwa auf die Ebene eines Landkreises oder Stadtteils. Jeder Kenner der Adreßzuweisungsverfahren kann jedoch anhand der IP-Adresse und sogenannter Geo-IP-Datenbanken geographische Informationen über den Nutzer ableiten.

Zukunft der Funkzellen-Entwicklung

Die Genauigkeit der Ortsinformationen in den mobilen Telefonnetzen wird sich in Zukunft weiter verbessern. Ursache sind einerseits neue Netztechnologien, die mit kleiner werdenden Funkzellen arbeiten, andererseits werden die funktechnischen Vorgehensweisen verfeinert, die zwar ursprünglich zur Optimierung der Datenübertragung zwischen Mobiltelefon und Zelle entwickelt worden waren, die aber eben auch die Position des Telefons genauer bestimmen. Ein dritter Grund für die präziser werdenden Lokationsdaten liegt in der Netzstruktur: Die sogenannten Next Generation Networks – also die zukünftigen Mobiltelefonnetze – haben reduzierte Sendeleistungen, um den stark gestiegenen Bandbreitenbedürfnissen der Benutzer entgegenzukommen. Da alle Anbieter auf dem deutschen Mobilmarkt mit der knappen Ressource der Funkfrequenzen haushalten müssen, bleibt den Betreibern keine andere Wahl als die Verkleinerung der Maschen des Funknetzes.

Parallel zu diesen technischen Neuerungen werden neue Arten von Mobilfunkzellen stärkere Verbreitung finden: sogenannte Pico-, Nano- und Femto-Zellen. Sie decken kleinere Räume ab als die typischen GSM-Zellen der Mobiltelefonbetreiber. Befindet sich ein Telefon etwa innerhalb der Reichweite einer bestimmten Pico-Funkzelle, so kann daraus geschlossen werden, daß sich der Telefonierende genau in einer Kaufhausetage aufhält. Nano- oder

Femtozellen erlauben es sogar, das Telefon in einer bestimmten Hausetage oder sogar in einer bestimmten einzelnen Wohnung zu verorten.

Betrachtet man das Mobilfunknetz nur aus der Sicht technischer Notwendigkeiten, muß die geographische Information eines Telefons nicht bis zur Vermittlungsstelle weitergegeben oder dort gespeichert werden. Dies gilt auch im Standby-Betrieb des Telefons, wenn es also nur betriebsbereit eingebucht ist, aber kein Gespräch geführt wird. Hier besteht – mit der Ausnahme der letztbenutzten Mobilfunkzelle – technisch keine Notwendigkeit der Speicherung. Doch auch wenn es nicht erforderlich ist, so beschleunigt es doch den Aufbau der Verbindung zur aktiven Funkzelle, in der sich das Telefon gerade befindet. In fast allen Ländern der Welt hat das bloße Vorhandensein dieser Ortsinformation Begehrlichkeiten von vielen Seiten geweckt – seien es staatliche Bedarfsträger wie Polizeien und Geheimdienste, private oder professionelle Wirtschaftsspionierende oder die Werbewirtschaft.

Geographische Bewegungsprofile, die ein Mobiltelefonbenutzer hinterläßt, weisen heute noch eine gewisse Unschärfe auf. Dies geht auf die teilweise sehr große Reichweite der Funkzellen zurück. Das ändert sich jedoch schon in naher Zukunft. Nicht nur die erwähnten Miniatur-Funkzellen führen zu einer immer genaueren Ortbarkeit. Unterstützt wird dieser Trend auch durch die technische Fortentwicklung im Bereich der verwendeten Antennen. Denn in den Next Generation Networks werden neuartige intelligente Antennen eingesetzt. Sie können jeweils die Bewegungsrichtung und Entfernung des Mobiltelefons zum Funkmast messen und damit die Geolokation weiter präzisieren. Technisch reguliert wird die Abstrahlung der Antenne in Richtung des Telefons, vergleichbar mit einer Richtantenne. Die Positionsbestimmung kann damit so ge-

154

nau werden, wie wir es bisher nur durch Satellitensysteme wie GPS kennen. Die straßengenaue Ortsinformation kann damit beispielsweise so präzise werden, daß dem Mobiltelefon die Hausnummer in der Straße zugeordnet werden kann. Dichtere Bewegungsprofile sind dabei zwar nicht Ziel der technischen Entwicklung, genaue Ortsinformationen fallen jedoch dabei aus technischen Gründen einfach an.

Es gibt also viele technische Möglichkeiten, um geographische Informationen zusammenzutragen. Dennoch wird das Mobiltelefon durch seine Nützlichkeit und mittlerweile selbstverständliche Integration in alle Kommunikationsebenen keineswegs als Ortungswanze betrachtet. Nur wenige Benutzer verschwenden heute einen Gedanken daran, wer Geoinformationen in welcher Genauigkeit erhält.

Der allgegenwärtige Begleiter

Die Tatsache, daß das Mobiltelefon zum allgegenwärtigen Begleiter geworden ist und die Arbeits- und Lebenswelt vieler Menschen grundlegend verändert, hat dazu beigetragen, daß es in Deutschland, aber auch europaweit zu einer beispiellosen netzpolitischen Debatte um die Frage der sogenannten Vorratsdatenspeicherung gekommen ist. Der sperrige Begriff beschreibt das Vorhaben, alle Telekommunikationsverbindungsdaten für einen bestimmten Zeitraum zu protokollieren und vorrätig zu halten. Da dabei sowohl bei Festnetzanschlüssen als auch bei empfangsbereiten Mobiltelefonen Daten über den Aufenthaltsort des Telefonbenutzers gehören, fallen nicht nur Informationen an, wer mit wem wie lange telefoniert, sondern auch, wo dies geschieht. Die ebenfalls vorgesehene Speicherung der IP-Adressen kommt dazu: Diese IP-Adresse ist

155

die Nummernkombination, die für einen bestimmten Rechner vergeben wird, sie verfeinert bei jeder Internetnutzung das Daten-Bild über den Menschen.

Die geplante Vorratsdatenspeicherung, die also alle Telekommunikationsverbindungsdaten für sechs Monate erfassen sollte, erlaubte neuartige geographische Anfragen an die von den Mobilfunkanbietern erfaßten Datensätze. So sollten an den umfangreichen Datenbestand beispielsweise Fragen wie diese gerichtet werden können: Wer sind die Personen, die zwischen dem 9. September ab 8 Uhr und dem 12. September bis 16 Uhr über eine bestimmte Funkzelle mobil telefoniert haben? Mit wem und wie lange wurde jeweils telefoniert? Gab es in diesem Zeitraum Anrufversuche? Wurden aus der Funkzelle SMS versendet?

Das Bundesverfassungsgericht hat dem Vorhaben bekanntermaßen einen Riegel vorgeschoben, die Verfassunsgwidrigkeit des Gesetzes festgestellt und erhebliche Schranken für eine gesetzliche Neuregelung entworfen. Nichtsdestotrotz halten vor allem konservative Politiker an der Vorratsdatenspeicherung fest und planen die Schaffung eines neuen Gesetzes für die anlaßlose Datenhaltung der Telekommunikations- und Standortdaten. Nach dem Urteil und der Feststellung der Verfassungswidrigkeit erfolgte noch der Versuch, mit dem Euphemismus »Mindestspeicherpflicht« einen neuen Begriff zu prägen. Sowohl die gesetzliche Neuregelung als auch die Umbenennung mißlang bisher, vor allem weil sich die Bundesjustizministerin Sabine Leutheusser-Schnarrenberger gegen die anlaßlose Datensammlung sträubt.

Die Profilbildung, die aus solchen Datensätzen automatisiert möglich ist, übersteigt früher nutzbare Personenprofile schon durch die geographische Komponente. Durch die Intensität der Nutzung der Mobiltelefone wird aus einem früher noch ungenauen Bewegungsprofil ein angereichertes, detailliertes Verhaltensabbild. Was genau ist aus den Daten ersichtlich?

Lebensprofile aus Vorratsdaten

Sechs Monate sind im Leben eines Menschen eine Zeitspanne, in der er mit Hunderten anderen Menschen telefoniert, chattet oder E-Mails austauscht. Typischerweise kontaktiert er irgendwann in dieser Zeitspanne die meisten seiner Freunde, Verwandten, Geschäftspartner und Bekannten, vermutlich auch seinen Arzt, seinen Versicherungsmakler, vielleicht gar die Exfreundin. Oder er wird von ihnen kontaktiert. Mit denjenigen Menschen, die aber zu seiner Familie gehören oder eng mit ihm befreundet sind, wird er in den sechs Monaten buchstäblich hundertfach kommunizieren.

Unsere digital gesammelten Verhaltensweisen als soziale Wesen sind das Futter für Auswertungsalgorithmen. Ohne daß der Benutzer einer solchen Software uns jemals getroffen hat, kann er über die Spuren in den Datensätzen unser Leben rekonstruieren. Jeder Telefonkontakt und jede Internetverbindung wird von den Algorithmen zu einem Faden eines Spinnennetzes, in dem der Kommunizierende wie die Spinne in der Mitte sitzt. Die Privatpersonen, Anschlüsse von Unternehmen und Behörden, die wir kontaktiert haben, und die Verbindungen ins Netz sind die Knotenpunkte in diesem Netz.

An diesen Knoten ist zusätzlich die Kommunikationsrichtung markiert, also wer wen angerufen oder es versucht hat, wer wem eine SMS oder E-Mail gesendet hat. Will man nun das soziale Umfeld einer Person analysieren, addiert man zu jeder Kommunikationsart und -richtung die Anzahl der Vorgänge. Stellt man sich weiterhin das Spinnennetz vor, werden manche Fäden nun dicker, um die Häufigkeit der Verbindungen zu visualisieren. Diese Gewichtung der Kommunikationskontakte offenbart erste soziale Einsichten, die Algorithmen kombinieren dieses Wissen mit der Uhrzeit und Länge der Gespräche sowie den dazugehörigen Orten.

Obgleich der Inhalt des Gesagten unbekannt ist, lassen sich daraus Schlußfolgerungen treffen. Wer nachts stundenlang mit derselben Person telefoniert, hat wohl entweder sehr private Gründe oder wichtige geschäftliche Kontakte nach Übersee. Der Algorithmus gibt die gewünschte Zusatzinformation hinzu, in dem er den Ort hinzufügt. Insgesamt liefert das Spinnennetz ein detailreiches soziales Abbild darüber, welche Kontakte der zu Analysierende mit welchen anderen Personen in welcher Intensität hat.

Diese Analyse kann nun Schritt für Schritt ausgeweitet werden, denn jeder Knoten des Spinnennetzes ist der Beginn eines neuen Netzes einer anderen Person. Auch mit deren Verbindungsdaten der letzten sechs Monate kann bei Interesse der Computer gefüttert werden. Der Ausweitungsprozeß kann mehrstufig fortgeführt werden: Wer sind die Bekannten der Bekannten, wer die Geschäftspartner der Geschäftspartner? Natürlich explodiert die Menge der Daten dabei geradezu, allerdings gleichzeitig auch die Aussagekraft der sozialen Erkenntnisse, die daraus zu gewinnen sind: Anschauliche Beziehungsnetzwerke von Menschen werden sichtbar, die Hinweise darauf enthalten, wie eng die Bindungen zwischen ihnen sind.

Die so erhaltenen erweiterten Kommunikationsbeziehungen lassen aber noch mehr erkennen. Werden etwa Personen gesucht, die in sozialen Gruppen eine besondere Rolle spielen, hilft auch hier die algorithmische Auswertung weiter. Wer oft und häufig mit vielen anderen der Gruppe telefoniert, ist aus der Zusammensetzung der Spinnennetze leicht ersichtlich. Er wird eine wichtigere, aktivere Rolle in der Gruppe einnehmen als jemand anderes, der nur selten mit anderen in Kontakt steht. Auch die Person mit der zentralen Kommunikationsrolle einer Gruppe wird erkennbar. Abbilden lassen sich so auch hierarchische Strukturen von größeren sozialen Gruppen, etwa in Parteien oder Verbänden.

Demonstranten gegen den Bau des neuen Stuttgarter Hauptbahnhofes oder Atomkraftgegner organisieren ihre Proteste heutzutage fast ausschließlich mit Hilfe des Netzes und ihrer Telefone. Auch in diesen Gruppen lassen sich mit der Analyse der Verbindungsdaten auf Knopfdruck Anführer und Sprecher, gelegentliche Aktivisten oder nicht direkt an der Organisation der Proteste beteiligte Mitläufer ausmachen. Ist auch nur eine Telefonnummer bekannt, kann das gesuchte Netzwerk Faden für Faden aufgespannt werden. Am Ende der Analyse liegt die vollständige Struktur der Gruppe offen. Die kann genauer sein, als es den Mitgliedern der Organisation zuweilen selbst bewußt ist. Selten sind die Sprecher und Megaphonträger die wichtigsten Personen, die für das Funktionieren einer Gruppe sorgen, sondern die Vordenker und Logistiker.

Datenpunkte im Spinnennetz

Sich organisierende Protestgruppen können auch hinsichtlich ihrer typischen Informationsflüsse durchleuchtet werden. Wer ruft wen in welcher Reihenfolge innerhalb des sozialen Gefüges an, wer leitet E-Mails an wen weiter, wo enden Informationswege? Zeitliche Abfolgen von Gesprächen oder SMS können automatisiert ausgewertet werden. Dazu wird üblicherweise eine bestimmte Nachricht ausgewählt, deren Weg durch die Gruppe dann nachvollzogen wird. Wie bei einem Stein, der in einen stillen Teich geworfen wird, werden die Informationswellen sichtbar. Fand beispielsweise eine Hausdurchsuchung bei einem Mitglied der Protestgruppe statt, hilft die algorithmische Auswertung, Fragen wie diese zu beantworten: Wer ruft wen zuerst an? Welche Person spricht oder schreibt in der Folge am häufigsten mit anderen? Die Informationsstruktur der Gruppe tritt zutage.

Das menschliche Kommunikationsverhalten ist ohnehin gut erforscht, so daß die Analysen auch auf soziologische und kommunikationswissenschaftliche Arbeiten aufbauen können. In großen Sammlungen von Verbindungsdaten können Algorithmen typisch menschliche Muster des Sozialverhaltens wiederfinden. Anders als beim Mithören von Inhalten von Kommunikation sind also automatisiert Strukturen, zeitliche Kontexte und Kommunikationsflüsse in hoher Informationsgüte nahezu vollautomatisch extrahierbar.

Die Datensätze liegen in standardisierter Form vor und brauchen der Software nur übergeben werden. Weil Geheimdienste und Diktaturen bereits jahrelang in großer Zahl Auswertungen von Verbindungsdaten vornehmen, hat sich ein Markt von Software-Anbietern gebildet, die passende Analysesoftware entwickeln. Die Kosten für solche Auswertungsprodukte sind überschaubar: Auch für den an Wirtschaftsspionage interessierten Privatschnüffler ist etwas für die kleine Geldbörse dabei. Der jüngste Datenskandal der Telekom warf ein Schlaglicht auf diese zwielichtige Branche, die auch von deutschen Konzernen gern mit Verkehrsdatenanalysen beauftragt wird.

Lebenslandkarten aus Bewegungsspuren

Die Verbindungsdaten erreichen ihre höchste Aussagekraft erst, wenn die geographische Position der Telefonierer und

Surfer einbezogen wird. Der Ort zum Zeitpunkt der Kommunikation vervollständigt dann das Gesamtbild. Und nicht nur die Mobiltelefone haben aufgrund der GSM-Infrastruktur bei jedem Kommunikationsversuch einen Standort, auch Festnetz-Anschlüsse sind natürlich einer konkreten Adresse zuzuordnen.

Die Kombination der geographischen Position mit den Verkehrsdaten läßt verblüffend oft auf den Inhalt eines Gespräches schließen. Wählt beispielsweise ein Anrufer zuerst die Nummer eines Restaurants, sendet im Anschluß eine SMS an drei Personen, deren Mobiltelefone sich zwei Stunden später in der Funkzelle desselben Restaurants einfinden, ist es nicht mehr nötig, viel über den Inhalt des Telefonats oder der SMS zu wissen. Das Wissen um den gemeinsamen Besuch des Restaurants ist nicht von menschlicher Intelligenz abhängig, sondern kann auch algorithmisch ermittelt, teilweise gar prognostiziert werden.

Während dieses Beispiel zunächst nicht brisant in bezug auf den Schutz der Privatsphäre erscheint, so sind nur leichte Präzisierungen nötig, um eine solche Kombination von Verbindungs- und Lokationsdaten zur delikaten Angelegenheit zu machen. Ersetzt man das Restaurant durch ein Hotel und denkt sich über den Zeitraum von sechs Monaten regelmäßige nächtliche Treffen zweier Mobiltelefone in der jeweiligen Funkzelle, die das Hotel abdeckt, so wird es schnell recht privat. Vergleichbares gilt wohl für Treffen bei Notaren, Ärzten, Therapeuten oder ähnlichen Berufsgruppen. Datenpunkte auf der Bewegungslandkarte sind sehr viel aussagekräftiger, als es auf den ersten Blick scheint.

Da die Vorratsdaten für einen Zeitraum von sechs Monaten vorgesehen waren, ergibt sich also über diese Monate neben der genauen Bewegungslandkarte auch ein Blick auf das normale Alltagsleben eines Menschen. Abgebildet wird sein typischer Arbeits- und Lebensradius, in dem er sich normalerweise bewegt, aber auch die Ausreißer wie Reisen, Urlaube, längere Aufenthalte an sonst nicht üblichen Orten wie Kranken- und Kurhäuser oder Reha-Kliniken. All dies läßt sich zusammen mit der Häufigkeit, Dauer, Uhrzeit und den Rufnummern automatisiert auswerten und visualisieren.

Abweichungen vom Normalzustand werden dabei leicht ersichtlich. Algorithmische Auswertung kann dann Fragen zur Anomalieerkennung beantworten: Engagiert sich der zu Analysierende neuerdings politisch intensiver, arbeitet er daher mehr oder weniger? Ist er neue Beziehungen eingegangen? Trifft er sich mit neuen Personen regelmäßiger? Welche Menschen kontaktiert er nicht mehr? Wäre die Vorratsdatenspeicherung tatsächlich in Kraft geblieben, könnte nur noch eine prophylaktische Verhaltensänderung die Genauigkeit und Aussagekraft dieses Abbildes des menschlichen Verhaltens schmälern. Um der Profilierung zu entgehen, müßten die Besitzer der Mobiltelefone also absichtlich ihr soziales Kommunikationsverhalten verändern.

Die freiwillige Ortungswanze

Die Tatsache, daß heute statistisch jeder Deutsche mehr als ein Mobiltelefon besitzt, sowie der Umstand, daß die genaue geographische Lokation der Telefone Bewegungsprofile der Nutzer erlauben, hat das Interesse der Ermittlungsbehörden erhöht, diese Daten auszuwerten. Einen Verdächtigen mit einem Observierungsteam zu verfolgen, ist teuer und aufwendig, einen GPS-Tracker am Auto anzubringen, ist riskant und nicht hilfreich, wenn sich der Verdächtige zu Fuß oder mit dem Fahrrad bewegt. Ihn jedoch anhand der Mobiltelefon genannten Ortungswanze in der Hosentasche, dessen Akku er auch noch freiwillig jeden

Tag auflädt, virtuell zu verfolgen, ist ungleich einfacher, zeitsparender und bequemer.

Zugleich gelten von den Telekommunikationsunternehmen übermittelte Daten über den Aufenthaltsort von Telefonen als gerichtsfest und evident. Dies mag nicht in allen Fällen gerechtfertigt sein, da technische Fehler durchaus keine Seltenheit sind, jedoch liefern korrekte Lokationsdaten von Telefonen zumindest in der Regel weniger Interpretation als menschliche Aussagen, wenn es zu Gerichtsverfahren kommt.

Generell sind alle deutschen Betreiber der Funknetze verpflichtet, den Standort des Mobilfunkgerätes mit der ihnen größtmöglichen Genauigkeit an staatliche Bedarfsträger herauszugeben, wenn der Verdacht auf eine Straftat vorliegt. Um die Aussagekraft der Funkzellendaten zu verbessern, sind viele Landeskriminalämter und Geheimdienste dazu übergegangen, eigene flächendeckende Meßfahrten zu unternehmen oder zu beauftragen, mit denen die tatsächliche Ausbreitung der einzelnen Mobilfunksender zu verschiedenen Jahreszeiten erfaßt wird.

Die Ermittler wissen es teilweise genauer als die Anbieter. Die Daten der Mobilfunkunternehmen darüber, wie weit das Abstrahlungsgebiet einer Funkzelle reicht, werden in der Regel mit Hilfe von Simulationssoftware generiert, in die Geländeprofile und Gebäudedaten eingespeist werden. Dabei entstehen zwangsläufig Ungenauigkeiten und Simulationsfehler, die für den Mobilfunkanbieter allerdings nur eine untergeordnete Rolle spielen. Vor Gericht kann aber die Frage, ob sich der Verdächtige gerade in Zelle A oder doch in Zelle B aufgehalten hat, von verfahrensentscheidender Bedeutung sein. Obwohl diese Positionsermittlungen eigentlich nur als Indiz, nicht aber als Beweis dienen sollten, wird ihnen in der Praxis eine enorm hohe Bedeutung zugemessen.

»Stille SMS«

Um ein Mobiltelefon zu einer noch genaueren Ortungswanze umzufunktionieren, steht den Ermittlungsbehörden eine verdeckte Möglichkeit zur Verfügung, um auch dann geographische Informationen zu erlangen, wenn der Telefonbesitzer nicht angerufen wird oder selbst niemanden anruft. Unter normalen Umständen wird nur dann ein Datensatz mit Lokationsinformationen im Netz des Telefonanbieters gespeichert und für die Ermittler abrufbar, wenn das empfangsbereite Telefon tatsächlich aktiviert wird, etwa durch einen Anruf, durch eine SMS oder beim Surfen im Netz. Wie bringt man aber das Mobiltelefon dazu, seine Position preiszugeben, auch wenn gar nicht telefoniert wird?

Die Methode der Bedarfsträger ist der Einsatz sogenannter stiller SMS (auch Ping-SMS oder Stealth-SMS genannt), mit denen absichtlich und gezielt Standortdaten generiert werden. Den Umstand, daß der Standort des mobilen Telefons bei jeder eintreffenden SMS festgehalten wird, nutzen die Ermittler dabei aus. Es wird eine spezielle SMS an das Telefon gesendet, die vom Telefon nicht angezeigt oder sonst signalisiert wird. Beim Mobilfunkanbieter wird aber jeweils trotzdem einen Datensatz erzeugt, aus dem dann entnommen werden kann, in welcher Funkzelle das Gerät eingebucht war.

Im Rahmen des Verfassungsbeschwerdeverfahrens gegen die Vorratsdatenspeicherung räumte das Bundesjustizministerium ein, daß verschiedene deutsche Behörden von der stillen SMS zur absichtlichen Herbeiführung einer Kommunikationsaktivität des Mobiltelefons Gebrauch machen. Dazu gehören beispielsweise das Bundeskriminalamt, die Bundespolizei und der Verfassungsschutz. Ursprünglich war die stille SMS nur für Service- und Testzwecke des Mobiltelefon-Netzbetreibers vorgesehen, wurde aber in der Praxis für die geplanten Sonderdienste gar nicht verwendet. Ein gern verwendeter »Sonderdienst« ist sie jedoch für Ermittler.

Technisch betrachtet, heißt eine solche Kurznachricht »short message type 0«. Als genormte SMS quittiert jedes Mobiltelefon zwar den Eingang einer solchen Nachricht, zeigt dem Besitzer dieses aber in keiner Weise an. Je nachdem, wie kurz die Zeitspanne ist, nach der eine weitere SMS empfangen wird, steigt entsprechend die Aussagekraft des Bewegungsprofils des Telefonbesitzers. Dieser erlangt weder von den eintreffenden SMS noch von der Erstellung des nahezu lückenlosen geographischen Musters seiner Bewegungen Kenntnis. In typischen Ermittlungsverfahren wird das Senden der stillen SMS alle paar Minuten durchgeführt, mit dem Resultat eines enorm dichten Bewegungsabbildes.

Zugriffszahlen

Da Standortdaten bei Mobiltelefonen eine hohe Beweiskraft zugeschrieben wird, zeigt sich besonders bei den ausufernden Zugriffszahlen der Strafverfolgungsbehörden und Geheimdienste das enorme Interesse an der Auswertung. Es wurde zum weltweiten Trend für Ermittler und auch für private Spione, dieser Daten habhaft zu werden, als sich immer mehr Menschen das kleine praktische Kommunikationsartefakt zulegten. Jeder telefonische Kontakt, jede Bewegung, jeder Datenabruf über das Internet wird zur nachvollziehbaren Standortbestimmung. Was erst einmal elektronisch erfaßt wurde, wird nicht mehr aufgegeben und kann als Datensatz herangezogen werden.

Besonders die Länder der Welt, die solche Daten von Staats wegen vorrätig halten und niedrige gesetzliche Eingriffsschwellen haben, zeigen exorbitant hohe Zugriffszahlen. So wurden in Großbritannien allein im Jahr 2008 in über einer halben Million Fälle Telefon-Datensätze abgerufen, die auch Standortdaten offenlegten. Sieht man nur diese nackten Zahlen, könnte man vermuten, daß die Insel voller Verbrecher sei.

Seit in den Jahren 2000 und 2004 der legal erlaubte Zugriff der britischen Behörden Schritt für Schritt erleichtert wurde, hat der eigens angestellte Abhörbeauftragte der Insel alle Hände voll zu tun. Er kümmert sich neben dem Aufstellen der Statistik um den Mißbrauch und die auftretenden Fehler durch die Behörden. Welche Telefonbesitzer wurden aufgrund der geographischen Daten zu Unrecht beschuldigt, verhaftet, wessen Wohnung wurde widerrechtlich durchsucht, auch diese Fälle landen in der britischen Statistik. Welche Irrtümer es mit welchen Folgen gab, kann nur im Nachhinein untersucht werden, denn eine zumindest rudimentäre Vorab-Kontrolle durch einen Richter existiert in Großbritannien nicht.

Auch in Deutschland ist seit Jahren ein rasanter Anstieg der Zahl der Überwachungsanordnungen im Mobilfunk zu verzeichnen, die jeweils die Standortdaten der Telefone einschließen. 1993 wurden etwa eine halbe Million Telefonate von Verdächtigen in Strafprozessen abgehört, damals noch mit vergleichsweise hohem technischem Aufwand. Diese erschreckende Zahl erscheint aus heutiger Sicht fast lapidar. Denn nach der vollständigen Digitalisierung des Telefonnetzes wurde es für die Ermittler bald einfacher. Nach nur zehn Jahren wurden 2003 insgesamt bereits 26 177 Anschlüsse abgehört. Das entspricht statistisch knapp fünfzig Millionen Gesprächen, wenn man die durchschnittliche Nutzung eines Anschlusses zugrunde legt.

Diese enorme Zahl hat sich nochmals fast verdoppelt. Die Telekommunikationsüberwachung ist heute mit über 45 000 abgehörten Anschlüssen und damit statistisch etwa

166

einhundert Millionen belauschten Gesprächen pro Jahr ein alltägliches Ermittlungsinstrument geworden. Deutschland nimmt damit die internationale Spitzenposition im Abhören seiner Bürger ein. Diese Zahlen sind jedoch keineswegs das Ende der Fahnenstange, da sie nur das Abhören im Rahmen strafprozessualer Ermittlungen umfassen. Zahlen darüber, wie oft die neunzehn deutschen Geheimdienste an den Leitungen lauschen, sind allerdings nicht bekannt.

Telekommunikationsüberwachung und Vorratsdatenspeicherung geschehen hinter dem Rücken des Telefonierenden. Anders als bei den kommerziellen Datensammlern hat der Telefonbesitzer aufgrund der Heimlichkeit der Datenerlangung nur wenige Möglichkeiten, die Erstellung und Auswertung seines Bewegungsprofils zu verhindern.

Foursquare & Co.

Behörden und Geheimdienste sind natürlich nicht die einzigen Nutznießer der vielen neuen Möglichkeiten bei der Lokalisierung von Mobiltelefonen. Nach vielen fehlgeschlagenen Anläufen und etwa zehn Jahren des Experimentierens sind offenbar nun alle Faktoren erfüllt, um kommerziell erfolgreich Dienste auf der Basis von Geolokationen anzubieten. Es gibt mittlerweile einfache technische Wege, das Telefon zu lokalisieren, es gibt gutes digitales Kartenmaterial, und in den letzten Jahren haben sich die Nutzer schleichend daran gewöhnt, mehr Daten von sich preiszugeben. Zu wissen, wo jemand sich gerade aufhält und wo er sich zuvor aufgehalten hat, ist so etwas wie der heilige Gral für die Werbetreibenden.

Eines der größten Unternehmen im Bereich der geographischen Lokalisierung in der Mobiltelefonie ist neben dem Platzhirsch Google die Firma Foursquare, die als

Start-up begann und innerhalb weniger Monate weltweit Hunderttausende Benutzer anziehen konnte. Foursquare benutzt nicht nur eine einzelne Technologie zur Erfassung der Position des Telefons, sondern bedient sich einerseits der Daten der GPS-Satelliten im Erd-Orbit, andererseits der umliegenden lokalen WLAN-Netze und der GSM-Funkzellen, die moderne Telefone allesamt erfassen. Dem registrierten Benutzer werden ebenfalls die Geolokationen von Freunden, Familie oder Kollegen, die zugestimmt haben, daß ihre Position übermittelt werden darf, angezeigt. Dazu kommen Vorschläge für nahe gelegene sogenannte »Points of Interests«.

Das allein würde natürlich noch niemanden hinter dem Ofen hervorlocken. Denn den eigenen Standort preiszugeben ist für viele Benutzer eine Hemmschwelle. Um die Nutzerzahlen hochzutreiben und das Nutzerverhalten möglichst werbetauglich zu beeinflussen, entwickelte Foursquare daher ein komplexes Spielkonzept, bei dem die Mitglieder Punkte und Abzeichen erhalten, wenn sie sich an bestimmten Orten aufhalten. Das Ganze erinnert an die Pfadfinder-Abzeichen. Sobald ein Foursquare-Mitglied an einem bestimmten Ort ist, kann es dort »einchecken«, also seine Position bestätigen. Die Lokation muß dazu namentlich benannt werden. Aus den Zahlen der Geoposition wird dann per positionsgesteuerter Auswahlliste und dem »Check-in« durch den Nutzer ein für Menschen faßbarer Ort. So kann man in Foursquare etwa »Bürgermeister« eines Clubs oder Restaurants werden, wenn man sich dort nur häufig genug aufhält.

Werbekunden, wie etwa Schnellimbißketten oder Diskotheken, knüpfen dann Bonusversprechen oder Rabatte an den entsprechenden Foursquare-Status. Wer »Bürgermeister« eines Lokals einer Café-Kette geworden ist, bekommt sein koffeinhaltiges Heißgetränk für einen Dollar weniger.

Am besten funktioniert das natürlich, wenn bestehende soziale Verknüpfungen genutzt werden können. Wer gerade »Bürgermeister« eines bestimmten Ortes geworden ist, kann diese neue Errungenschaft an alle seine Freunde per Twitter, Facebook und natürlich in Foursquare selbst hinausposaunen – in der Hoffnung, daß diese auch mitmachen. Nach einer eher spielerischen Anfangsphase werden nun von Werbekunden bezahlte Abzeichen und Punkte vergeben, die darauf abzielen, Foursquare-Nutzer zum Besuch von Orten zu veranlassen, etwa einer Ladenkette oder einer Freizeiteinrichtung.

Foursquare ist nur eine von mehr als 250 000 Anwendungen, die an dem beliebten Kurznachrichtendienst Twitter andocken. Alle nur denkbaren Services, Spielereien oder Bedienungshilfen werden dabei angeboten. Typischerweise wird dafür eine Schnittstelle verwendet, die Twitter bereitstellt, um Dritten die Möglichkeit zu geben, den Mehrwert für den Nutzer mit ihrer Idee zu erhöhen. Bei Foursquare ist das eben die Ermittlung der geographischen Position und dessen spielerischer Einsatz.

Gute Ideen, die auch noch kommerziellen Erfolg versprechen, haben stets Nachahmer. Getrieben vom großen Anfangserfolg von Foursquare haben auch Twitter und Facebook eine lokationsbasierte Erweiterung ihrer Dienste entwickelt. Facebook taufte sie auf den Namen Places. Places greift einige Elemente von Foursquare auf, insbesondere das »Check-in« an einem Ort, nutzt aber darüber hinaus das bereits vorhandene soziale Netz seiner Nutzer als Motor des Wachstums. Während Foursquare erst noch um Mitglieder buhlen muß, kann Facebook einfach seine Hunderte Millionen Nutzer dazu animieren, ihren Freunden auch noch ihre genaue Position mitzuteilen und damit für Werbekunden nutzbar zu machen.

Da eine der häufigsten Fragen in der Kommunikation

zwischen Nutzern »Wo bist du denn gerade?« ist, lag es nahe, dafür zu sorgen, daß die Antwort zum einen möglichst häufig und zum anderen in einer für den Anbieter verwertbaren, also systematisierten Form erfolgt. In der Tat erleichtert das Wissen darum, wo sich der Kommunikationspartner gerade befindet, auch menschliche Interaktion. Für viele Benutzer ist der Mehrwert offensichtlich, sei es bei Verabredungen, Zeitzonenwechseln oder Flirts.

Wenn der Facebook-Nutzer an einem Ort eincheckt, um seinen Freunden mitzuteilen, daß er jetzt dort anzutreffen ist, und um gleichzeitig benachrichtigt zu werden, sobald jemand, den er kennt, dort ebenfalls eincheckt, ist diese Information algorithmisch leicht verwertbar. Sie kann nun an einen Werbekunden verkauft werden oder voreingestellte Aktivitäten, wie etwa das Angebot eines Rabattcodes, automatisch auslösen. Wenn auch noch – wie bei Facebook Places – Freunde mit »eingecheckt« werden können, steigt der Wert der Ortsinformation nochmals.

Das Check-in-Prinzip dient also auch dazu, die Verwertbarkeit der Informationen zu steigern. Der reine geographische Aufenthaltsort, also die Geokoordinaten, wie sie das Telefon aus dem Satellitensystem GPS und dem Mobiltelefonnetz ermittelt, ist oft noch nicht eindeutig genug einem Café, Club oder Schuhladen zuzuweisen. Gerade sich häufig verändernde Infrastrukturen sowie Anzahl und Länge der Aufenthalte dort können präziser erfaßt werden, wenn der Nutzer den Ortsnamen per »Check-in« eigenhändig bestätigt. Eine vollständig automatisierte Zuordnung einer Position zum namentlichen Ort allein auf der Basis der im Telefon verfügbaren Daten könnte sonst zu interessanten Fehlern führen. Statt in »Samuels Steakhaus« könnte das System den Nutzer direkt nebenan im »Hard Steel & Leather Club« verorten.

Der Akt des Eincheckens gibt dem Nutzer ein gewisses Maß an gefühlter Kontrolle über die Herausgabe der Information, wo er sich gerade befindet. Er ist dann eher bereit, Werbung, die für den Ort geschaltet wird, positiv aufzunehmen. Einige Anbieter planen schon einen automatischen Check-in. Sobald die Technologie es erlaubt und keine gesetzlichen Einschränkungen vorliegen, kommt die nächste Stufe der Standorterfassung. Es ist wohl absehbar, daß alle geographischen Dienste früher oder später einen solchen »Auto-Check-in« anbieten werden, also die automatische Übertragung der Ortsinformation.

Die Intensität der Nutzung und der Check-ins nimmt nach bisherigen Erfahrungen nach wenigen Wochen gewöhnlich ab. Das ständige Fummeln am Telefon, um am jeweiligen Aufenthaltsort einzuchecken, erweist sich schnell als lästig. Interessanterweise greift auch hier wieder das Modell, nach dem die Mitglieder den Service durch ihre Nutzung verbessern. Wenn das System die numerische Geo-Position bei den manuellen Check-ins für einen Ort Hunderte oder Tausende Male gespeichert hat, läßt sich die Wahrscheinlichkeit einer korrekten automatischen Abschätzung des tatsächlichen Ortes dramatisch erhöhen.

Fehler in der Positionsermittlung per GPS und Mobilfunk tendieren dazu, wiederholbar zu sein. Diese fehlerhaften Geopositionen treten beispielsweise bei ähnlichem Wetter auf, weil die Funkwellen etwa von feuchten Mauern umstehender Gebäude reflektiert werden und sich dadurch immer wieder mal auftretende Positionsfehler ergeben. In einem ersten Schritt werden die Dienste dazu übergehen, automatisches Check-in für bestimmte Orte anzubieten, an denen sich viele Nutzer häufig aufhalten. Die typischen Positionsermittlungsfehler an diesen Orten sind dem Anbieter durch die hundertfach von den Nutzern erledigte Angabe der tatsächlichen Lokation – etwa des Clubs oder des Restaurants – dann schon bekannt und können herausgerechnet werden.

Mit der zunehmenden Präzision der Ortsermittlung durch Mini-Funkzellen, WLAN und andere Technologie-Entwicklungen wird ein für den Nutzer komfortables Dauer-Tracking immer wahrscheinlicher, das automatisch den Aufenthaltsort aus der Geoposition ermittelt. Einen solchen Service bietet Google bereits an. Googles »Latitude« ermittelt und überträgt permanent die Position jedes Nutzers. Anders als bei Foursquare wird bei Latitude anstelle von namentlichen Orten aber nur die rein numerische Geoposition verwendet. Sie wird mit einer Funktion kombiniert, die es dem Nutzer ohne zeitlichen Verzug signalisiert, sobald sich ein Freund in der Nähe befindet. Interessanterweise sind die Nutzerzahlen von Latitude bisher vergleichsweise gering, obwohl Googles neue Services regelmäßig innerhalb kurzer Zeit Tausende Neugierige anziehen.

Für das Phänomen, daß Latitude nur vergleichsweise wenige Nutzer fand, dürfte neben anderen Aspekten ein Faktor eine große Rolle spielen, der sich schon in früheren Experimenten mit lokationsbasierten Diensten herausstellte: Viele Menschen wollen nicht auch noch im realen Leben, außerhalb des Netzes, übermäßig viele Gedanken darauf verwenden, wer gerade ihren Aufenthaltsort sehen kann. Es reicht ihnen wohl schon, sich Gedanken darüber zu machen, wem sie was online offenbaren. Auch noch bei jedem Kneipenbesuch zu überlegen, wer daraus welche Schlüsse ziehen könnte, und gegebenenfalls den Dienst auszuschalten ist ihnen offenbar zuviel des Guten. Der rein geographische Aufenthaltsort ist zudem interpretierbar, zweideutig, lädt zu Mißverständnissen ein. Gerade in dichten urbanen Gebieten, wo Sexclubs, Anwaltskanzleien, Parteiniederlassungen und Nobelrestaurants Tür an Tür liegen, ist der Kontext einer Geolokation oft genug mehrdeutig.

Ausgekundschaftet

Nicht nur über die kommerzielle Verwertung solcher Dienste und über den möglichen Zugriff der Strafverfolgungsbehörden auf Datensammlungen sollte man sich im klaren sein. Ebenso gravierend ist auch das unlösbare Problem der Datensicherheit: Anbieter haben durch Hunderte Datenverluste in der Vergangenheit bereits bewiesen, daß ihnen nicht bedingungslos vertraut werden kann. Und auch in der ganz normalen Nutzung der Geo-Services entstehen substantielle Alltagsrisiken, deren man sich bewußt sein sollte. Die folgende Geschichte ist eine Zusammenstellung aus tatsächlichen Vorkommnissen.

Karola und Lydia verabreden sich auf Facebook mit ein paar anderen Freundinnen für einen lustigen Freitag abend. Zuerst geht es ins Kino, danach in die Bar, dann mal schauen, wie sich die Nacht weiter entwickelt. Die ganze Clique ist wohlvernetzt und technologisch »up to date«. Sie nutzen Twitter und Facebook von ihren Telefonen aus, seit neuestem auch Foursquare und Facebook Places. Es ist unendlich praktisch, den Nachzüglern nicht immer einzeln am Telefon erklären zu müssen, wo die Party gerade abgeht. Einfach kurz per Telefon »einchekken«, dann wissen alle, wo sie hinfahren müssen. Um ihre Sicherheit machen sich die jungen Damen nicht zu viele Gedanken, ihre Heimatstadt gilt durchweg als ungefährlich, und sie sind eigentlich immer als Horde unterwegs. Viel voreinander zu verbergen haben sie auch nicht: Wenn eine von ihnen mal einen nett aussehenden jungen Mann aufgabelt, erfahren es die anderen meist ohnehin brühwarm per Facebook-Message oder Twitter, mal mit, mal ohne Foto.

Doch nicht alle Menschen sind wohlmeinend: Roger ist Berufseinbrecher. Er arbeitet teilweise auf Bestellung, spezialisiert auf Kunst, teure Kameras, Computer – kurz: alles, was klein und wertvoll ist. Vor einiger Zeit ist er auf die Idee gekommen, seine Opfer im Internet zu suchen. Besonders ergiebig scheinen Facebook und Bilder-Webseiten wie Flickr, auf denen sich die nichtsahnenden zukünftigen Versicherungsfälle über ihre neuen Spielzeuge und Erwerbungen freuen und austauschen. Bisher hat er seinen neuesten Plan noch nicht getestet, so langsam fühlt er sich aber sicher genug, ihn auszuprobieren.

Roger ist von Natur aus risikoscheu. Wenn auch nur der Hauch einer Chance besteht, erwischt zu werden, läßt er den Job lieber sausen oder sucht nach einem anderen Opfer. Das Objekt der Begierde eines seiner Auftraggeber: eine RED-Digitalkamera mit ein paar Objektiven und Zubehör. Knapp fünfzigtausend Euro kostet das Komplettset neu, man kann damit Filme in Kinoqualität drehen. Neuntausend Euro hat der Kunde ihm geboten. Geld, das Roger gerade gut gebrauchen kann. Das auserkorene Opfer: Lydia, eine junge Filmemacherin, die vor ein paar Tagen auf Twitter davon schwärmte, daß sie diese Woche endlich günstig die Filmkamera ausleihen kann. Sie wird damit das Material für einen Werbespot drehen, der ihren Sommerurlaub finanzieren soll. All das hat Lydia freimütig auf Twitter und Facebook erzählt.

Profi Roger klickt nicht nach dem Zufallsprinzip durch die Kurznachrichtendienste und sozialen Netzwerke. Er nutzt seit einiger Zeit mit wachsendem Erfolg die neu angebotenen Suchmaschinen, die für ihn die Netzwerke nach bestimmten Begriffen durchgehen. Da sein Auftraggeber das zu stehlende Modell konkret benannt hat, kann er so gezielt und ohne Mühe suchen. Lydias Nachricht über die Filmkamera lieferte ihm die Suchmaschine frei Haus.

Herauszufinden, wo Lydia wohnt, war nicht schwer. Auch die Bilder in ihrem Facebook-Profil sind einfach zu

174

finden. Wenn man ihren Twitter-Account-Namen kennt, finden sich in ihren öffentlichen Nachrichten zum großen Teil Fotos, die sie mit ihrem Mobiltelefon gemacht hat. Manchmal lädt Lydia auch Fotos von ihrer eigenen Fotokamera hoch, die zwar kein Profigerät ist, aber für die sie einige Zeit gespart hat. Roger interessiert nicht das Bildmotiv, er sieht sich zuerst die sogenannten Metadaten der Bilder an.

Wenige Menschen wissen, wieviel Daten ein Foto enthält und was sich hinter dem unscheinbaren Begriff »EXIF« verbirgt. Die Abkürzung steht für »Exchangeable Image File Format« und beschreibt eine Reihe von Informationsfeldern, die unsichtbar an vielen digitalen Bildern kleben. Neben Informationen über Belichtungszeit, Datum und Uhrzeit der Aufnahme sowie dem Typ der Kamera gibt es darin auch Platz für Positionsinformationen, das sogenannte Geotag. Moderne Smartphones wie das iPhone oder fast alle modernen Fotokameras schreiben in diese Felder bei jedem Schnappschuß die GPS-Position zum Zeitpunkt der Aufnahme. Das ist fürchterlich praktisch, wenn man beispielsweise seine Urlaubsfotos in einer Landkarte verorten will oder seine Bilder bei einem Online-Bilderdienst hochlädt, wo sie zu anderen Bildern des Ortes sortiert werden. Auch Profis, die regelmäßig Hunderte Bilder schießen, schätzen diese Funktionalität, denn Software kann die Fotos anhand der EXIF-Daten automatisiert ordnen.

Roger weiß nun, welches Mobiltelefon Lydia verwendet, und freut sich besonders über den Typ ihrer Fotokamera, denn an ihr kann er weitere fünfhundert Euro verdienen. Er hat alle 140 Bilder aus Lydias Profil heruntergeladen und auch noch ihren Flickr-Account gefunden, bei dem sie das gleiche Pseudonym verwendet wie bei Facebook und Twitter. Darin waren weitere dreihundert Bilder aus den letzten beiden Jahren. Roger hat sie systematisch analysiert, alle Geotags aus den Bildern mit Hilfe von Google-Maps zusammengefaßt. Er kann nun Lydias Leben nachvollziehen, denn wie die meisten Menschen bewegt sie sich meistens in einem kleinen lokalen Umfeld zwischen Wohnung, Arbeitsplatz, Sportverein und dem Haus der Eltern. Roger kennt zusätzlich auch alle Urlaubsorte, die Lydia bereist hat.

Es war Roger ein leichtes, die Fotos herauszusuchen, die offenbar bei Lydia zu Hause entstanden sind: ihre Katze, ihr Exfreund – daß es der Ex ist, war problemlos ihrem Facebook-Status zu entnehmen –, ihre Küche, der Garten. Er weiß nun, daß es außer der geliehenen Filmkamera und dem Fotoapparat nichts wirklich Wertvolles in der Wohnung zu holen gibt. Ein kurzer Blick in Google Street View verrät ihm zudem, daß die Gegend eher ruhig ist, ein Schlaf- und Wohnviertel für meist jüngere Leute. Freitag abend ist also kaum mit Überraschungen zu rechnen, solange er den Einbruch hinter sich bringt, bevor die Anwohner vom Feiern nach Hause kommen.

Daß Lydia vorzeitig nach Hause kommt, hofft Roger ausschließen zu können, sobald sie von ihrer Freundin Karola im Kino bei Foursquare »eingecheckt« wird. Aus den Nachrichten der letzten Wochen kann er ersehen, daß sie öfter mal freitags losziehen und Karola dabei immer den aktuellen Aufenthaltsort per Foursquare und Facebook Places bekanntgibt. Eigentlich ist die Information für Freunde, die noch dazustoßen wollen. Karola findet Foursquare praktisch, denn sie ist meist für die Organisation der Abendunterhaltung der Clique zuständig. Für Roger aber dient die Information zur eigenen Absicherung.

Natürlich hat Karola getwittert, welcher Film heute gemeinsam angesehen wird. Er hat Überlänge, findet Roger mit einem Klick heraus. Selbst wenn Lydia nach dem Kino keine Lust mehr zum Feiern hat und sich ein Taxi nach Hause nimmt, kann er sich sicher sein, mindestens drei Stunden ungestört Zeit für seinen Einbruch zu haben. Als Karola für sich und Lydia eine halbe Stunde vor dem Filmstart eincheckt, legt Roger seine Arbeitskleidung an: Anzug, Mantel und ein Rucksack für Werkzeug und Beute. In Lydias Wohngegend wird er so nicht auffallen, sondern eher wie einer der Anwohner wirken, der nach einem anstrengenden Tag endlich nach Hause will. Noch ein kurzer Blick auf die Facebook-Seite und den Twitter-Account, um sicherzugehen, daß er nichts übersehen hat – dann ist Roger auf dem Weg zu Lydias Haus. Lydia wohnt im Erdgeschoß, nur im vierten Stock des Hauses hat er auf der Straßenseite noch Licht gesehen. Kein Problem, er wird keinen Lärm machen.

Gerade noch rechtzeitig sieht er einen Scheinwerfer mit Bewegungsmelder über den Mülltonnen, aber der schreckt ihn nicht weiter ab. Die Dinger gehen immer wieder an, wenn Tiere durch den Garten laufen oder jemand den Müll wegbringt. Die Nachbarn haben sich meist längst daran gewöhnt. Er will aber möglichst wenig Zeit im Licht verbringen, auch wenn die hohe Hecke die Sicht von außen weitgehend verdeckt. Roger packt sein Werkzeug aus, checkt noch mal die Uhrzeit, und – nur zur Sicherheit – Twitter, Facebook und Foursquare. Die Frauenclique amüsiert sich offenbar im Kino, also macht er sich mit einem Brecheisen ans Werk.

Hinter der schnell aufgebrochenen Tür huscht Lydias Katze weg, die sie Marie-Antoinette genannt hat. Roger kennt sie von den Fotos auf Facebook. Er braucht ungefähr fünf Minuten, um den einzigen verschlossenen Schrank in der ganzen Wohnung zu finden und aufzubrechen. Darin, wie erwartet, das RED-Kamera-Set, verpackt in einer soliden Kameratasche. Aus seinem Rucksack holt Roger eine große Sporttasche, verstaut die Beute darin. Dann sieht er sich nach dem Fotoapparat um. Er liegt neben dem Laptop, den er zwar nicht gebrauchen kann, aber der Tarnung halber zusammen mit einer kleinen Geldkassette ebenfalls einsteckt. Nach nicht einmal fünfzehn Minuten schwingt er sich wieder über den Zaun, nachdem er zuvor noch einen Abendspaziergänger passieren ließ. Dann macht er sich direkt auf den Weg zu seinem Kunden, je kürzer er die heiße Ware in den Händen hat, desto besser.

Lydia amüsiert sich derweil prächtig mit ihren Freundinnen. Der Film war unterhaltsam, nun geht es weiter in die Bar. Karola checkt wieder alle Damen dort ein, es sind noch ein paar Bekannte in der Gegend, die später dazustoßen wollen. Karola will endlich »Bürgermeister« der Bar werden, es fehlen nicht mehr viele Punkte, und Freundinnen dort einchecken bringt Extrapunkte. Nach ein paar Runden Drinks wird sie an der Theke von einem jungen Mann angesprochen, der sie auf ihr T-Shirt anspricht. Ob sie denn auch auf dem Konzert der Band gewesen sei, von dem das Shirt stammt?

Sie kommen ins Gespräch. Der junge Mann, Robert, ist einigermaßen charmant und interessiert sich erstaunlicherweise für eine Menge Dinge, die auch Karola wichtig sind: Tierschutz, französische Impressionisten, amerikanische Songwriterinnen. Karola freut sich, endlich mal jemanden gefunden zu haben, der zu ihr zu passen scheint. Irgendwann muß Robert kurz zur Toilette, er ist schon ein klein wenig angetrunken. Beim Aufstehen rutscht ihm sein Telefon aus der Tasche, ohne daß er es merkt.

Karola hebt es auf und drückt kurz auf den Standby-Knopf. Sie ist neugierig, was Robert wohl für ein Bildschirmschoner-Foto auf seinem Telefon hat. Statt dessen sieht sie mit Entsetzen seinen Webbrowser mit ihrem Facebook-Profil. Einen Fingerklick weiter: die Foursquare-

Seite der Bar, mit ihrem Check-in. Schnell drückt sie den Home-Button auf der Facebook-Seite und kommt auf Roberts eigenes Profil, sie erkennt das Gesicht auf dem Foto wieder.

Robert heißt offenbar eigentlich Georg, ist acht Jahre älter, als er vorgab, und interessiert sich eher für Death-Metal-Musik und Motorräder als für Tierschutz und Kunst. Und er ist Mitglied in einer Facebook-Gruppe namens »Check-in Stalkers«, die gegenseitig damit prahlen, wie sie mit erfundenen Geschichten Frauen aufreißen, die sie via Foursquare, Gowalla oder Facebook schnell ausgekundschaftet haben, nachdem sie in eine Bar oder einen Club eingecheckt haben. Entsetzt blickt Karola auf, vor ihr steht »Robert« alias Georg und grinst schief. Sie wirft sein Telefon auf den Tisch und macht sich davon. Der Abend ist für sie gelaufen. Lydias Woche auch, aber davon weiß sie zu diesem Zeitpunkt noch nichts.

Geschichten wie diese passieren in letzter Zeit immer öfter. Natürlich sind nicht die Lokationsdienste schuld an Einbrüchen oder Belästigungen. Ihre leichtsinnige und schrankenlose Verwendung erhöht aber das Alltagsrisiko deutlich. Kriminelle und Stalker haben schon immer die technischen Möglichkeiten ihrer Zeit genutzt. Wenn ihnen die nötigen Informationen frei Haus, direkt aufs Telefon serviert werden, wenn man jegliche Vorsicht, zum Beispiel bei den Privatsphären-Einstellungen der Social Networks vergißt, wird man schnell zur leichten Beute. Die Folgen können dann durchaus heftig und wenig abstrakt werden, wie unsere kleine Geschichte illustriert.

7. Aber ich habe doch nichts zu verbergen!

Von Irrtum und Anmaßung einer hohlen Phrase

Der langjährige Trend, die staatlichen Datensammlungen auszuweiten, wird von einem altbekannten Spruch begleitet, der auch international in kaum einer Debatte um die Privatsphäre fehlt: »Wenn du nichts zu verbergen hast, brauchst du auch nichts zu befürchten.« Er spielt zum einen auf das Gewaltmonopol des Staates an, das sich doch nur gegen diejenigen richten würde, die nicht rechtschaffen sind. Unschuldige könnten angstfrei leben, nur die bösen Buben hätten einen Grund mehr, sich zu fürchten.

Zum anderen wird suggeriert, daß wir doch alle tolerante, freigeistige Menschen sind, die niemals ihren Vorurteilen und Ausschlußinstinkten freien Lauf lassen würden. Und wenn doch, dann war die betreffende Handlung oder Äußerung wohl so unmoralisch und verwerflich, daß die soziale Bestrafung gerecht ist. Von Betreibern und Apologeten kommerzieller Verbraucherüberwachung ist der Nichts-zu-verbergen-Slogan auch immer öfter zu hören. Warum soll das Sammeln und Auswerten detaillierter Profile nachteilig sein, wenn im Grunde den eigenen Geschmack treffende Angebote angenehmer sind als ziellose Werbung?

Über anderer Leute Leben bestimmen

Wer sich des Wertes der Privatsphäre bewußt ist und darauf besteht, muß sich meist erklären. Denn viele, die

Datenrisiken noch nie selbst erfahren haben oder nicht verstehen wollen, daß man nicht sein komplettes Leben online stellen will, auch wenn man nichts zu verbergen hat, weigern sich oft, dies zu respektieren.

Der Einwand »Aber ich habe doch nichts zu verbergen« basiert auf der naiven, aber anmaßenden Annahme, daß die anderen gefälligst auch nichts zu verbergen haben. Wenn alle über alle alles wüßten, wäre die Welt eine bessere. Doch meist läßt sich bei den lautstarken Vertretern dieser Ansicht sehr schnell ein Punkt finden, den sie auf gar keinen Fall mit dem Rest der Menschheit teilen möchten. Dabei geht es nicht einmal um Untaten oder Vergehen. Oft genug sind es Krankheiten, kleine Persönlichkeitsbesonderheiten, wirtschaftliche Probleme oder sexuelle Vorlieben, die Menschen einfach für sich behalten möchten, nicht zuletzt, weil sie nicht ganz zu Unrecht vermuten, daß sie dafür von anderen abgeurteilt, diskriminiert, geringgeschätzt oder benachteiligt werden könnten.

Die Wahrheit ist doch: Jeder Mensch hat etwas zu verbergen. Die Frage lautet am Ende immer nur: Vor wem? Nicht umsonst werden die meisten Menschen beim Gedanken an ihre Gesundheitsdaten nachdenklich. Wer einmal in den Verdacht gerät, angeschlagen oder nicht mehr leistungsfähig zu sein, kann seine Karriere in einigen Unternehmen bereits als beendet betrachten. Statt seiner wird dann eher der Jüngere, Gesündere, potentiell Leistungsfähigere bevorzugt, befördert und weitergebildet. Aus Sicht des Unternehmens eine vielleicht verständliche Vorgehensweise, für den Betroffenen eine Katastrophe.

Und selbst derjenige, der heute noch glaubt, nichts zu verbergen zu haben, kann im Laufe der Jahre doch Interesse an einer sicheren Privatsphäre entwickeln. Spätestens, wenn er das Internet nutzen will, um medizinische Informationen über Altersbeschwerden oder Krankheiten zu erhalten, auf dem neuesten Stand der Forschung zu bleiben oder sich mit anderen Betroffenen auszutauschen. Die unweigerliche Stigmatisierung, die besonders im Berufsleben mit dem Bekanntwerden einer Krankheit oder körperlichen oder geistigen Schwäche einhergeht, möchte man natürlich deswegen nicht in Kauf nehmen. Daß dies gelingt, wird zunehmend weniger selbstverständlich.

Unternehmen gehen mehr und mehr dazu über, die Aktivitäten ihrer Mitarbeiter in sozialen Netzwerken von Dienstleistern, aber auch von Algorithmen in Überwachungsprogrammen analysieren zu lassen. Dabei geht es zum einen um Informationsabfluß, aber auch um Meinungsäußerungen zum Klima am Arbeitsplatz, zu den Produkten und Dienstleistungen des Unternehmens. Mehr und mehr rückt zusätzlich die Beurteilung des zukünftigen Wertes des Mitarbeiters für das Unternehmen in den Fokus. Fortgeschrittene Dienstleister wie etwa die Firma Cataphora aus den USA analysieren nicht nur den gesamten Datenverkehr aus dem Unternehmen zu den sozialen Netzwerken. Sie verfolgen zudem alle dadurch bekanntgewordenen Profile und Nachrichten von Mitarbeitern auf diesen Plattformen und korrelieren diese zusätzlich mit Daten im internen Netzwerk der Firma.

Ziel ist es, die produktiven von den unproduktiven, die geschwätzigen von den loyalen Mitarbeitern zu trennen. Wenn die Zeiten härter werden und mal wieder betriebsbedingte Kündigungen oder Restrukturierungen anstehen, trennt man sich dann zuerst von denen, die scheinbar kein großes Potential mehr haben, oder solchen, die so aussehen, als würden sie ohnehin keinen nennenswerten Beitrag zum Firmenwert leisten. Letzteres wird neben der automatischen Auswertung aller elektronischen Kommunikationsvorgänge auch durch vergleichende Analysen von Textfragmenten in firmeninternen Dokumenten erreicht.

Dabei geht es unter anderem darum, festzustellen, wer selbst kreativ arbeitet und wer primär Texte und Graphiken von anderen übernimmt und weiterverwendet oder einfach irgendwoher aus dem Internet kopiert.

Der Post-Privacy-Irrtum

Eine der großen Errungenschaften der modernen Zivilisation, die Anerkennung des Rechts auf individuelle Freiheit, beruht auf dem Grundsatz, daß jeder tun und lassen darf, was er möchte, solange er dabei niemand anderen erheblich beeinträchtigt. Wenn aber jeder andere wissen kann, was man tut und läßt, ist die Wahrscheinlichkeit, daß sich jemand daran stört – auch wenn es ihn eigentlich überhaupt nichts angeht – sehr groß.

Eine populäre Theorie über die zukünftige Entwicklung ist, daß wir mit der Offenlegung sämtlicher Lebensdetails einfach toleranter würden. Egal ob kompromittierende Fotos, »unmoralische« Sexualgewohnheiten, abseitige Hobbys oder merkwürdige Gewohnheiten – sobald wir alles von allen sehen können, müssen wir auch damit leben. Doch schon im relativ kleinen Deutschland ist die Bandbreite der moralischen Maßstäbe zwischen bayerischem Bergdorf und feierfreudigem Großstadtkiez enorm.

In manchen Kreisen – vorwiegend im Umfeld von sogenannten Social-Media-Experten – ist es, ausgehend von dieser Transparenz-Theorie, neuerdings üblich, die »Ende der Privatsphäre«-Prophezeiungen der Datenprofiteure von Google, Facebook & Co. nicht nur für unausweichlich zu erklären (siehe Kapitel 4), sondern sie zum Programm zu erheben. Allen im Netz von seinen Krankheiten, Zipperlein und Sorgen zu erzählen, so die Botschaft, ist befreiend und erlösend. Der drohende Kontrollverlust, so die Verheißung, ist demnach eigentlich eine Befreiung. Einfach nicht mehr drum kümmern, was wer davon liest und darüber denkt, frei und unbeschwert alles im Netz ausleben, keine Hemmungen haben, nichts verbergen. Irgendwann, wenn das alle machen, wird die Gesellschaft auch besser, schöner und freier, weil niemand mehr etwas verbergen muß, wo doch jeder sehen kann, was der andere so treibt, denkt und tut.

Das Netz sei für eine neue transparente Gesellschaft ausgelegt, ja dafür geradezu bestimmt. Transparenz im großen wie im kleinen wird daher nach Belieben vermengt. Denn verlangt man – berechtigterweise – die Offenlegung des staatlichen Handelns oder die Transparenz kommunaler Projekte, dann dürfe – so der geistige Kurzschluß – die neue Offenheit auch beim Bürger nicht haltmachen. Jedermann zugängliche Informationssammlungen seien die Moderne schlechthin. Niemand mit Verstand könne doch fordern, dem noch Einhalt zu gebieten. Als wollte ihnen jemand verbieten, das Persönliche im Netz zu offenbaren, herrscht ein missionarischer Drang, das »Ende der Privatsphäre« zum Gesellschaftsmodell zu erklären.

Die Protagonisten dieses netzexhibitionistischen Lebensstils sind es offenbar auch müde, sich um ihre Datensouveränität zu kümmern. Die Folgen – unabsehbar, im Einzelfall auch mal katastrophal – werden in die Zukunft delegiert, optimistisch kleingeredet oder zur Petitesse erklärt. Sich der Lawine der modernen Technik in den Weg zu stellen kommt gar nicht in Frage. Als sei eine technische Entwicklung unausweichlich, die doch von Menschen gestaltet wird. Was nutzt, wird genutzt, die Nebenwirkungen vernachlässigt.

Wir müssen uns ernsthaft der Frage stellen, ob wir in einer Gesellschaft leben wollen, in der kleine und größere Übertretungen von moralischen und rechtlichen Normen nicht mehr verborgen bleiben können. Wenn Übertretungen einmal aufgezeichnet sind, ist die Versuchung groß,

184

sie – vorzugsweise automatisiert – auch zu ahnden. Aber ist ein solches Leben aushaltbar, erstrebenswert, menschenwürdig? Bisher wird nicht jedesmal, wenn jemand nachts um vier bei roter Ampel über die leere Straße läuft, automatisch ein Strafzettel erstellt. Doch schon bald ist das kein Problem mehr.

Die dystopischen Niederlande

In den Niederlanden, einem Land ohne Verfassungsgericht, wo Veränderungen sehr viel schneller und radikaler als in Deutschland geschehen, arbeitet man mit Nachdruck und Verve an der Umsetzung des durchdigitalisierten, störungsfreien Lebens. Staat, Strafverfolger und große Teile der Bevölkerung finden dort eine uferlose Maximierung der Datenbasis vollkommen in Ordnung – ein Eldorado für Post-Privacy-Missionare. Es geht in den Niederlanden um Effizienz, Ordnung und Sicherheit. Mit Toleranz hat man es im Land der Deiche und Grachten lange versucht, nun schlägt das Pendel heftig in die Gegenrichtung aus.

Die Behörden und der Gesetzgeber haben dort nun beschlossen, daß die vollständige Transparentmachung und Kontrolle von Informations-, Geld- und Bewegungsströmen die Kernelemente eines modernen Präventionsstaates sind. Die Digitalisierung der öffentlichen Verwaltung und deren enge Verzahnung mit dem Sicherheitsapparat führen zu Methoden der Ordnungserzwingung, die in Deutschland bisher undenkbar scheinen. Seit neuestem gibt es sogar präventive, nicht verweigerbare gemeinsame »Hausbesuche« durch Behörden und Polizei in allen Wohnungen ganzer Stadtviertel. Offiziell klingelt dabei vielleicht die Bauaufsicht, die dann aber noch Mitarbeiter von Polizei, Einwanderungsbehörde und Sozialamt mitbringt,

185

die sich gemeinsam in jeder einzelnen Wohnung umsehen wollen. Man mag hierzulande den Kopf darüber schütteln und auf die Unverletzlichkeit der Wohnung pochen. Doch im Namen der Sicherheit sind heute überall in Europa – auch in Deutschland – Gesetze in Kraft getreten, die noch vor wenigen Jahren als Ungeheuerlichkeit gegolten hätten.

Wenn sich in den Niederlanden mal keine justiziablen Beweise für Verfehlungen finden lassen, höchstens Anhaltspunkte, gibt es noch das »Projekt Gegenwirken«. Es funktioniert auf einem einfachen, aber perfiden Prinzip. Normalerweise werden all die kleinen Unannehmlichkeiten, wie Hygienekontrollen in Restaurants oder Steuerprüfungen, die ein Staat dem Bürger zumutet, per Zufall oder algorithmisch anhand von hoffentlich halbwegs objektiven, geheimgehaltenen Kriterien gleichmäßg verteilt. Wer jedoch ins Visier von »Gegenwirken« gerät, der hat plötzlich dauernd eine Steuerprüfung, das Jugendamt sieht genauer hin, Parkzettelverteiler schauen jeden Tag in der Straße vorbei, jeder Behördengang wird zum Spießrutenlauf, dank eines nicht einsehbaren »Vorsicht!«-Zeichens in den Datensätzen.

Für den Betroffenen gibt es keine Möglichkeit zur effektiven Gegenwehr. Von außen betrachtet, hat er einfach nur Pech. Sein Leben wird zur Hölle, und die ausführenden Bediensteten wissen oft nicht mal, daß sie die Dämonen sind. Sie folgen einfach nur den Anweisungen, die jeden Morgen auf dem Computerbildschirm stehen. Nach welchen Kriterien »der Computer« jemanden auswählt, können sie bestenfalls aus Erfahrung erraten. Daß das »Gegenwirken«-Opfer nicht der Zufall ausgewählt hat, sondern vielleicht ein spezieller Algorithmus, der bestimmte Verhaltensmuster als problematisch identifiziert hat, ist für sie nicht ersichtlich. Sie machen ja nur ihren Job, sie führen nur Befehle aus, im Dienste von Ordnung und Sicherheit.

186

Freiheit oder Kontrolle

Dem schwer faßbaren, oft genug illusorischen Ziel der Sicherheit soll alles untergeordnet werden. Ob es um das Durchsuchen des Gepäcks an Flughäfen oder um das heimliche Abhören von Telefonaten geht: Was haben Sie eigentlich dagegen, wenn doch nur Kriminelle gefangen und die Sicherheit erhöht werden soll? Im Namen der gefühlten Sicherheit aller hat gefälligst jeder Opfer zu bringen.

Ob nun Terrorismus, organisierte Kriminalität oder Internetkriminelle, die Maßnahmen, die uns als notwendig zur Verbesserung der Sicherheitslage verkauft werden, zeichnen sich in der Regel dadurch aus, daß sie wenig Aussicht auf Erfolg gegen motivierte und informierte Terroristen und Kriminelle haben. Je nach aktueller Lage eignen sie sich jedoch als Grund, immer weitergehende Eingriffe in das Leben des einzelnen zum angeblichen Wohl der Gemeinschaft vorzunehmen. Mit geringer Anstrengung läßt sich aber praktisch jede dieser Überwachungsmaßnahmen umgehen.

So können etwa die zunehmend eingeführten Nacktscanner, die am Körper getragene Waffen bei Fluggästen erkennen sollen, leicht ausgetrickst werden: Man lege nur ein Schnitzel über die einzuschmuggelnde Waffe. Obwohl das Problem seit langem bekannt ist, werden die millionenteuren Scanner gekauft und vor den Warteschlangen aufgestellt, um danach praktisch alle Fluggäste zur Entblößung zu zwingen. Es gibt dabei nicht den oft so benannten Konflikt zwischen Freiheit und Sicherheit. Die Wahl lautet in Wahrheit: Freiheit oder Kontrolle.

Es sind oft genug die Absatzinteressen der Industrie, die diktieren, welche technischen Neuerungen eingeführt werden und welches Stückchen Privatsphäre dadurch meist unwiderruflich verlorengeht. Das gilt nicht nur für die reale Welt, die Flughäfen und videoüberwachten Innenstädte. Es gilt genauso für die Welt der Daten und Informationen.

Datensteuern für die Sicherheitsillusion

Der Staat in seiner Rolle als Garant für Sicherheit und als Verwalter des sozialen Auffangnetzes möchte sich ebenso wie die Internet-Unternehmen in der neuen Datenwährung entlohnen lassen. Nur allzugern greift er nach den technischen Möglichkeiten, die eine datenbasierte Sicherheitsstrategie zu offerieren scheint. Getrieben wird er einerseits vom Sicherheitsbedürfnis eines alternden und von der Komplexität der modernen Welt zusehends überforderten Teils der Bevölkerung und andererseits von schrumpfenden finanziellen Ressourcen, die ihm dafür zugestanden werden, Kriminalität einzudämmen und die sozial Benachteiligten ruhig zu halten.

Statistisch betrachtet, ist es eher der jüngere Teil der Bevölkerung, der den Großteil der kriminellen Alltagsdelikte begeht. Zufällig ist diese Bevölkerungsgruppe verstärkt online, sie kommuniziert mobil und macht von den Möglichkeiten des Netzes Gebrauch. Was liegt also näher, als die Überwachungsmaßnahmen hier zu konzentrieren? Das Vehikel zur Durchsetzung dieser Maßnahmen ist – wie so oft – die Angst vor dem Terrorismus.

Die Sicherheitsbehörden sind geradezu entzückt über die Möglichkeiten, die sich aus ausufernden Datenbeständen der verschiedenen Unternehmen ergeben. Das immer wieder vorgebrachte Argument, daß die Gesamtheit der Daten über einen Menschen doch sowieso nie von irgend jemand überblickt wird, weil sie in so vielen verschiedenen Datenbanken liegen, wird gerade durch die staatlichen Zugriffs-

188

möglichkeiten irrelevant. Wer in den Fokus der Aufmerksamkeit gerät, muß damit rechnen, daß alle Daten seiner digitalen Identitäten zusammengeführt, sein Leben vollständig durchleuchtet wird. Rabattkarten, Kreditkarten, Kontobewegungen, Telefonanrufe, Facebook-Profile, E-Mails, Bahntickets, Autovermietungen, Flugdaten – alles kann zusammengeführt und zu einem großen digitalen Lebensabbild kombiniert werden. Dabei entstehen zwangsläufig auch unscharfe, ungenaue Ergebnisse, aus denen sich vollautomatisch nur mit einer gewissen Wahrscheinlichkeit auf vergangene oder zukünftige Ereignisse schließen läßt.

In der Praxis werden all die neuen Sicherheitsbefugnisse nicht vorwiegend dazu eingesetzt, um Terroristen aufzuspüren. Einmal eingeführt, ist weltweit zu beobachten, wie sie dazu verwendet werden, politischen Protest zu unterdrükken und die im Gefolge der immer stärkeren wirtschaftlichen Spaltung der Gesellschaft wachsende Kleinkriminalität zu managen. Der Blick in die Kriminalstatistik zeigt, daß Betäubungsmitteldelikte und nicht etwa schwere Verbrechen im Mittelpunkt insbesondere der technischen staatlichen Ausforschungen und Beobachtungen stehen. Die Erweiterung des Sicherheitsapparates und seiner Befugnisse zum Datenzugriff dient langfristig aber ganz anderen Zielen: Die sozialen Folgen der landläufig als »Bankenkrise« bekannten bonusgetriebenen Mißwirtschaft im Zaum zu halten, die verarmende Mittelschicht am Aufbegehren zu hindern und die heraufziehenden Energieengpässe und die daraus resultierenden gesellschaftlichen Spannungen mit polizeilichen Mitteln einzudämmen. Letztlich geht es um Kontrolle.

Der soziale Frieden im Angesicht gravierender Ungleichverteilung der Mittel oder von allgemeiner Ressourcenknappheit wird traditionell auf zwei Wegen bewahrt: durch Umverteilung von oben nach unten und durch

189

strukturelle Repression. Bisher war es die Gewichtung der Balance aus »Erkaufen« und »Erzwingen« der relativen sozialen Ruhe, die ausmachte, ob eine Gesellschaft eher als sozial gerecht und fair oder als repressiv und ungerecht empfunden wurde. Mit der nun entstandenen Möglichkeit umfassender Ausforschung potentiell störender Individuen und Gruppen und der daraus resultierenden Optionen für die Beeinflussung des Lebens des einzelnen entsteht eine neue Qualität der Befriedungsmethoden.

Man könnte auf die Idee kommen, hier sei eine Verschwörung am Werk, die immer weitergehende Überwachungsmaßnahmen international koordiniert und durchsetzt. In der Tat gibt es einige nicht sehr bekannte Gremien, in denen sich fern der Öffentlichkeit Polizeichefs und Sicherheitsstrategen organisieren. In diesen supranationalen Runden der EU oder der Luftfahrtorganisation ICAO werden Vorstöße abgesprochen und systematisch ein internationaler Handlungsdruck aufgebaut, dem sich die nationalen Parlamente dann oftmals beugen müssen.

Auch die diplomatischen Depeschen aus den US-Botschaften, die durch die Plattform Wikileaks 2010 publik wurden, sprechen hier eine klare Sprache: Die Amerikaner setzen ihre sicherheitspolitischen Interessen längst auf der europäischen Ebene durch. Ein Beispiel dafür ist die Weitergabe aller Flugpassagierdaten, die den USA den Zugriff auf detaillierte Informationen wie Reiserouten und Zahlungsdaten aller Fluggäste erlauben sollen. Das Weiterleiten dieser sensiblen Angaben nach Übersee wurde ausschließlich zwischen den USA und der EU-Kommission beraten. Für die nationalen Parlamente blieb nur die Rolle des Befehlsempfängers.

Die Handelnden in den internationalen Gremien werden aber von den gleichen Zwängen wie die einzelnen Staaten getrieben. Es fehlt an Geld und an der Bereitschaft,

190

mehr Personal für Sicherheitsbehörden zu genehmigen, das dann auf der Straße tatsächlich für Sicherheit durch Anwesenheit sorgen könnte. So entsteht zwangsläufig das Bedürfnis, auf technische Überwachung und rechtlich weitergehende Eingriffsbefugnisse zu setzen.

Auch im Bereich Überwachungs- und Auswertungssoftware hat ein ganzer Industriezweig entdeckt, welche erstklassigen Gewinne sich mit dieser polizeilichen Not erzielen lassen. Dementsprechend arbeiten sie gern mit den Polizeioberen und Innenministeriumsbürokraten der verschiedenen Länder zusammen, um auf dem Wege der Standardisierung und internationalen Anpassung einen Handlungsdruck in den einzelnen Ländern zu erzeugen.

Auf der sicherheitsstrategischen Ebene eint die Besucher solcher Veranstaltungen, wie etwa Polizeikongresse, Innenministerkonferenzen oder Messeveranstaltungen der Anbieter der Überwachungssysteme, auch das Bewußtsein für die kommenden Probleme. Ökonomische Spaltung der Gesellschaft, Immigrationsspannungen, die heraufziehenden Bedrohungen Klimawandel und Energiekrise, das alles vor dem Hintergrund einer gerade in vielen europäischen Ländern besorgniserregenden demographischen Entwicklung – da kann den Polizeistrategen schon aus rein professionellen Gründen der Wunsch nach einem breiteren und tieferen Überwachungs- und Repressionsarsenal überkommen.

Wenn dann noch die Freunde aus den USA Druck machen, um ihre Daten-Zugangsrechte durchzudrücken – selbstverständlich nur gegen den Terrorismus, von Industriespionage und politischer Einflußnahme mag hier niemand reden –, dann bleiben die freiheitlichen Normen der westlichen Demokratien dabei gern mal auf der Strecke. Ein Beispiel ist die europaweite Einführung der biometrischen Merkmale in Reisedokumente (siehe Kapitel 5).

Wir können bereits jetzt das Phänomen beobachten,

daß die neue Maxime staatlichen Handelns eine möglichst weitgehende Erfassung aller Details über den einzelnen ist. Je ärmer, je mehr er auf Sozialleistungen und ähnliches angewiesen ist, desto mehr Datenstriptease wird von ihm verlangt. Das geht hin bis zu Detailbefragungen zum Intimleben von Sozialleistungsempfängern, deren Ergebnisse natürlich auch in Datenbanken erfaßt und gespeichert werden – für immer. Daraus folgt auch, daß gerade diejenigen, die von wirtschaftlicher Ungerechtigkeit und dem systematischen Umverteilen von unten nach oben betroffen sind, am stärksten erfaßt und verdatet werden.

Geheimdienstmethoden für Polizeibehörden

Ein weiterer wichtiger Aspekt ist die verstärkte Anwendung und Verbreitung von Geheimdienstmethoden und -mentalitäten in der »normalen« Arbeit der polizeilichen Sicherheitsbehörden, die sich in den letzten zehn Jahren beobachten läßt. Flächendeckendes Abhören, permanente GPS-Ortung, Zugriff auf Daten in privaten Online-Diensten, präventives Aufzeichnen von Telekommunikationsdaten, das heimliche Eindringen in Computer, um dort an Informationen heranzukommen – all das waren vor nicht allzulanger Zeit Methoden, die von Geheimdiensten verwendet wurden, um Spione zu enttarnen. Mittlerweile sind sie vielerorts auch in Europa zu normalen Hilfsmitteln des Polizeialltags geworden. Hinzu tritt eine Tendenz zu mehr Kooperation und Datenaustausch zwischen Polizeibehörden und Geheimdiensten, die wieder in »gemeinsamen Lagezentren« operieren dürfen.

Selbst bei relativ geringfügigen Verdachtsmomenten wird schnell das ganze Arsenal der digitalen Staatsgewalt in Stellung gebracht. Der Grund ist nicht zuletzt der Mangel an Geld und qualifiziertem Personal. Weniger beeinträchtigende Ermittlungsmethoden sind personalintensiver und verursachen höhere Kosten durch mehr Arbeit. Die Auswertung von Abhör- und Ortungsprotokollen und von mehr oder minder legal erlangten Datenbeständen aus Online-Unternehmen wird zukünftig eine immer größere Bedeutung einnehmen. Und entgegen landläufiger Vermutungen ist der Einsatz digitaler Ermittlungstätigkeit nicht besonders zielgenau.

Sie wird oft für die sogenannte »ausweitende Umfeldaufklärung« verwendet. Hier geht es um die Analyse der Sozialkontakte: wer zu einem Freundeskreis gehört, mit wem ein Verdächtiger kommuniziert hat, wer seine Facebook-Freunde sind und wo sich die dazugehörigen Personen bevorzugt aufhalten. Abhöranordnungen werden genau wie Freigaben für den Zugriff auf E-Mails und andere Daten mit leichter Hand erteilt. Richter bewilligen das, was von Polizei und Staatsanwaltschaft beantragt wird, ohnehin in ganz überwiegendem Maße.

Die Fallzahlen wachsen seit Jahren dramatisch. Beispielhaft ist hier die Telefonüberwachung: Von knapp 3000 abgehörten Anschlüssen Anfang der 1990er Jahre stieg diese Zahl im Jahr 2009 auf über 44 000 überwachte Telefonanschlüsse. Damit wächst gleichermaßen auch die Wahrscheinlichkeit, ohne eigenes Zutun in den Fokus von Ermittlungen zu geraten. In durch spätere Gerichtsverfahren bekanntgewordenen Fällen wurden sogar Freunde der Freunde des eigentlichen Tatverdächtigen abgehört und geortet, der Kreis der Betroffenen geht dann schnell in die Hunderte – und das jeweils nur für eine einzige Überwachungsanordnung.

Eine weitere wichtige Methode für die Analyse digitaler Daten haben Geheimdienste schon vor Jahrzehnten entdeckt. Das Arbeitsprinzip der Wahrscheinlichkeitsverbesserung beruht darauf, daß selbst Algorithmen, die keine perfekten Ergebnisse liefern, gut genug sind, solange sie die Wahrscheinlichkeit, daß vorwiegend interessante, relevante Informationen auf den Tisch der menschlichen Analysten gelangen, deutlich erhöhen. Die Dienste sind seit Beginn des Digitalzeitalters mit einer stetig wachsenden Datenflut aus strategischen Abhöroperationen und angezapften Datenbanken konfrontiert. Mit den etwas unscharfen, aber wirkungsvollen Methoden der automatischen Vorabanalyse versuchen sie, auf diese Weise dafür zu sorgen, daß ihre menschlichen Analysten vorwiegend interessante Gespräche und Nachrichten auswerten. Spracherkennung, Stichwortsuche, semantische Analysen und statistisch-mathematische Modelle sind das täglich Brot der Geheimen. Ihre Methoden inspirieren Software-Start-ups, aber auch den durchschnittlichen Strafverfolger, der mehr und mehr davon profitiert.

Wissen über Menschen ist Macht

Ausgeübte Macht, die jemandem überlassen wird, ist in unseren Breiten in der Regel demokratisch legitimiert, überwiegend jedoch mindestens kontrolliert. Der Zugriff auf Daten bzw. das Wissen, das daraus generiert werden kann, ist eine der wenigen effizienten Möglichkeiten, ohne demokratische Legitimation an Macht zu gelangen. Denn daß Wissen Macht ist, gilt schon von alters her: Wissen über Menschen ist Macht über diese Menschen. Diese Erkenntnis bleibt auch im Internet-Zeitalter gültig. Es kommen jedoch zwei wichtige neue Faktoren hinzu.

Zum einen ist der Zugang zu allen möglichen Einzelinformationen über eine Person dank digitaler Vernetzung sehr viel einfacher und umfangreicher geworden. Früher war es recht mühsam, zu erfahren, was jemand liest, heute schaut man einfach auf die Amazon-Wunschliste und sucht direkt nach anderen Menschen, deren Interesse den gleichen Büchern gilt. Die Mitgliedschaft im Swingerclub war nur durch Zufall oder mühsame Recherche zu finden, heute reicht oft die Suche nach Personen im richtigen Alter im entsprechenden Postleitzahlgebiet, um einen Account auf den entsprechend spezialisierten Dating-Plattformen zu enttarnen. Das potentiell mächtige Wissen ist also weitaus mehr Interessenten als früher zugänglich. Mit der leichten Verfügbarkeit sinkt jedoch gleichzeitig die Hemmschwelle, möglicherweise sensible Informationen gegen jemanden zu verwenden.

Zum anderen ergibt sich durch die dauerhafte Speicherung und Auswertung digitaler Lebensäußerungen eine bisher allenfalls aus den Akten von Geheimdiensten bekannte Tiefe des Einblicks über die Lebenszeit. Was Spione und Rechercheure früher in wochenlanger Detailarbeit über die Lebensgeschichte eines Menschen zusammentrugen, ist heute mit ein paar Klicks erfahrbar. Zugleich werden Entwicklungen und Veränderungen sichtbar, Tendenzen zeichnen sich ab und sind – durch Vergleich mit ähnlichen Menschen – sogar zunehmend vorhersagbar.

Der amerikanische Wissenschaftler Ed Felten sieht eine solche überbordende, teilweise prognostische, vernetzte Sammlung als das »vielleicht schwierigste Thema rund um die Privatsphäre in der gesamten Menschheitsgeschichte« und mahnt, besonders im Hinblick auf Google, das Machtgefälle nicht ausufern zu lassen.

Die Grenzen der Individualität

Wer weiß, was ein Mensch liest, wen er kennt, was er tut, was er sagt, was er kauft, und das über Jahre hinweg, kann durchaus zutreffende Vorhersagen über sein zukünftiges Verhalten treffen. Ihn zu manipulieren wird einfach, wenn man weiß, was ihn bewegt, welche Sorgen er hat, wie er sich seine Zukunft vorstellt und wie sich die Lebensmuster von Menschen in ähnlichen Situationen und Verhältnissen entwickelt haben.

Waren es früher vorwiegend dicke Akten von Geheimdiensten, kombiniert mit der Erfahrung von Führungsoffizieren und Sachbearbeitern, sind es heute Algorithmen und Heuristiken, die auf schier unendlichen Datenbanken mit den digitalen Spuren menschlichen Verhaltens operieren. Die massenhafte Verarbeitung dieser digitalen Spuren menschlicher Lebensäußerungen macht es möglich, Muster im Verhalten zu erkennen, die man erst entdecken kann, wenn man wirklich viele solcher Spuren automatisch analysiert.

Auch wenn wir meinen, sehr individuell zu sein, sind wir doch in unserer scheinbaren Individualität anderen Menschen in vielen Aspekten sehr ähnlich. Was wir mit ihnen gemeinsam haben – Geschlecht, Alter, Einkommen, regionale Herkunft, Lebenslauffragmente, Einkaufsvorlieben, Bewegungsmuster, Kommunikationsverhalten – ermitteln Algorithmen im Handumdrehen. Viele verschiedenartige Merkmale zu kennen heißt auch, Verhalten vorhersagen zu können, zumindest mit einer recht hohen Wahrscheinlichkeit. Algorithmen berechnen, wieviel Zeit etwa einem Menschen für politische Arbeit in seiner Freizeit bleibt, ob er ein Organisationstalent hat oder ob er zu übertriebenem Gerechtigkeitssinn neigt.

Aus der Sicht solcher Typisierungsalgorithmen sind wir in unserer Individualität nur ein statistisch mehr oder weniger häufiges Bündel von Merkmalen und Eigenschaften, das sich in Handlungen und Äußerungen materialisiert. Je mehr Daten es über uns alle gibt, desto klarer wird der digitale Schattenriß des einzelnen. Moderne Algorithmen funktionieren um so besser, je mehr Basisdaten sie bekommen. Wenn mehr Exemplare eines spezifischen Verhaltensmusters im Datenbestand sind, dann läßt es sich genauer charakterisieren und quantifizieren.

Je spezieller die Frage – zum Beispiel, ob jemand mit seiner Arbeitssituation unzufrieden ist und bald kündigen wird –, desto präziser lassen sich die dazugehörigen Datenpunkte benennen. Potentielle Jobsuchende benutzen spezifische Wörter, besuchen bestimmte Webseiten, kaufen Ratgeberbücher, sind öfter krank. Die Muster sind nicht scharf umrissen, es sind eher statistische Häufungen. Aus den Daten über Zehntausende Unzufriedene läßt sich problemlos ein Orakel-Algorithmus erstellen, der für eine Person die individuelle Kündigungswahrscheinlichkeit berechnet. Google macht das bereits für seine Mitarbeiter.

Wir werden abgebildet als eine Kombination von kleinen Merkmalschubladen, die zusammengenommen etwa soviel mit unserem wirklichen Wesen zu tun haben wie eine Landkarte mit der Landschaft. Diese Persönlichkeitslandkarten sind mal schärfer, mal unschärfer, mal zeigen sie nur grobe Umrisse von Interessen, Meinungen und Begehren, oft jedoch sind sie erschreckend präzise und genau. Wie eine Landkarte können sie aber immer nur quantifizierbare, benennbare Eigenschaften aufzeigen. Hier gibt es eine Straße, einen Fluß, ein Dorf. Daß es dort wunderschön ist, zeigt die Landkarte nicht. Genausowenig wird hinter dem schubladisierten Persönlichkeitsabbild das verborgene einzigartige Menschenwesen sichtbar.

Die Profile sind nützlich, um uns gezielt zum Kauf von mehr nutzlosem Tand oder interessanteren Büchern zu verleiten, uns effizienter zu verwalten und dazu, zukünftiges Verhalten zu prognostizieren. Kommt die Ortsinformation hinzu, kann der Mensch direkt beeinflußt werden, wenn er sich unmittelbar vor der Kaufentscheidung befindet.

Auf dem Weg zum »Pre-Crime«

Natürlich eignet sich ein Profil auch, um Menschen, deren daraus errechnete Eigenschaften sich bedenklich denen von Straftätern nähern, unter präventive Überwachung zu stellen. Dabei geht es keineswegs um hundertprozentige Präzision der Vorhersage. Wahrscheinlichkeiten, Neigungen, Tendenzen, Zugehörigkeit zu Kohorten sind die Währungen der algorithmischen Orakel. Wenn ein Kaufvorschlag nicht paßt, ignoriert ihn der Kunde eben. Wenn das Sondereinsatzkommando morgens um sechs die falsche Tür eintritt, entschuldigt sich der Polizeipräsident vielleicht halbherzig und schickt einen Blumenstrauß zum Trost. Manchmal nicht mal das.

Die softwaregestützte Durchregelung des Alltagslebens, das Schwinden menschlichen Ermessensspielraumes zugunsten algorithmisch generierter Handlungsanweisungen findet sich überall. Die Sachbearbeiter in Unternehmen oder Amt führen oft nur noch aus, was ihnen »die Software« vorgibt. Sich gegen die Vorgabe aus dem Computer zu entscheiden ist aufwendig und anstrengend, dann muß begründet und gerechtfertigt werden. Der Kundenkontakt von Unternehmen wird nach dem gleichen Muster erledigt: Callcenter-Mitarbeiter folgen einem vorgegebenen Skript auf dem Bildschirm. Je nach Anliegen und Reaktion des Kunden wird einer anderen Verzweigung des Szenarios gefolgt. Es ist effizienter und gerechter so, oder? Sollte daher also jeder seine Daten möglichst vollständig abliefern, damit er besser verwaltet werden kann?

Mißbrauch von gewonnenen Daten – auch wenn die Größenordnung der Datenberge alles früher Vorstellbare übersteigt – ist jedoch für viele Menschen kein greifbares Phänomen, es bleibt eine abstrakte Gefahr. Da mag der einzelne vielleicht tatsächlich ein Mitgliedskonto bei einer großen Auktionsplattform im Netz haben, aber wenn er in den Nachrichten hört, Millionen Kundendaten seien abhanden gekommen, fühlt er sich nicht unbedingt betroffen. Selbst Opfer eines Datenverbrechens zu werden wird kaum als Risiko gesehen, schon gar nicht als reale Gefahr. Wenn man nicht gerade prominent ist und die eigenen Gesundheitsdaten meistbietend an die Boulevardpresse verhökert werden könnten, was soll da schon passieren?

Auch der graue Markt der Daten, über den in Deutschland im Zuge der Telekomaffäre immer mal wieder berichtet wurde, bleibt eine verschwommene Bedrohung der Privatsphäre. Doch bekommt ein verkaufter Zugang zu einem Facebook-Profil durch Verkäufer und Käufer dieser virtuellen Identitäten ein Preisschild: Für den Zugang zu einem Mitgliedskonto mit nur sehr wenigen Kontakten werden aktuell etwa 25 Dollar gezahlt, aktivere, datenhaltigere Accounts kosten etwa 45 Dollar.

Solche gekauften und später übernommenen Mitgliedskonten können für das Opfer fatale Folgen haben, als ernsthaftes Risiko werden sie dennoch kaum erkannt. Typisch ist der Diebstahl hinterlegter Kreditkartendaten. Nicht selten sind auch Fälle, bei denen die gekaperten Freundeskreise des Profilbesitzers mit erfundenen Geschichten um Geld gebeten werden: Wenn etwa der Facebook-Freund vermeintlich ohne Gepäck auf einem fremden Flughafen festsitzt oder im Urlaub scheinbar ausgeraubt wurde, sind die Freunde oft gern zur finanziellen Hilfe bereit. Der Hilferuf über das Facebook-Profil kommt ja echt rüber. Die Geprellten sehen ihr Geld natürlich nie wieder.

Informationskontrolle vs. Leichtfertigkeit

Bemerkenswert ist der Unterschied zwischen der geradezu manischen Informationskontrolle, die Firmen ihren Mitarbeitern auferlegen, um Unternehmensinteressen zu schützen, und der oftmals von den gleichen Firmen propagierten Datenfreigiebigkeit von Einzelpersonen über ihr Privatleben. Keine Firma auf diesem Planeten würde ernsthaft verlautbaren: »Wir haben nichts zu verbergen.« Im Gegenteil: Es lebt mittlerweile eine ganze Industrie davon, Lösungen zur Verhinderung von Informationslecks zu entwickeln und anzubieten.

Die Grundprämisse dabei ist, daß alle Informationen, die unabsichtlich über das Unternehmen gebloggt, getwittert oder sonstwie publiziert werden, schädlich sein könnten. Entsprechend aggressiv werden die digitalen Lebensäußerungen von Mitarbeitern überwacht, aber auch alle Erwähnungen des Firmennamens, von Produkten und relevanten Stichworten in sozialen Netzwerken verfolgt und analysiert. Alles, was das Potential hat, einen sogenannten »viralen Effekt« auszulösen, gilt als hochkritisch. Gemeint sind alle Informationen, die durch ihren Inhalt oder ihre meist witzige Verpackung dazu führen können, daß viele Nutzer sie an ihre Freunde weiterleiten.

Die Unannehmlichkeiten, die kleinen und großen Katastrophen, die Privatpersonen durch virale Enthüllungen passieren können, treffen auch Unternehmen. Im Gegensatz zu den meisten Privatpersonen haben diese jedoch ungleich größere Ressourcen, um auf rechtlichem Wege, per Public Relations oder auch durch Ausübung ökonomischer Macht negative Folgen einzudämmen oder zu verhindern. Ein Unternehmen, das einmal für schlampig ausgeführte Produkte in die Schlagzeilen oder die Twittermühle gerät, geht in der Regel nicht einmal pleite, sondern hat nur für eine gewisse Zeit reduzierte Umsätze zu verkraften. Oft genug nicht einmal das, wenn entsprechend geschickte Gegenmaßnahmen ergriffen werden.

Der Schaden ist meist nicht einmal mit den persönlichen Katastrophen zu vergleichen, die durch leichtsinnigen oder mutwilligen Umgang mit privaten Informationen regelmäßig entstehen – vom Jobverlust, der zum Verlust des Hauses führt, weil die Kreditraten nicht mehr gezahlt werden können, bis zur lebenslangen Stigmatisierung im sozialen Umfeld für ungewöhnliche Vorlieben und Einstellungen. Vergleicht man jedoch den Aufwand, die Akribie und die Hartnäckigkeit, mit der Firmen auf ihre Informationen aufpassen, mit der Leichtfertigkeit und Ignoranz, mit der viele Menschen mit ihren und ihrer Freunde Daten umgehen, so hat sich hier ein dramatisches Mißverhältnis eingestellt.

Vertrauen und Macht

Sich zu offenbaren setzt ein Vertrauen darauf voraus, daß das Wissen über einen selbst nicht mißbraucht wird, daß eventuelle intime Einblicke und Schlußfolgerungen keine negativen Konsequenzen haben. Daß man zu Treffen der Anonymen Alkoholiker geht, mag man Freunden anvertrauen, beim Chef, Arbeitsamt oder dem Vermieter hingegen befürchtete man negative Folgen. Scheidungen sind ein typisches Beispiel für einen Vertrauensbruch. Der ehemals enge Partner mit sensiblen Einblicken in Ansichten, Lebensweisen, aber auch Regelübertretungen, kann zum Intimfeind werden, wenn dieses Wissen sich nun gegen einen richtet. Sich nicht allen und jedem zu offenbaren ist der Schutz der eigenen Zukunft. Selbst wenn keine wirk-

201

lichen Leichen im Keller liegen, können doch Jugendsünden im Erwachsenenalter anders gesehen werden.

Die andere Seite des Vertrauens ist das Wissen um eigene Unzulänglichkeiten. »Etwas Negatives oder Verdächtiges kann bei jedem lebenden Menschen vermerkt werden. Jeder ist an etwas schuld und hat etwas zu verbergen«, wie Alexander Solschenizyn in »Krebsstation« schreibt. Die Erkenntnis, daß jeder kleine Regelverstöße tagtäglich vollzieht, kommt also hinzu. Wir alle verhalten uns nicht fortwährend moralisch richtig oder auch nur korrekt im Sinne der Gesetze, deren laxe Interpretation manchmal gar aus Gründen der Menschlichkeit oder Ethik geboten sein kann. Nur wenige Leben sind derart langweilig, daß es gar nichts zu verheimlichen oder verstecken gäbe – natürlich hat also jeder etwas zu verbergen, und seien es nur Handlungen oder Ansichten, die von jemand ganz Speziellem mißverstanden werden könnten.

Souveränität über die eigenen Daten bedeutet daher, Handlungsspielräume zu erhalten, nicht heute für alle Zukunft zu entscheiden, was wer wissen soll. Welches Image, welche Assoziation, welcher Lebensstil, welche politische und kommerzielle Einordnung für die eigene Person stehen, soll jeder selbst und immer wieder neu entscheiden können.

Doch auch wenn – sowohl bei der staatlichen als auch der kommerziellen Datenverwertung und -einsichtnahme – die Grenze des Erlaubten und die schummrige Grauzone des Halblegalen mit jedem Jahr weiter ausgedehnt werden, sind diejenigen, die leichtsinnigerweise glauben, nichts zu verbergen zu haben, weiterhin zahlreich in unserer Gesellschaft vertreten.

Furcht und Unterstellung

Was ist also der eigentliche Subtext des Spruches »Ich habe nichts zu verbergen«? Welche Mitteilung an den Gesprächspartner wird darin transportiert? Die Privatheit ist durch nichts bedroht, wird implizit kolportiert. Wollte jemand die Kontobewegungen einsehen? Kein Problem – nichts zu verbergen! Doch es ist in Wirklichkeit eine Entsolidarisierung, denn gleichzeitig meint der Sprecher damit, daß auch die anderen gefälligst nichts zu verbergen haben sollten, wollten sie nicht weniger rechtschaffen als er sein. Denn die Vorstellung ist natürlich, daß die Konten der anderen durchsucht werden, nicht das eigene. Damit wird aber zugleich die Unschuldsvermutung in ihr Gegenteil verdreht: Du mußt schon beweisen, daß du nichts Böses im Schilde führst.

Wie schnell diese Einstellung populär werden kann, zeigt das Beispiel Großbritannien: 1994 war dort ein Kriminalfall wochenlang Thema in den Medien: Ein kleines Kind, Jamie Bulger, war von zwei zehnjährigen Schülern entführt und ermordet worden. Den Beginn der Entführung hatten Überwachungskameras gefilmt. Die Qualität der Aufnahmen genügte allerdings nicht für die Identifizierung der Schüler, und selbstverständlich hatte die Kamera das Verbrechen nicht verhindern können. Die Schüler wurden letztlich aufgespürt, weil sie gegenüber Freunden später selbst über ihre Tat sprachen. Dennoch wurde der Videofilm Hunderte Male im britischen Fernsehen gezeigt.

Der Jamie-Bulger-Fall veränderte die Überwachungspolitik der Briten hinsichtlich der Überwachungskameras grundlegend. Ohne die wochenlange Diskussion um die Tat wäre vermutlich das Vereinigte Königreich nie zu einer Gesellschaft voller Überwachungskameras geworden, die weltweit als Prototyp für ein aus den Fugen geratenes Verhältnis zwischen präventiver Kontrolle und Freiheitsrechten gilt. Denn der damalige konservative Regierungschef John Major nutzte die öffentliche Debatte dazu, fast das gesamte finanzielle Budget zur Verbrechensverhinderung in technische Anlagen zur Videoüberwachung zu stecken. Eine Fehlallokation von Mitteln, die mehrere Millionen Kameras und die dazugehörigen Warnschilder in allen Teilen des Landes verteilte und bis heute ihresgleichen in Europa sucht.

Für die begleitende politische Kampagne wurde von einer Werbeagentur der Slogan »If you've got nothing to hide, you've got nothig to fear« landesweit plakatiert. Die überall angebrachten Kameras sollten als freundliche Augen beworben werden, die nur nach dem Rechten schauen und niemanden ängstigen sollen. Nicht das Fangen von Verbrechern stand im Vordergrund, sondern das Verbreiten des Gefühls, beobachtet zu sein. Es ging nicht um die Sicherheit. Es ging um die Änderung des gesellschaftlichen Klimas.

Gegen wen oder was die Privatsphäre zu schützen sei, bleibt schwer erfahrbar. Zu viele Überwachungsbefugnisse in einem Staat, der heutzutage nicht bedrohlich wirkt, schrecken nicht jeden braven Bürger. Die eigene Religion oder die der Großmutter kann jeder auf dem T-Shirt tragen und in eine Bewerbung schreiben, ohne daß heute jemand Anstoß nimmt. Was sollte man als halbwegs reale Bedrohungskulisse für die Freiheits- und Bürgerrechte an die Wand malen, um potentielle Gefahren einer schwindenden Privatsphäre sichtbar zu machen? Daß in Zukunft hierzulande eine Grüne Bundeskanzlerin werden könnte?

Gerade weil es kein einfach zu verstehendes Konzept ist, das sich in simplen Schlagworten verkaufen läßt, ist es schwer zu verteidigen. Zudem erfahren nur wenige im Laufe ihres Lebens die dunkle Seite einer Staatsmacht, die doch in den Augen vieler nur die Kriminellen jagt. Darüber, was Kriminelle sind, besteht oft Einigkeit. Falsche Verdächtigungen, Machtmißbrauch, Korruption gelten hingegen als Ausnahmeerscheinungen, obwohl sie täglich hundertfach vorkommen und ein keinesfalls kleines Alltagsrisiko darstellen.

Es handelt sich dabei jedoch meist um komplexe, nicht besonders plakativ darzustellende Vorgänge, die selten Schlagzeilen machen. Dabei kann heutzutage bereits ein arabischer Nachname erhebliche Probleme bereiten, etwa bei Flugreisen und bei der Eröffnung eines Bankkontos. Nur Extremfälle von Datenmißbrauch erreichen eine größere Öffentlichkeit. So wurde etwa über die Entführung und Folter von Khaled el Masri 2004 und die Verhöre und die Internierung von Murat Kurnaz in Guantánamo berichtet, die beide zu Unrecht festgesetzt worden waren. Der Aspekt, daß ihre Verschleppung aufgrund unrichtiger Daten erfolgte, war jedoch nur selten Teil der Berichterstattung.

Der sparsame, sorgsame Umgang mit den eigenen Daten betrifft nicht nur einen selbst. Durch die vernetzte Natur der Informationen, durch ihre Verflechtung und Verwebung, geht es praktisch nie nur um einen selbst. Angefangen vom namentlichen Erfassen der Abgebildeten auf Fotos auf Online-Plattformen über das Location-Tagging bis hin zu leichtfertigen Facebook-Updates mit Inhalten, deren Tragweite für andere man nicht absehen kann: Der soziale Umgang mit Menschen, die keine Privatsphäre-Manieren haben oder gar offensiv Post-Privacy-Ideologien vertreten, kann im Ernstfall ähnlich riskant sein wie intimer Umgang mit habituellen Safe-Sex-Verweigerern.

Gern wird so getan, als wäre der Kern des Konzepts der Privatheit, böswilliges Handeln zu verstecken oder gar zu unterstützen. In Wirklichkeit bietet es Schutz vor der Macht anderer – sei es dem Staat oder dem Chef. Es schützt vor unangemessener Belästigung, aber auch vor der Asymmetrie von Machtverhältnissen. Gleichzeitig bewahrt es den gegenseitigen Respekt, die Individualität, letztlich die Menschenwürde.

205

8. Wohin die Reise geht
Drei Tage im Jahre 2021

Robert erwacht vom Glockenspiel, das aus dem Lautsprecher seines Telefons erklingt. »Guten Morgen, Robert«, sagt die vertraute Stimme aus dem Gerät. »Du wolltest um acht Uhr aufstehen. Heute ist Mittwoch, der 21. April 2021. Sonnenaufgang war heute um 5:16 Uhr. Das Wetter ist regnerisch und wolkig, mit Temperaturen um 15 Grad, zwischendurch gibt es auch mal Sonne. Dein erster Termin heute ist um 9.40 Uhr. Wenn du dich beeilst, könntest du mit dem Fahrrad zur Arbeit fahren und trocken bleiben. Möchtest du einen Nachrichtenüberblick hören?«

Verschlafen blinzelt Robert auf den Bildschirm des Geräts. Googles intensiver Wettlauf mit Apple um die intelligenteste, freundlichste Software fürs Lebensmanagement hatte in den letzten zehn Jahren erstaunliche Fortschritte gemacht. Aber irgendwie hatte noch niemand einen Weg gefunden, die Biodaten zu berücksichtigen und zuverlässig festzustellen, ob der Benutzer morgens beim Aufwachen unausgeschlafen war oder hellwach, ausgeruht und aufnahmebereit. Egal, ein paar Nachrichten sind sicher das richtige, um das Hirn ein wenig auf Touren zu bringen und den Tag zu beginnen. »Ja«, hört er sich mit trockener Stimme krächzen.

Der Kneipenabend mit der alten Spiele-Gilde gestern war lustig, aber mittlerweile ist er doch langsam in einem Alter, wo das nicht mehr gänzlich folgenlos bleibt. Mit leichtem Kopfweh wankt Robert ins Badezimmer, dabei aktiviert er am Bildschirm im Flur sein Lokationsprofil. Sollen seine Freunde von der Gilde ruhig staunen, daß er als vermutlich erster wach ist.

Während er sich die Zähne putzt, hört er sich die Neuigkeiten an. Der Nachrichtenüberblick wird ihm verlesen:

• Bombenattrappe in Island. Innenminister Boris Palmer sagt: »Es ist nur der jährliche Alarmtest auf Flughäfen.« Bei dem verdächtigen Transportgut auf dem Flughafen von Reykjavik habe es sich wieder um eine Attrappe gehandelt, so der Minister.

• FaceBing-Merger ruft europäische Kartellbehörde auf den Plan. Die traditionsreiche Suchmaschine Bing stand unter strategischem Zugzwang. Jetzt hat die monatelange Brautschau Erfolg: Die Verhandlungen mit der sozialen Gesellschaft Facebook sind weit fortgeschritten. Jetzt befürchtet jedoch die Kartellbehörde eine weitere Verschärfung der Monopol-Situation auf dem Markt der Suchmaschinen.

• Durch die deutsch-russische Energiekooperation wird es im nächsten Winter keine Rationierung von Erdgas mehr geben. Das für den 21. Mai in St. Petersburg angekündigte Gipfeltreffen der Erdgas-Union findet laut einem Bericht aus dem Haus des russischen Premiers nun doch zum festgelegten Termin statt. Der Vertragsunterzeichnung steht dem Vernehmen nach »nichts mehr im Wege«. Damit können die Fahrer der Erdgas-Autos erleichtert aufatmen.

• Unfall auf der Peking – Berlin-Eisenbahnbaustelle im Gebiet Wolgograd. Gestern kam es im Bereich von Tunnelarbeiten zu einem folgenschweren Unfall, als ein Behälter explodierte. Die russische Regierung räumte den erneuten Zwischenfall ein. Vierzehn Arbeiter kamen ums Leben. Zwölf der Tunnelroboter sind so weit beschädigt, daß sie nicht weiter verwendet werden können. Nach Einschätzung von Experten ist der Unfall vergleichbar mit der Kiew-Katastrophe im letzten Jahr.

• Verhandlungen über persönliche Gesundheitsbudgets vorerst gescheitert, Einigung über Staatszuschuß in weiter Ferne: Nachdem sich schon der Gesundheitsminister dem Grünen-Vorschlag verweigert hat, ist nun auch der Hauptverband der Versicherungen abgesprungen. Eine umfassende Reform könne ohne die Zustimmung des Hauptverbandes nicht angegangen werden, so Minister Mißfelder. Die Prävention werde auch künftig das leitende Prinzip im Gesundheitswesen sein, dessen Kosten aber seit langem vom Bürger selbst getragen werden. Gleichzeitig kündigte er die Einführung der zweiten Stufe der Gesundheitskarte für den Herbst an. Die Regelungen für Tarifdeckelung im Ausgleich für mehr Datenzugriff für die Versicherer werde bis dahin den Bundestag passiert haben.

Roberts Nachrichtenauswahl wurde automatisch anhand seines Klickverhaltens erstellt. Die Vorlieben seiner Freunde und Bekannten, mit denen er Links zu Meldungen aller Art austauschte, sind damit ebenfalls einberechnet. Seine Kollegen ziehen ihn manchmal damit auf, daß er so viele »ernsthafte« Nachrichten konsumiert. Die meisten von ihnen sind nur noch an Nachrichten über Celebrities, Sport und dem einen oder anderen Skandal beschäftigt. Medienberichte sind seit vielen Jahren bestenfalls absurd, meist jedoch deprimierend. Immer weniger Leute wollten mit dieser Realität noch zu tun haben.

Die zwischenzeitlichen Werbeinblendungen erregen selten Roberts Aufmerksamkeit. Nur der neue Spot für eines der hippen Exo-Skelette läßt ihn aufhorchen. Die ursprünglich auf dem Seniorenmarkt etablierten Hilfen gibt es inzwischen auch in modifizierter Form für Sportler und sogar als Sexspielzeug. Robert hatte sich bisher nicht getraut, eines zu erstehen, da er ein wenig den Spott seiner Freunde fürchtet.

Aus beruflichen Gründen hat Robert seit kurzem auch zwei internationale juristische News-Dienste abonniert, die er gewöhnlich nach den allgemeinen Nachrichten durchsieht. Sie sind sogar werbefrei. Er läßt sie sich meistens nicht vorlesen, sondern hat sich angewöhnt, sie selbst durchzusehen, da er Interessantes daraus gleich am Display in der Küche in sein Büro-Archiv einordnet. Als er sich mit einem Glas Karottensaft in der Hand setzt und einen Blick darauf werfen will, erhält er aber nur die Nachricht, daß sein Probe-Abo beendet sei.

Der Bildschirm bleibt also leer. Robert schaut entgeistert auf sein Mobiltelefon und sucht nach vielleicht übersehenen Zahlungsaufforderungen. Er findet nichts und ist zunächst ratlos. Dann sieht er auf der Abo-Webseite doch noch den kleinen Hinweis, daß ausschließlich Überweisungen akzeptiert werden. Robert rollt die Augen, Juristen-Services können manchmal wirklich altmodisch sein. Er beschließt, das Abo erst im Büro zu erneuern.

Als Robert aus der Küche kommt, blickt er aus dem Fenster. Das Wetter ist tatsächlich wenig einladend. Seufzend scrollt er am Computerdisplay im Flur zur Fahrplansuche, um herauszufinden, wann der nächste Bus fährt. Mit dem Auto in die Innenstadt zu fahren ist sinnlos. Trotz Energiekrise und Innenstadtmaut gibt es kaum Parkplätze. Die Leute, die es sich leisten können, in der sogenannten A-Zone zu wohnen, haben in der Regel mehr als ein elektrisches Auto. Die Parkhäuser unter den Büros werden zu Preisen vermietet wie andernorts Wohnungen. Robert schimpft innerlich zum wiederholten Male auf seinen Chef, der darauf besteht, die Kanzlei direkt im teuersten Teil der Stadt zu belassen. Der Erfolg gibt ihm zwar recht, aber genug Parkplätze für seine Mitarbeiter waren trotzdem nicht im Budget.

Pling! Eine Nachricht von seinem NikeGoogle-Fitneß-Manager. »Du hast diesen Monat dein vereinbartes Sportvorhaben weit verfehlt. Willst du nicht vielleicht doch das Fahrrad nehmen?« Das ist wohl das Ergebnis von Googles verbesserter »Search Integration«. Das Lebensmanagementsystem bekommt natürlich alle seine Suchanfragen mit und zieht seine Schlußfolgerungen. Die Weiterleitung an den Fitneßmanager hatte nur wenige Sekunden gedauert.

Pling-Pling! Eine Nachricht von seiner Krankenkasse. »Wir möchten Sie nochmals darauf hinweisen, daß beim Überschreiten der Fitneß-Mindestanforderungen in drei aufeinanderfolgenden Monaten eine automatische Umstufung in den nächsthöheren Teiltarif stattfindet. Das Einhalten eines moderaten Bewegungstrainings ist Voraussetzung für den von Ihnen gebuchten Tarifdiscount. Sie haben leider bereits für zwei Abrechnungsperioden die Mindestanforderungen nicht vollständig erfüllt. Bitte erfüllen Sie die Vertragsbedingungen, es ist in Ihrem eigenen Interesse und im Interesse der Versichertengemeinschaft.« Robert geht zurück ins Bad und stellt sich auf die Waage: 79 Kilo. Wenigstens hatte er hier noch Luft nach oben, ab 85 Kilo wird es richtig teuer. Daß die von der Krankenkasse gelieferte Waage die Daten übermittelt, ist kein Geheimnis.

Grummelnd überlegt Robert, was er tun soll: Bei dem schlechten Wetter für den Rest des Monats das Fahrrad nehmen ist weniger attraktiv als sich ein paar Abende ins Sportstudio zu bemühen. Allerdings hat er eigentlich darauf spekuliert, dieser Tage mit Maria, der faszinierenden Praktikantin aus der Audit-Abteilung, ein bißchen mehr Zeit zu verbringen, da diese ihn offenbar nicht gänzlich unattraktiv findet. Irgendwie sollte sich das schon vereinbaren lassen, vielleicht käme sie ja mit zum Schwimmen? Damit die

NikeGoogle-Software Ruhe gibt, schaut er kurz auf die Auslastungsprognose des Sportstudios. So gegen 20 Uhr wird es offenbar heute leerer, das paßt halbwegs zu seinen Plänen.

Pling! Da ist auch schon das Update für seinen Workout-Plan, siebzig Minuten würden für ein akzeptables Programm ausreichen. Na gut. Seufzend packt er die Sporttasche und macht sich auf den Weg zum Bus. Robert erinnert sich noch gut daran, wie harmlos alles angefangen hatte. Das Life-Management war echt praktisch, man vergaß keine Termine mehr, und es war insgesamt einfacher, sich nicht so gehenzulassen. Und es sparte auch noch Geld durch die neue Tarifeinstufung.

Natürlich war alles freiwillig, man konnte auch ganz ohne leben. Mittlerweile war jedoch allein die Aussicht auf noch höhere Krankenkassenbeiträge genug, um die meisten seiner Freunde und Kollegen auch einen zertifizierten algorithmischen Fitneß-Trainer benutzen zu lassen, der überwacht, wieviel und wie intensiv man sich bewegt. Robert redet sich das Kontrollregime der Kasse bis heute schön, er tröstet sich damit, daß es ja auch seiner Gesundheit dienen würde.

In Gedanken über seine Gesundheit verloren, bindet er sich vor dem Spiegel die Krawatte. Sein Lebensassistenzsystem hat wie immer anhand der heute anstehenden Termine Robert passende Kleidung vorgeschlagen, natürlich auch den Binder. Seit er in der Kanzlei angefangen hat, benutzt er ein kleines Helfer-Programm für verschiedene Krawattenbindearten. Er läßt sich randomisiert Vorschläge machen, da er insgeheim findet, wenn ihm der Anzug schon vorgeschlagen würde, dann solle wenigstens die Art des Knotens zufällig sein. Mit Bildern und einer Animation werden Robert die Krawatten-Hinweise spiegelverkehrt auf dem Display angezeigt.

Auf dem Weg zur Bushaltestelle sieht er den vertrauten Reinigungsroboter, der langsam die Wand entlangkriecht und dabei ein paar über Nacht aufgetauchte Graffiti vom Shopping-Center entfernt. »Geht sterben!« und »No Future is today« ist an der Wand noch zu entziffern. Vor relativ kurzer Zeit war der Konflikt zwischen der alternden, aber zahlenstarken Generation über sechzig und der immer kleiner werdenden jüngeren Generation offen ausgebrochen. Letztere sehen überhaupt nicht ein, von einer Kohorte regiert zu werden, die aus ihrer Sicht früher alles verbockt und ihnen die Chance auf eine lebenswerte Zukunft genommen hat.

Die Konfliktlinien brechen überall in der Gesellschaft auf. Es gibt ganze Subkulturen, die sich in eigene, abgekapselte soziale Netze zurückgezogen haben, die weitgehend nichtkommerziell und für alle über dreißig nicht zugänglich sind. Werbung, Konsum und alles, was mit der »kaputten Wirtschaft«, also dem, wie die Welt vor der dritten Ölkrise funktioniert hatte, zusammenhängt, wird bekämpft. Technische Tricks und Software, um der allgegenwärtigen Datensammlung, die als Gängelung durch die Alten empfunden wird, zu entgehen, sind für die Youngster selbstverständlich geworden. Es gibt sogar eine kleine Subkultur von jungen Offlinern, die bewußt so leben, wie sonst nur die über 80-jährigen. Sie verzichten damit natürlich auf einen Großteil der wenigen verbliebenen Annehmlichkeiten. Solange es jedoch noch eine halbwegs solvente Masse wirklich alter Leute gibt, denen der ganze »Digitalfirlefanz« zu kompliziert und undurchsichtig ist, kann auch dieser Lebensstil überdauern.

Der Bus läßt auf sich warten. An der Haltestelle sammeln sich mehr und mehr Menschen, eine Auswahl der gleichen Gesichter, die um diese Zeit hier immer anzutreffen ist. Das Infomercial-Display des Haltestellenhäuschens versucht, ungefähr den kleinsten gemeinsamen Nenner der Vorlieben der Wartenden zu treffen, heraus kommt ein Einheitsbrei aus Nachrichten über Sport, Kurzzeitberühmtheiten, Wetterbericht und Werbung. Der Aufwand, den die Betreiberfirma in das Anpassen der Spots auf das gerade anwesende Publikum steckt, ist vermutlich weitgehend vergebens.

Aus den Aufenthaltsdaten der Mobiltelefone und den dazugehörigen Interesseprofilen, die von den diversen sozialen Netzwerken gegen einen kleinen Anteil am Werbeetatkuchen bereitgestellt werden, berechnet das System ein Durchschnittsprofil, das die Auswahl der Informationshäppchen und vor allem die Werbung steuert. Paradoxerweise funktioniert das Prinzip am besten, wenn nur einer oder wenige Menschen an der Haltestelle stehen. Nachts kommt es daher auch schon mal vor, daß tatsächlich Politiknachrichten über den Schirm flimmern, wenn Robert allein auf den Bus wartet. Die meisten Wartenden scrollen jedoch ohnehin auf dem Bildschirm ihres Telefons herum, telefonieren mit Freunden oder starren Löcher in die Luft. In der Ecke sitzt eine junge Frau in einem schlichten Overall und liest kaugummikauend in einem arg abgenutzten, in Packpapier eingeschlagenen Papierbuch. Vielleicht ist sie ein Offliner.

Robert schaut mit Interesse zu der lesenden Frau. Offenbar hatte sie die Fähigkeit zur Konzentration auf lange Texte noch nicht verloren, die so vielen seiner Freunde abhanden gekommen ist. Seine Kollegen in der Kanzlei sind meist davon nicht betroffen, Juristen leben schließlich mit endlos langen Vertragstexten. Die Kommunikation mit ihren Kunden erledigen sie jedoch mittlerweile häufig mit Hilfe von Simplifizierungssoftware. Die fein ziselierten juristischen Klauseln überträgt es in einfache Sprache. Das Ergebnis bedarf noch etwas der Nacharbeit, aber es spart deutlich Zeit, die früher für das Schreiben von Management-Zusammenfassungen draufgegangen ist. Das Problem ist dabei natürlich, daß die Zusammenfassung keine Rechtsgültigkeit hat, auch wenn sie häufig das einzige ist, was die Kunden verstehen. Nun ja, immerhin können einige halbwegs gut davon leben, daß die Aufmerksamkeitsspanne der meisten Menschen auf ein paar Minuten zusammengeschrumpft ist.

Schräg über seinem Kopf entdeckt Robert einen lautlosen Flugroboter, im Volksmund altmodisch »Postflieger« genannt. Sie liefern in der Regel kleinere elektronische Bauteile, etwa für Mobiltelefone oder Spielkonsolen, vor allem Akkus oder Datenträger. Man erkennt schon an ihrer Farbe, welcher Anbieter seine Ware versendet.

Endlich rollt der Bus leise sirrend heran, leider brechend voll. Die städtischen Verkehrsbetriebe kommen immer noch nicht mit der Situation zurecht, die durch die Innenstadtmaut und die Ölkrise entstanden ist. Für immer mehr Menschen ist die tägliche Autofahrt zur Arbeit nicht mehr bezahlbar. Die Kombination aus absurd hohen Erdgas- und Benzinpreisen, horrenden Parkgebühren in der Innenstadt und oft nur noch notdürftig reparierten Straßen läßt die meisten auf Busse und Bahnen umsteigen.

Die Alternative ist, einer der vielen Fahrgemeinschaftsvermittlungen beizutreten oder die Mobility Center der drei verbliebenen europäischen Autohersteller zu nutzen. Roberts Erfahrungen mit Fahrgemeinschaften sind jedoch eher zwiespältig. Wenn man keine engen terminlichen Verpflichtungen hat und die kleinen oder großen Macken der Mitfahrer erträgt, sind sie halbwegs akzeptabel. Wenn man aber wirklich pünktlich in der Stadt sein muß, kann man sich auf das System nicht verlassen. Die Mobility Center hingegen sind nicht für auswärtig Wohnende konzipiert, nur die zahlungskräftigen Innenstädter profitieren davon. Im Sommer bleibt Robert nur das Fahrrad als Ausweg. Immerhin honoriert ihm das seine Krankenkasse.

Leise fluchend quetscht sich Robert in den Bus. Sein Telefon gibt beim Passieren der Tür ein Bestätigungspiepsen ab, das Abrechnungssystem hat es erfaßt, die Fahrt wird gebucht. Er hätte auch eine anonyme Prepaid-Karte erwerben können, jedoch würde er beim monatlichen Wechsel der Karte ordentlich draufzahlen. So gibt es zwar theoretisch die Möglichkeit, sich ohne personalisierte Nachvollziehbarkeit mit den öffentlichen Verkehrsmitteln zu bewegen, jedoch nutzen eigentlich nur die Youngster diese Option. Sie tauschen dann jeweils die Karten untereinander, um ihre Spuren zu verschleiern. Aus dem Augenwinkel beobachtet Robert, wie die Frau mit dem Papierbuch genau so eine Karte vor das Lesegerät hält. Plötzlich fallen ihm die haarfeinen Drähte auf, die von der Karte in den Ärmel des Overals führen, da sie im Licht des Werbedisplays kurz schimmern. Und daß sie die Karte danach nicht in eine Tasche steckt, sondern im Ärmel verschwinden läßt. Interessant, sie ist wohl doch keine Offlinerin, grinst Robert.

Er hatte vor ein paar Wochen darüber gelesen: Offenbar hatte wieder ein cleverer Hacker einen Weg gefunden, das Kartensystem zu überlisten. Oder eine Hackerin, denkt sich Robert. Die letzte Welle von Tricksern, die sich durch Ausnutzung von technischen Schwächen im System anonymen und kostenfreien Zugang zum Nahverkehr verschafft hatten, war gerade vor einem dreiviertel Jahr verurteilt worden. Das Nahverkehrsunternehmen mußte alle Karten und Lesegeräte austauschen und hatte daraufhin personalisiertes Bezahlen per Telefon gegenüber den pseudonymen Karten preislich noch attraktiver gemacht.

Robert hatte das Ganze nur am Rande mitbekommen, eine andere Abteilung seiner Kanzlei hatte das Nahverkehrsunternehmen bei der Verfolgung der Hacker und vor Gericht unterstützt. Robert beschließt sofort, seine Zufallserkenntnis für sich zu behalten. Im Grunde seines Herzens sympathisiert er mit allen, die sich gegen die allgegenwärtige Verdatung wehren, auch wenn sie damit meist gegen die Interessen seiner eigenen Generation agieren. Die verurteilten Hacker hatten nicht einmal ein Geschäft mit ihren Zauberkarten gemacht, sie hatten sie nur an ihre Freunde und Gleichgesinnte verteilt. Der Richter der ersten Instanz hatte dafür keinerlei Verständnis, die Richterin in der zweiten Instanz minderte immerhin die Strafe geringfügig, auch wenn sie die von den Angeklagten vorgebrachten politischen Argumente nicht teilte.

Die Frau im Overall vertieft sich wieder in ihr Buch, eingeklemmt zwischen der Scheibe und einer Haltestange. Selbstvergessen studiert Robert ihr Gesicht. Sie hat leichte Augenringe, ist blaß und nicht unbedingt eine Schönheit. Als sie hochsieht, liegt in ihren Augen etwas, das er nicht auf den ersten Blick festmachen kann. Schließlich dämmert es ihm: Es fehlte die weitverbreitete resignierte Müdigkeit. Automatisch schaut Robert auf sein Telefon und scrollt durch die Liste der Mitreisenden, deren Telefone sich automatisch in diesem Bus eingecheckt haben. Ungefähr die Hälfte der Mitfahrer scheint angemeldet zu sein. Die meisten benutzen den Service, um zum einen zu signalisieren, daß sie im Bus zugegen sind, und natürlich um gleichzeitig zu sehen, ob Freunde oder Kollegen mitfahren, um eventuell ein Schwätzchen zu halten. Manche haben ihr Telefon auch einfach aus Gewohnheit aktiviert oder sind sich ihrer Registrierung gar nicht bewußt. Es gibt zwei Namen und Icons, die aus den üblichen Profilen seiner Mitreisenden herausfallen, die üblicherweise ein echtes Foto verwenden. Robert speichert die Einträge, eventuell hat er ja Glück bei späterer Recherche. Was er dann tun will, ist ihm noch nicht so ganz klar. Die Frau jetzt direkt anzusprechen kommt ihm gar nicht in den Sinn.

Nach einer knappen halben Stunde zwängt sich Robert zur Tür hinaus und atmet erstmal tief durch. Es hat angefangen zu regnen, die Luft ist kühl. Die lesende Frau ist

216

weitergefahren. In zwanzig Minuten beginnt sein morgendliches Meeting, sein Briefing zur Eingliederung in eine ihm noch mysteriös erscheinende neue Projektgruppe. Gerade noch genug Zeit für einen mittelmäßigen Kaffee, immerhin besser als das gruselige Gebräu, das aus dem Automaten in der Büroküche kommt.

Eigentlich wollte Robert nicht mehr so oft bei großen Kaffeehaus-Ketten einkaufen, die sind seiner Meinung nach schließlich Mitschuld an der endlosen Abfolge von immer neuen Krisen der letzten fünfzehn Jahre. Es gibt jedoch in der Innenstadt kein kleines inhabergeführtes Café mehr, die Mieten sind wohl dafür zu hoch. Er läuft also in den »Coffee Store« an der Ecke, stellt sich in der Schlange an, bekommt am Ende seinen »Double shot« in die Hand gedrückt und macht sich auf den Weg zum Büro. Für einen Uneingeweihten muß das Ganze wie Magie ausgesehen haben. Keine Bestellung wurde aufgegeben, kein Geld wechselt den Besitzer, was außer den einstudierten Höflichkeitsfloskeln der Servicekräfte zu hören ist, sind leise Piepgeräusche.

Roberts Telefon hatte sich beim Betreten in der Mobilfunk-Picozelle des Ladens angemeldet, darüber direkt die Bestellung (»wie immer«) aufgegeben und die Bezahltransaktion durchgeführt. Wenn er etwas anderes gewollt hätte, hätte er mit seiner Telefontastatur zu einer abweichenden Bestellung gewechselt. Da er aber heute keine besonderen Wünsche hatte, lief die Bestellung und Bezahlung ohne sein direktes Zutun ab. Roberts Kaffee war rechtzeitig fertig, als er in der Schlange bis an den Tresen vorgerückt war, identifiziert vom Nahfeld-Chip in seinem Telefon bekam er den richtigen Becher überreicht.

Die Technologie dafür ist so billig geworden, daß die Coffee-Store-Kette damit zwei Tresenkräfte einsparen und die Kaffeemaschinen halbautomatisch betreiben kann. Lediglich eine weitere Servicekraft zum Überwachen der

Maschinen füllt von Zeit zu Zeit Kaffeebohnen und Milch nach und achtet auf die wenigen Fehlermeldungen der Maschinen. Nun können deutlich mehr Kunden in derselben Zeit abgefertigt werden. Da gerade zu den Stoßzeiten am Morgen und Nachmittag die Geschwindigkeit der Abfertigung für die meisten Gäste das wichtigste Kriterium für die Wahl des Cafés geworden ist, hatte die Kette das System enthusiastisch eingeführt und seine Kunden mit aggressiven Einführungspreisnachlässen geködert. Mittlerweile sind viele weitere Schnell- und Buffet-Restaurants darauf umgestiegen, um ihre Personalkosten weiter zu senken. Da die meisten Menschen in einer sich in rasendem Tempo verändernden Welt das Gewohnte, Verläßliche, Wiederholbare suchen und zudem nicht permanent an die allgegenwärtige Kommerzialisierung aller Lebensaspekte erinnert werden wollen, ist das »PayByWalk« genannte System ein riesiger Erfolg geworden.

In der Kanzlei

Robert läuft leicht mißmutig ins Bürogebäude. Die Zugangsschleuse registriert seinen funkbestückten Betriebsausweis und öffnet sich mit einem effizienten Surrgeräusch. Das Sicherheitssystem des Fahrstuhls fragt ebenfalls den Ausweis ab und markiert automatisch das richtige Stockwerk für Robert und die weiteren Zusteigenden. Wenn er in ein anderes Stockwerk seiner Firma wollte, konnte er immer noch die Etagenknöpfe benutzen, aber im Normalfall hält der Fahrstuhl für ihn auf der gewünschten Etage.

Worum es in der neuen Projektgruppe seines Arbeitgebers gehen soll, weiß Robert noch nicht. Es ist ihm auch einigermaßen egal. Er macht seine Arbeit gründlich, gewissenhaft und mit einem gewissen Hang zur Pedanterie, den seine Chefs offenbar zu schätzen wissen. Er trägt zwar den einstmals stolzen Titel eines Rechtsanwalts, doch er ist kein Anwalt des Rechts im Wortsinne. De facto ist er ein kleines Rädchen im Getriebe einer Großkanzlei, die vorwiegend Kunden am Schnittpunkt zwischen Konzernen und Behörden sowie öffentlichen Verwaltungen bedient.

Die Rechtsgebiete, mit denen er zu tun hat, sind meist wenig aufregend oder innovativ, aber dafür oft international, wenn etwa europäische oder chinesische Unternehmen sich um Aufträge von deutschen Behörden bemühen oder russische Staatsfirmen Probleme in Deutschland haben. Bekannt ist die Kanzlei für die Betreuung von Rückführungen einstmals privatisierter Infrastruktur in die öffentliche Hand und die Suche nach den sogenannten Leichen im Keller von Firmen, die zu Übernahme-Kandidaten geworden sind.

Der Meetingraum für heute heißt »Baikonur«. Der Chef hatte darauf bestanden, die Räume nach Raumfahrtstandorten zu benennen, wohl um ein Gefühl von Erhabenheit, Fortschritt und Hoffnung zu simulieren. Dementsprechend zeigen die beiden Displaywände auch verwaschene Schwarzweißbilder von Kosmonauten beim Training und einen Raketenstart aus längst vergangener Zeit. Die Abbildungen wechseln stündlich. Immerhin dekorativer als die endlosen Dokumentenseiten und Zusammenhangsgraphen, die sicher gleich darauf projiziert würden.

Im Raum sind nur zwei andere Kollegen, die wie Robert schon eine Weile in der Kanzlei arbeiten: Rafael ist Mathematiker. Er kommt ursprünglich aus Spanien und ist Spezialist für komplizierte Finanzierungsmodelle. Und Karola, die eigentlich vollwertige Anwältin ist, jedoch in der Kanzlei eine Art Feuerwehr-Rolle innehat. Immer wenn es irgendwo brennt, übernimmt sie das Kommando der Löschtrupps. Zwischendurch ist sie immer mal wieder auf Auslandseinsätzen, über die sie kaum im Detail spricht.

Robert weiß: Ihre Anwesenheit bedeutet, daß es nicht langweilig werden wird.

Pünktlich um 9.40 Uhr betritt der Chef den Raum. Im Gefolge hat er Barbara, seine unersetzliche Sekretärin, in Personalunion rechte Hand, externes Gedächtnis, Mädchen für alles und – soweit man dem Büroklatsch trauen kann – Geliebte. Des weiteren nehmen am Meeting zwei unbekannte Besucher und – zu Roberts freudiger Überraschung – Maria teil, die Praktikantin aus der Audit-Abteilung. Maria lächelt ihn kurz an und setzt sich dann ans andere Ende des Tisches, wo die Computersteuerungselemente sind. Der Chef geht zum Rollo-Schalter und fährt die Jalousien an den bis zum Boden reichenden Außenfenstern herunter. Dann eröffnet er die Sitzung. Auf den Displaywänden erscheint der Titel des Projekts: »Wostok«, russisch für »Osten«, gleichzeitig der Name der ersten Serie bemannter Raumschiffe, wie Robert dank der Raumfahrtmacke des Kanzleichefs weiß. Das Bild, das von Marias flinken Fingern auf die Wände geworfen wird, zeigt jedoch keine vertrauten Bilder: ein paar Wohncontainer und merkwürdige Bauten mitten in einer endlosen Schneewüste.

Der Chef setzt zu einer kurzen einleitenden Erklärung an: »Wostok ist eine Forschungsstation in der Antarktis, die so unzugänglich ist wie kaum eine andere menschliche Siedlung. Hier werden regelmäßig die kältesten Temperaturen auf dem Planeten gemessen, oft unter -80 Grad. Ich habe den Namen für diese Projektgruppe gewählt, weil Sie genauso isoliert arbeiten werden wie die Forscher dort. Ihre Tätigkeit unterliegt einer strengeren Geheimhaltung als alles, was Sie bisher gemacht haben – vielleicht mit Ausnahme von ein paar Sachen, die Karola erledigt hat. Ich muß Sie, bevor ich unsere beiden Besucher vorstelle, bitten, die besondere Geheimhaltungsvereinbarung zu unterschreiben, die auf Wunsch des Kunden ein wenig über das bisher in unserer Kanzlei Übliche hinausgeht.« Er verteilt einen Stapel fünfseitiger Dokumente in doppelter Ausfertigung unter den Anwesenden und wartet ungeduldig darauf, bis er sie unterschrieben zurückbekommt. Robert schaut nur kurz über die Klauseln, sie gehen wie angekündigt über das in der Kanzlei übliche Vertragswerk hinaus.

Er verschwendet keine Sekunde an den Gedanken, die Seiten in Ruhe zu lesen. Robert kann sich seinen Job gerade nicht aussuchen, und der Chef ist dafür bekannt, sehr nachtragend zu sein, wenn man seine Zeit über die Maßen in Anspruch nimmt oder sich gar einer Projektzuordnung verweigert. Dann kommt man ganz schnell auf eine Position innerhalb der Kanzlei, die nur dazu dienen soll, möglichst schnell reumütige Unterwerfung oder eine freiwillige Kündigung auszulösen. Verfolgung von Urheberrechtsverletzungen oder die Betreuung des Archivs waren solche Strafarbeiten, in seinem Alter und bei der derzeitigen Arbeitsmarktlage keine Option für Robert. Genauer lesen kann er die Erklärung ja später immer noch, sagt er sich. Beim Durchblättern hat er nur kurz Überschriften wie »Datenfreigabeerklärung« und »Transparenzverpflichtung« gesehen. Eine juristische Diskussion zum Thema Datenrecht hatte neulich im Anwaltsforum im Netz stattgefunden, er hatte sie aber nur überflogen.

Im Kern war es in dieser Diskussion darum gegangen, daß ein Berater oder auch Beamter, der mit besonders heiklen Aufgaben betraut wurde, für die Zeit des Projektes zur kompletten Datentransparenz gegenüber dem Auftraggeber verpflichtet wurde. Dieser bekam einen speziellen Zugangscode, um Lesezugriff auf das gesamte digitale Leben des Betroffenen zu erhalten. Nach dem faktischen Scheitern des ersten Versuches der Ausgabe eines digitalen Personalausweises vor ein paar Jahren hatte sich die Regierung beim zweiten Versuch weitaus schlauer angestellt.

Zusammen mit der allgemeinen Umstellung auf das neue Internet-Protokoll »IPv6« war 2017 eine Registrierungspflicht für alle netzwerkfähigen Geräte eingeführt worden. Das war zwar nicht ohne Proteste möglich gewesen, aber die neue Bedrohung durch die sogenannten Öko-Extremisten und die tatkräftige Unterstützung durch die Wirtschaft hatten ihr übriges getan. Jedes Telefon, jeder Computer, jedes Auto war seitdem auf eine Person oder Institution digital registriert und hatte eine permanente Internet-Adresse bekommen. Ein paar Youngster-Hacker und die anderen üblichen Verdächtigen hatten selbstverständlich Wege gefunden, die Registrierung und Zuordung zu unterlaufen. Für den größten Teil der Bevölkerung gab es jedoch kein Entkommen, wenn man nicht besonders begütert war oder sich mit sinistren Gestalten abgeben wollte.

Der Zugriff auf die Nutzerdaten hinter einer IP-Adresse ist zwar für Privatunternehmen streng reguliert, hatte Robert auf dem Anwaltsforum gelernt. Datenrecht war keines seiner bevorzugten Rechtsgebiete im von ihm gewählten Schnellstudiengang gewesen. Aber er hatte gelesen, daß ein soziales Netzwerk nicht den Klarnamen oder die Wohnadresse zu einer IP-Adresse abfragen durfte, sondern nur das Alter. Jeder Nutzer kann sich außerdem mit einem Pseudonym anmelden. Für die Sicherheitsbehörden und die neugegründeten Präventionseinheiten gibt es solche Hürden allerdings nicht. Auch der Fall, daß ein Erwachsener freiwillig vertraglich einwilligt, seine eigenen Daten freizugeben, ist rechtlich vorgesehen. Wenn also eine Person selbst eine Datenfreigabe- und Transparenzeinwilligung abgibt, kann der in der Einwilligung benannte Bevollmächtigte über die IP-Adresse alle Formen der Netznutzung nachvollziehen und über die Aufzeichnung der Bestätigungsanfragen an den Registrierungsserver eine vollständige Liste aller Accounts bei allen Online-Diensten erstellen lassen, um dort wiederum mit dem Einwilligungszugangscode die Daten abzufragen.

Soziale Netzwerke, Bewegungsdaten, Bezahlvorgänge, Kommunikationsverhalten, sogar einige medizinische Informationen – alles wird dann automatisch dem Bevollmächtigten offengelegt. Die sozialen Netzwerke hatten dafür eigens Informationsprotokolle vorgesehen, über die alle Kontakte von der Transparenzregelung automatisch Kenntnis bekommen. Das Profil des Betroffenen wird zusätzlich mit einem kleinen farbigen Merkmal dauerhaft gekennzeichnet.

Ursprünglich waren die juristischen und technischen Mechanismen der Einwilligungserklärung als Abschreckung gegen Korruptionsdelikte und wildgewordene Banker, aber auch für Straftäter standardisiert und eingeführt worden. Wer sich komplett transparent machen muß, so die Überlegung, hat es schwerer, sich bestechen zu lassen, auf eigene Rechnung mit Kundengeldern zu zocken oder andere strafbare Handlungen vorzunehmen. In den letzten zwei Jahren war die Anwendung jedoch immer mehr auch auf die Privatwirtschaft ausgeweitet worden, um Industriespionage zu verhindern und mögliche Erpreßbarkeitspotentiale von kritischen Mitarbeitern rechtzeitig zu entdecken.

Angefangen hatte das alles vor vielen Jahren mit dem sogenannten Sarbanes Oxley Act 2002 in den USA. Ein Teil dieses umfangreichen Gesetzespaketes verpflichtete Banken und Finanzdienstleister, die gesamte unternehmensinterne Kommunikation und die Kundengespräche aufzuzeichnen und unter bestimmten Voraussetzungen zugänglich zu machen. Robert hatte mehrere Artikel darüber gelesen. Auslöser war damals der Enron-Skandal, der aus seiner Sicht in der Rückschau der Finanzkatastrophen der letzten achtzehn Jahre eher niedlich und unbedeutend erschien. Seitdem hatte eine Serie von Gesetzen und Verordnungen zum Schutz von Aktionären alle börsennotierten Unternehmen zu einer vollständigen Archivierung und Analyse von allem verpflichtet, was ihre Angestellten während der Arbeitszeit taten.

International setzten sich immer mehr solcher Regelungen durch. Nach und nach waren dann Rechtskonstrukte gefunden worden, die per Einverständniserklärung, wie sie Robert gerade unterschrieben hatte, auch den zeitweisen Zugriff auf die Freizeitaktivitäten des Mitarbeiters erlaubten. Begründet wurde dies anfangs mit dem praktischen Problem, daß die besonders kriminellen Banker ihre Betrügereien und Insider-Geschäfte über private E-Mailaccounts und Telefone erledigen. Die Idee fand Nachahmer und hatte sich dann auf andere Bereiche ausgeweitet.

Die allgegenwärtige Aufzeichnung und Auswertung aller digitalen Arbeitsvorgänge hatten die Gewerkschaften zwar in einigen Branchen verhindern oder bremsen können. Dort, wo viel Geld oder wirklich wertvolle Informationen bewegt werden, etwa in Banken, Anwaltskanzleien und Beratungsunternehmen, gehört sie jedoch längst zum Alltag. Der Anpassungsdruck auf die oftmals pseudoselbständigen Mitarbeiter ist gewaltig, nur wenige können es sich noch leisten, entsprechende Ansinnen abzulehnen – zumal die Anzahl der Firmen, die darauf verzichten, ihre Mitarbeiter per algorithmischer Auswertung zu überwachen, stetig kleiner wird. Schließlich schaut ja in der Regel kein Mensch, sondern nur ein Computer auf die Rohdaten, solange es keine Auffälligkeiten gibt. Doch wenn etwas vom Normalen Abweichendes passiert sind die Anschuldigungen schnell zur Hand, daß keine Vorkehrungen nach dem üblichen Stand der Technik ergriffen worden seien.

Der Chef räuspert sich. Robert schreckt aus seinen Gedanken hoch. Zuerst stellt der Chef reihum die Mitarbeiter der Kanzlei vor. Zu Roberts freudiger Überraschung wird

Maria als festangestellte Spezialistin für Buchhaltungsforensik vorgestellt, was bedeutete, daß sie nicht länger Praktikantin, sondern wohl vor kurzem endlich richtige Mitarbeiterin der Kanzlei geworden ist. Die übliche Praxis, voll ausgebildete Absolventinnen, besonders aber die Schnellgangstudenten, jahrelang als Praktikantinnen auszubeuten, ist leider auch in Roberts Kanzlei verbreitet.

Die Kanzlei hatte sich vor einigen Monaten bei der größten Plattform zur Vermittlung von Praktikanten registriert. Durch den guten Ruf standen die unbezahlten Arbeitskräfte regelrecht Schlange. Robert hatte im Auftrag des Chefs die gewünschten Eigenschaften der Praktikanten detailliert angegeben, automatisiert wurde der Kanzlei nun wochenaktuell ein Kandidat vorgestellt. Üblicherweise wurde vor den morgendlichen Meetings auf den Displaywänden ein Spot von etwa einer Minute gezeigt, der die Vorzüge des Kandidaten in kurzen Worten und vielen Bildern verdeutlichte.

Der Chef wendet sich nun an die beiden ausgesprochen unauffälligen Besucher und bittet sie, sich selbst vorzustellen. Er bedeutet gleichzeitig Maria mit einer Handbewegung, die Aufzeichnung zu stoppen, die in dem Besprechungsraum üblicherweise automatisch aktiviert ist. Das System erstellt sonst für die Kanzlei-Meetings unmittelbar nach Ende der Treffen ein schriftliches Protokoll. Offenbar möchte der Chef heute keinen Mitschnitt.

Der ältere der beiden Besucher, gutsitzender Anzug, graumeliertes Haar, ergreift das Wort. Er hat eine tiefe, leicht heisere Stimme: »Mein Name ist Frank Maxson, mein Kollege hier heißt Jules Veith. Wir sind Partner bei Decenture & Bridges, wie Sie sicher wissen, die größte Unternehmensberatung in der westlichen Welt. Wir vertreten hier die Interessen eines großen Klienten aus der BioPharm-Branche. Wir arbeiten an einer Firmenübernahme, bei der Ihre Gruppe einen Teil der Due dilligence übernehmen soll.« Due dilligence ist die Tiefenprüfung einer Firma, die zum Verkauf steht, durch Berater und Anwälte. Es geht darum, alle Aspekte zu durchleuchten, die dem Käufer später eventuell Schwierigkeiten bereiten könnten. Maxson fährt fort: »Die Übernahme, um die es hier geht, entspricht etwa fünfzehn Prozent des Gesamtumsatzes des BioPharm-Marktes, daher müssen wir außergewöhnlich strenge Sicherheitsvorkehrungen für die gesamte Transaktion einhalten. Ich denke, Sie haben dafür Verständnis.«

Er geht nach vorn zu Maria, aber anstatt ihr wie erwartet die Adresse eines Online-Dokumentendienstes mit der entsprechenden Projekt-ID zu geben, reicht er ihr einen Speicherstick und tippt ein langes Paßwort ein, als die entsprechende Abfrage erscheint. Das ist ungewöhnlich. Offline-Dokumententransfers sieht man nur noch in Ausnahmefällen. Falls nicht ohnehin schon alle hellwach und aufmerksam gewesen wären, gibt es nun keinen Zweifel mehr, daß hier etwas Ungewöhnliches vor sich geht.

Die Displaywände füllen sich mit Dokumenten und Übersichtsgraphiken. Jules Veith, der bisher geschwiegen hatte, nimmt noch einen Schluck aus seiner Teetasse und beginnt zu erläutern. Der Konzern Ziba plant, die vor acht Jahren als Start-up gegründete Firma CleanSteak zu übernehmen, die vor drei Jahren als erste mit von den Ernährungsforschern enthusiastisch gefeierten laborgezüchtetem Fleisch auf den Markt gegangen war. Die CleanSteak-Investoren und -Gründer sind sich im Grunde bereits mit Ziba handelseinig. Es geht jetzt nur noch darum, daß keine allzu großen Leichen im Keller des Start-ups schlummern, die den Kaufpreis beeinflussen oder den gesamten Deal gefährden könnten. Beide Unternehmen haben sich auf Decenture & Bridges als neutralen Prüfer geeinigt, da CleanSteak natürlich Industriespionage im Zuge der Due dilligence zu verhindern sucht. Mit dem Auftrag hat Decenture die Vollmacht zum Einblick in sämtliche Datenbestände von CleanSteak erhalten.

Robert sind solche Vorgänge aufgrund seiner Arbeit nicht neu: Es geht darum, Verträge, Aktienpakete, Vorzugsvereinbarungen, Subventionen und die vielen kleinen Deals und Unregelmäßigkeiten zu durchleuchten, die sich im Laufe einer Unternehmensgeschichte ansammeln. Die ganze Komplexität der modernen Geschäftswelt – soweit eben nichts Ungewohntes für die Kanzlei. Man sucht nach Schwachstellen in Vertragswerken, schätzt das Risiko von teuren und langwierigen Rechtsstreitigkeiten ein und erarbeitet daraus eine Liste von potentiellen Problembereichen, die der Käufer kennen sollte. Alles eher Routine. Robert fragt sich, wozu eine so große Beratungsfirma wie Decenture & Bridges ihre Kanzlei anheuert, eigentlich sollten sie so einen Job problemlos allein erledigen können. Die Größe und Zusammensetzung ihres Teams läßt ihn vermuten, daß es um einen besonders heiklen Aspekt geht oder daß Decenture gerade anderweitig zu ausgebucht ist, um alle Details selbst zu klären.

Roberts Vermutung bestätigt sich, als der graumelierte Herr Maxson wieder zu sprechen beginnt. Decentures Abteilung für Due dilligence sei gerade ein wenig überlastet, weswegen man gern auf die Hilfe der Kanzlei zurückgreife, die ja in der Branche einen guten Ruf habe. Außerdem sei es aus verschiedenen Gründen hilfreich, wenn gewisse Aspekte der Untersuchung abgetrennt stattfinden würden. Es gäbe da ein Problem, das die gesamte Transaktion gefährdet, sagt Maxson. Wichtige Datenbestände seien mysteriöserweise nicht mehr vorhanden oder unvollständig, einige Mitarbeiter des Unternehmens benähmen sich »merkwürdig«, wie er sich ausdrückt. Es gäbe außerdem im Netz Boykottaufrufe gegen CleanSteak von politischen Sympathisanten der Öko-Extremisten. Man muß also nebenbei auch mit laufenden staatlichen Extremismusermittlungen rechnen.

Ein paar der Öko-Aktivisten waren letzten Monat buchstäblich unter die Räder gekommen, als sie versucht hatten, die autonom fahrenden Großvolumen-Lieferfahrzeuge zwischen zwei Teilen einer CleanSteak-Biofabrik zu blokkieren, die Rohmaterialien von einer Anlage zur anderen transportieren. Die Aktivisten hatten sich dabei dummerweise darauf verlassen, daß die Personenerkennungsanlage, die Unfälle mit den vollautomatisierten Lastern verhindern soll, tatsächlich korrekt funktioniert. Die Computer waren jedoch zwei Wochen zuvor ausgeschaltet worden, weil es immer wieder Fehlalarme mit herumstreunenden Tieren gegeben hatte, die die Transporte aufhielten. Die Ironie, daß ausgerechnet echte, lebende Tiere zum Problem für eine Produktionsanlage für künstliches Fleisch geworden waren, fiel nur wenigen besonders sarkastischen Bloggern auf.

Das Ganze war kurz in der Presse hochgekocht, hatte es jedoch nicht zu einem vollwertigen Skandal geschafft, zumal die Präventionseinheiten ermittelten. Die Anlage steht zudem weit weg in der Ukraine, und die Aktivisten waren offensichtlich selbst schuld. Lediglich in einigen Ecken des Netzes gab es eine große Aufregung und hitzige Debatten, die schließlich in einem ungelenken Boykottaufruf mündeten.

Es ist schließlich schwierig, einen Konzern zu boykottieren, dessen Produkte praktisch überall in der Lebensmittelbranche verwendet werden und dessen Geschäftszweig aufgrund der Öko-Extremismusgesetze unter besonderem Schutz steht. Nach den auch »Wellenreuther-Gesetze« getauften Regelungen, die der damalige Innenminister 2016 nach den gewalttätigen Protesten gegen ein im Schnellverfahren genehmigtes Atomkraftwerk durchgesetzt hatte, war jede Blockade von Energie-, Lebensmittel-, Transport-,

Wasser- und Gesundheitsinfrastruktur ein extremistischer Angriff, der mit allen Mitteln, die sich der Staat nach dem 11. September 2001 zugänglich gemacht hatte, bekämpft werden durfte.

Die im gleichen Zuge gegründeten Präventionseinheiten haben polizeiliche Befugnisse und können offensive Informationsbeschaffung auch offen im Alltag durchführen. Sie verwenden dazu die sogenannten Dissenz-Algorithmen, die ursprünglich für die Wirtschaft entwickelt worden waren, um negative Meinungen über Produkte in Kommentaren und in der Mitarbeiter-Kommunikation auszumachen. Öffentliche Äußerungen sowie gespeicherte Telekommunikationsdaten werden nun von den zuständigen Präventionseinheiten mit Hilfe von Fahndungsparametern, die nach potentiell extremistischen Meinungen suchen, durchforstet. Die Software bietet dafür vorkonfigurierte Suchtermini und Wortverbindungen, aber auch auf Personenzusammenhänge angepaßte Erweiterungen an. Aufkeimende neue Oppositionsgruppen und andere Unzufriedene sollen so ausfindig gemacht und beobachtet werden, ehe sie sich zu extremistischen Gruppen formieren können.

CleanSteak hat einen insgesamt hervorragenden Ruf, da es als einziges Unternehmen tatsächlich schmackhafte Steaks und Filets produziert, die gut texturiert sind und objektiv gesehen besser schmecken als die normale Ware aus den umweltschädlichen Schweinefabriken. Selbst die Fraktion der Gewissensvegetarier, die aus ökologischen und ethischen Gründen kein Fleisch essen, hat Clean-Steaks-Produkte akzeptiert.

Die Proteste kommen wohl eher aus der Ecke der Verweigerer. Sie halten die ganze moderne Biotechnologie für gefährliches Teufelszeug und predigen statt dessen vegane Askese auf dem Niveau eines Dritte-Welt-Bewohners. Da fabriziertes Fleisch deutlich weniger Ressourcen verbraucht, billig ist, bei seiner Erzeugung keine Unmengen des Klimagases Methan aus den Rindermägen anfallen und es keine tierethischen Probleme gibt, war die Öko-Extremismusbewegung in dieser Frage gespalten.

Die Wochen ziehen ins Land. Robert und seine Kollegen vertiefen sich in die Terabytes der CleanSteak-Daten, die Frank Maxson mitgebracht hat, und beantworten daraus lange Listen von Fragen, die Decenture ihnen schickte. Die Deadline für den Abschluß der Due dilligence ist der 30. September, bis dahin muß sich das Team durch alle Aspekte ihres Auftrags durchgearbeitet und einen Bericht abgeliefert haben.

Die Unregelmäßigkeiten, die Maxson im ersten Meeting benannt hatte, lassen sich anhand von Strukturanalysen der CleanSteak-internen Dokumente gut nachvollziehen. Die Kanzlei hatte seit mehreren Jahren Lizenzen von zwei unglaublich teuren, aber auch sehr mächtigen Analyse-Softwarepaketen abonniert, die automatisch nach Anzeichen für Merkwürdigkeiten wie Lücken in Dokumenten-versionen, Bezüge auf Memos oder E-Mails, die nicht in den zugänglichen Daten enthalten waren, oder Buchungen ohne dazugehöriges Auftrags- und Vertragswerk suchten.

Ohne diese Hilfsmittel wäre die Aufgabe kaum zu bewältigen, Robert und seine Mitstreiter konzentrieren sich darauf, die von den Analyse-Algorithmen gefundenen Unstimmigkeiten zu überprüfen und entweder wegen erwiesener Harmlosigkeit ad acta zu legen oder intensiver nachzubohren. Das Muster, das sich abzeichnet, weist auf ein Forschungsprojekt, das CleanSteak offenbar geheimhalten will.

Ansonsten enthalten CleanSteaks Datenbestände keine großen Überraschungen. Es gab ein bißchen Untreue und ein wenig Bestechung im Einkaufsmanagement – gezahlt wurde das Schmiergeld halbwegs elegant über eine eigens dafür eingerichtete Stiftung des Lieferanten, die dem Lebensgefährten des Einkaufschefs schlechte Skulpturen für überzogene Preise abkaufte. Ein Produktionsleiter ließ sich von der Firma ein kleines Appartement bezahlen – komplett legal, abgesegnet von einem Vorstand. Es gab ein paar Unregelmäßigkeiten mit rückdatierten Aktienoptionen aus der Frühzeit des Unternehmens, ein paar schräge Deals mit Risikofinanziers und Kreditgebern, als es zwischendurch mal finanziell eng geworden war. Darum hatte sich aber offenbar eine von CleanSteak beauftragte Anwaltskanzlei schon vor den Übernahmeverhandlungen gekümmert, die potentiellen Probleme waren bereits durch großzügige Zahlungen und Überlassungen von Aktienpaketen aus der Welt geschafft worden.

Veith und Maxson sind mit der Arbeit der Kanzlei zufrieden. Sie bemühen sich offenbar intensiv darum, die fehlenden Datenbestände von CleanSteak zu erhalten, zögern aber damit, wegen der vergleichsweise kleinen Vorkommnisse die ganz große Glocke zu läuten. Eine Warnung an den potentiellen Käufer Ziba auszusprechen hieße nämlich, daß dies ganz oben, am Verhandlungstisch der Vorstände, angesprochen werden müßte. Man werde Probleme auf der Arbeitsebene erledigen, lautet die Parole.

Frühherbst

Anfang September schließlich kommt Frank Maxson mit einem breiten Grinsen zum wöchentlichen Arbeitstreffen. Er hat einen Speicherstick in der Hand, der die Daten aus CleanSteaks internem Aufzeichnungssystem enthält, das die Firma vor ein paar Jahren in Vorbereitung eines später abgeblasenen Börsenganges installiert hatte. Daten aus diesen Systemen zu löschen ist nahezu unmöglich, sie sind daher

231

eine Goldmine für jede Due dilligence. Bis zur Deadline Ende September wird es noch mal ein ordentliches Stück Arbeit, um festzustellen, wo die Differenzen zwischen den Datenbeständen liegen, und diese dann zu analysieren. Die Nachrichten sind voll mit Meldungen zum zwanzigsten Jahrestag des 11. September. Die Unterschiedlichkeit von Roberts Freundeskreisen spiegelt sich in der automatischen Nachrichtenauswahl, die nicht nur von seinen eigenen Interessen, sondern auch von denen seiner Freunde gesteuert wird. Das Spektrum reicht von den üblichen staatstragend-offiziellen Meldungen, die vor der immer weiter steigenden Extremismus- und Terrorgefahr warnen und mehr Sicherheitsmaßnahmen und vor allem Wachsamkeit anmahnen, über melancholisch-wütende Beiträge, die nachdrücklich die Frage stellen, ob der ganze Sicherheitszirkus überhaupt noch gerechtfertigt ist, bis zu denen, die auf die in den letzten zwei Jahren vermehrt aufgetauchten Dokumente, Aufnahmen und Autobiographien von damals Verantwortlichen hinweisen, aus denen hervorgeht, wie aus 9 / 11 politisches Kapital geschlagen wurde und wer daran wie verdient hatte.

Robert selbst neigt der Ansicht zu, daß die Terrorgefahr grundsätzlich gern übertrieben wird, um den Sicherheitsbehörden die Techniken an die Hand zu geben, die sie zuerst teuer einkaufen müssen und die dann zur Unterdrückung des allgemeinen, manchmal auch militant werdenden Unmuts gerade unter der Jugend und den altersarmen Schichten verwendet werden. Es ist einfacher, ein neues Gesetz über den vereinfachten Zugriff der Polizei auf alle Daten zu einer Person mit der Abwehr von Terror, Extremismus oder illegalen Immigranten zu begründen, als die Wahrheit zu sagen, daß nämlich die weitaus überwiegende Anzahl der Zugriffe gegen wütende Youngster, Drogenkonsumenten und verarmte Rentner erfolgt. Speziell nach der umstritte-

nen Verabschiedung des Bildungskosten-Rückzahlungsge-
setzes, das de facto die Auswanderung aus der EU beschränkt, solange man seine Ausbildungskosten nicht abbe-
zahlt hat, und des vierten Gesundheitskostendämpfungs-
gesetzes gibt es immer wieder vereinzelte Hinweise auf sich
organisierende Untergrund-Widerstandsgruppen, vor allem im Netz. Dazu kommen die Öko-Extremisten, deren
Handeln intensiv beobachtet wird. Angesichts der drük-
kenden Datenübermacht der Sicherheitsbehörden bleibt es
jedoch offenbar bei isolierten Aktionen, hier und da auch
mal gegen Computer und Datennetze des Staates.

Robert hat sich auch nach Monaten noch nicht an das
Leben unter dem Vergrößerungsglas der Datenfreigabe-
und Transparenzerklärung gewöhnt, die alle Mitglieder
des Teams hatten unterzeichnen müssen. Sie wissen, daß
Jules Veith ihnen ständig über die virtuelle Schulter schaut,
jede ihrer digitalen Lebensäußerungen verfolgt und mit
algorithmischer Unterstützung auf Anzeichen von Verrat
oder Erpreßbarkeit untersucht.

Noch immer erwischt er sich dabei, wie er besonders die
öffentlichen Kameras über den Straßen, aber auch in den
Schluchten der Innenstadt als unangenehm empfindet.
Natürlich weiß er genug über die Technik, so daß ihm
bekannt ist, daß kein Mensch mehr auf die aufgezeichneten Filme sieht, sondern die Daten an die beiden großen
Bildanalysezentren der Stadt gesendet werden. Er hatte
letztes Jahr eine der Herstellerfirmen im Auftrag seiner
Kanzlei beraten, die solche Systeme anbietet.

Im vergangenen Jahrzehnt, das im Rückblick oft unter
dem Stichwort »Zweite Terrorfurcht-Dekade« beschrieben
wird, war der Markt der Entwickler von kombinierten Auf-
zeichnungs- und Gesichtserkennungssystemen enorm gewachsen. Der ungeheuren Nachfrage konnten die Firmen
jahrelang kaum nachkommen, im Schnitt war die Branche

um ein Drittel jährlich gewachsen. Dazu kam die zwischenzeitliche Umrüstung von der 2D- auf die 3D-Technik.

Roberts Kunde aus der Kanzlei hatte ihm etwas hämisch berichtet, wie die Hersteller sich diesen riesigen Markt erschlossen hatten, der nach wie vor durch die staatliche Nachfrage getrieben war. Die abgestimmten Marketingkampagnen der Hersteller hatten nämlich in breiten empirischen Tests nachweisen können, daß die dreidimensionale Gesichtserkennung für arabische und asiatische männliche Gesichter weit besser funktioniert. Mit dem Argument dieser signifikant besseren Erkennungsraten war der Verkauf und die Umrüstung von biometrischen Grenzkontrollsystemen wie geschmiert gelaufen.

Das Gefühl, von den an den Mautbrücken und den beweglichen Verkehrsleitsystemen angebrachten digitalen 3D-Augen angesehen zu werden, ist Robert in den letzten Monaten jedenfalls nicht mehr losgeworden. Er weiß: Da die Kameras mit den Lokationsdaten einiger Vertragspartner aus der Mobiltelefonbranche gefüttert werden, ist die Wahrscheinlichkeit nicht gering, daß das Telefon in seiner Tasche die Aufmerksamkeit der Systeme auf sich zieht.

Robert hat auch deshalb vorsorglich einen höchst peinlichen Gang zu seinem Chef angetreten, bevor er ernsthaft mit Maria anbandelte, nur um sicherzugehen, daß der Kunde das Ganze nicht fehlinterpretiert. Er machte sich keine Illusionen, daß sie ihre aufkeimende Beziehung hätten komplett verbergen können. Das Gespräch mit dem Chef war zum Glück komplikationslos verlaufen. Der hatte die verschämte Frage sofort verstanden und ihm dann per E-Mail – damit alles dokumentiert war – versichert, daß das schon in Ordnung und kein Verstoß gegen die Ethik-Richtlinien der Kanzlei sei. Und so gebe es wenigstens kein Risiko, daß beim Bettgeflüster etwas gegenüber Unbefugten offenbart würde. Trotzdem fühlte sich das Ganze für

Robert an wie Mittelalter, der Gang zum Lehnsherrn für die Heiratsgenehmigung.

Sein Leben ist eine seltsame Achterbahnfahrt geworden. Einerseits ist er mit Maria in einer Weise glücklich, die ihm schon lange gefehlt hat. Andererseits ist er tageweise depressiv und verstimmt. Veiths Paranoia ist von einer klinischen Effizienz, die auf lange Erfahrung schließen läßt. Er hatte schon im Frühsommer, zwei Wochen nach Projektstart, jedem der Mitarbeiter in einem Einzelgespräch seine elektronische Allmacht demonstriert. Offenbar fand er Gefallen daran, ein Leben anhand von dessen digitalen Spuren zu sezieren und auf Auffälligkeiten abzuklopfen. Robert konfrontierte er mit Fragen zu seinem Börsen-Spielverhalten, bei dem er vor ein paar Jahren mal nennenswerte Summen gewonnen und verloren hatte. Und – viel erschreckender – er legte ihm zwei Bilder der seltsamen lesenden Frau im Overall vor, die er einige Wochen zuvor im Bus getroffen hatte. Was er mit ihr zu tun habe, was er über sie wisse und wie lange er sie schon kenne? Veiths Algorithmen hatten einen Verdacht ausgespuckt, der darauf beruhte, daß die Aufenthaltsdaten der Frau – Alexandra mit Namen, wie er Veiths Fragen entnehmen konnte – mehrere Male pro Monat mit Roberts korrelierten.

Der Alarm wurde ausgelöst, weil sie in den Datenbanken der Decenture-Konzernsicherheit als Extremistin registriert war, die schon im Kontext mehrerer Aufträge in den Verdacht von Agitation und kleineren Aktionen gegen die Interessen von Klienten des Unternehmens in Erscheinung getreten war. Robert bestritt in dem Gespräch natürlich jeglichen Kontakt zu oder Zusammenhang mit ihr und verwies darauf, daß sie offenbar in der gleichen Gegend wie er wohne und die Aufenthaltskorrelationen nur an öffentlichen Orten – Verkehrsmitteln, dem Shopping-Center, dem Parkcafé – auftraten.

Woher Veith Zugang auch zu ihren Aufenthaltsdaten bekommen hat, fragt Robert wohlweislich erst gar nicht. Decenture ist dafür bekannt, exzellente Kontakte zu den Sicherheitsbehörden zu haben und auch schon mal auf nicht gänzlich legale Tricks zur Informationsbeschaffung zuzugreifen. Und natürlich sagt Robert kein Wort darüber, daß er sie bei ihren gelegentlichen Begegnungen interessiert ansah, aber bisher zu feige war, sie anzusprechen, und verschwieg selbstverständlich auch das Detail mit der Nahverkehrszauberkarte. Ein Gespräch mit ihr mußte warten, bis dieses Projekt zu Ende war und er nicht mehr unter Datenbeobachtung stand.

Treffer

Marias Wohnung, die sie sich mit einer Freundin teilt, liegt weiter weg vom Büro als Roberts eigene Bleibe, aber dafür hat sie einen Balkon auf einen ruhigen Hinterhof. Sie übernachten öfter dort als bei Robert. Maria mochte sein modernes, durchtechnisiertes Appartement mit den vielen Displays und den pseudointelligenten Vorrichtungen nicht besonders, die er sich in seiner Junggesellenzeit aus Faulheit und Langeweile hatte installieren lassen. Sie bevorzugt eine elegante Schlichtheit und die neue Generation langlebiger Haushaltsgegenstände, die neuerdings auch aus China kommen, nachdem Öl und Metalle zu knapp für die schnellebigen Produktzyklen geworden waren, die noch das letzte Jahrzehnt dominiert hatten.

Das spätsommerliche Wetter macht die gemeinsame Radtour ins Büro zu einem schönen Tagesbeginn. An der vor kurzem erst eingeweihten Fahrradstraße ins Zentrum lauert wieder eine Präventionseinheit für eine allgemeine Personenkontrolle, die in den letzten Monaten so häufig geworden sind. Gerade Radfahrer kommen besonders in den Fokus der Aufmerksamkeit, da sie schwer mit dem Raster der allgemeinen Überwachungssysteme zu erfassen sind. Weder die Kameras und personalisierten Fahrkarten in den öffentlichen Verkehrsmitteln noch die Straßenkameras und Innenstadt-Mautsysteme konnten den Aufenthaltsort eines Radfahrers feststellen, wenn er sein Telefon und seinen Fitneß-Tracker abgeschaltet hat.

Da die Öko-Extremisten im Rufe stehen, bevorzugt Fahrräder zu verwenden, hoffen die Präventionseinheiten, durch solche Kontrollen an den Hauptfahrradrouten gesuchte Verdächtige zu fassen. Zwar liefern auch die Daten der 3D-Gesichtserkennung der beweglichen Verkehrsleitsysteme hin und wieder Inputs für die automatische Fahndung, aber es ist längst allgemein bekannt, daß Sonnenbrillen und Mützen auch gegen die dreidimensionale Erfassung helfen.

Der Kontrollpunkt besteht aus einem über dem Radweg errichteten Portal, in das Kameras zur Gesichtserkennung und Lesesysteme für die Personalausweise und andere Identitätskarten eingebaut sind. Ausgelesen wird auch die elektronische Rahmennummer des Fahrrades, die für alle neu verkauften Räder seit drei Jahren verpflichtend ist. Allerdings werden so kaum Fahrraddiebe gefangen, die zerstören nämlich kurzerhand die Antenne des Rahmennummer-Chips so, daß es aussieht wie eine der häufig auftretenden zufälligen Beschädigungen.

Fünfzig Meter hinter dem Kontrollportal steht ein Greiftrupp der Präventionseinheit bereit, um Radfahrer abzufangen, bei denen die Datenbankabfragen nach den multiplen Scans und Identifikationen auffällig sind. Die Greiftrupps müssen, anders als der Name suggeriert, kaum mal jemanden wirklich ergreifen. Eine optische Signalanlage weist suspekte Radfahrer auf die individuelle Kontrolle hin. Schon wegen der gefürchteten Taser, die zu unangenehmen Stürzen führen können, halten die Leute freiwillig an. Die Taser – eine hochfrequente Elektrowaffe – waren aus Amerika nach Europa importiert worden, nachdem sie dort bereits über zehn Jahre im Einsatz waren, wobei es immer wieder auch Todesfälle gegeben hatte.

Robert und Maria rollen fast zeitgleich durch das Kontrollportal. Ihre Räder haben elektronische Rahmennummern, sie sind natürlich ganz legal im Geschäft erworben. Also sind sie nicht zur Fahndung ausgeschrieben, kein Anlaß zur Sorge. Auf dem Terminal im gepanzerten Kleinbus der Präventionseinheit erscheint – für sie von außen nicht sichtbar – ein blauer Punkt neben ihren Datensätzen, das Kennzeichen für eine Registrierungsvormerkung. Das optische Stopzeichen leuchtet aber nicht für sie.

Wann immer sie durch eine polizeiliche Kontrolle kommen oder ihre Gesichter durch eine staatliche Kamera erfaßt und erkannt werden, wird dies vermerkt. Sie sind keines Verbrechens verdächtig und haben sich auch nichts zuschulden kommen lassen, es gibt jedoch offenbar irgendeine Behörde, die gern immer informiert werden möchte, wenn sie in Kontakt mit der Staatsmacht kommen. Jules Veith hat über seine Exkollegen beim staatlichen Büro für Wirtschaftssicherheit die Registrierungsvormerkung arrangiert, als offizielle Begründung dient die große ökonomische Bedeutung der Ziba-CleanSteak-Übernahme für das Land, die vor Bedrohungen geschützt werden muß. Obendrein steht die Lebensmittelbranche unter dem speziellen Schutz der Wellenreuther-Gesetze für besonders schutzwürdige Branchen, die äußerst dehnbar ausgelegt werden können.

Im Büro angekommen, machen sich Robert und Maria voller Neugierde an die Analyse der Dokumente, die CleanSteak offenbar geheimhalten wollte. Das Bild wird allmählich klarer. CleanSteak betreibt schon über viele Jahre hinweg eine interne Forschungsabteilung, die zum einen die gesundheitlichen Auswirkungen seiner Produkte auf den Verbraucher weit über das behördlich vorgeschriebene Maß analysiert. Zum anderen arbeitet die Abteilung daran, die Produkte auf positive Gesundheitseffekte hin zu optimieren. Die nächste Generation CleanSteaks sollte noch gesünder, noch wohlschmeckender sein, so die offizielle Aufgabe der Abteilung.

Marias Blick bleibt auf dem Budget der Abteilung hängen. Der Leiter der Forschungsabteilung ist eine Koryphäe für Medizinstatistik. Es gibt diverse Aufträge an externe Analyseinstitute, die Massentests an Mitgliedern von CleanSteak-Fangruppen vornehmen. Diese werden mit großzügigen Produkt-Paketen geködert, um ein wenig Blut abzugeben und die Meßwerte aus ihren Fitneß-Trackern für Analysezwecke zur Verfügung zu stellen.

Merkwürdigerweise fehlen in den CleanSteak-Daten jedoch sowohl die genaue Auftragsbeschreibung als auch die Ergebnisberichte für etwa ein Zehntel der Testreihen. Marias Jagdinstinkt ist geweckt. Sie gräbt weiter, sucht nach zeitlich passenden Kommunikationsvorgängen und Buchungen. Als sie schließlich in einem Archivordner des Vorstandes fündig wird, empfindet sie ein Gefühl aufsteigender Panik. Sie wird bleich. In einem Memo, das offenbar versehentlich über ein System verschickt wurde, das von Clean-Steaks Aufzeichnungssystem erfaßt wird, findet sich eine Zusammenfassung der Ergebnisse des mysteriösen Forschungsprogramms. Alle weitere Kommunikation über das Projekt muß offenbar über andere Kanäle gelaufen sein.

Robert spürt Marias entsetzten Blick und läuft zu ihren Bildschirmen. Wortlos zeigt sie auf die Zusammenfassung des Memos. CleanSteaks »Farmers Pride Premium Beef«-Produktlinie ist irgendwann im Laufe der Anpassung und Optimierung der Zellkulturen für die Produktion mit einem bisher kaum bekannten Virus infiziert worden, der sich trotz aller Bemühungen nicht aus der Produktionslinie ausmerzen ließ.

Das Virus infiziert auch Menschen und führt dort bei etwa einem Fünftel der Betroffenen zu einer deutlich erhöhten Neigung zu Fettleibigkeit. CleanSteak hat sogar die Identifizierungsmarkierungen für die genetische Veranlagung ermittelt, bei denen das Virus zur Fettsucht führt. Seit Februar dieses Jahres hatte der CleanSteak-Vorstand Kenntnis von dem Problem, die Produktion war trotzdem nicht angehalten worden. »Farmers Pride Premium Beef« ist schließlich das wichtigste Produkt, das mehr als die Hälfte des Firmenumsatzes garantiert.

»Laß uns mal was essen gehen, bevor es wieder so voll wird.« Roberts Stimme klingt ein wenig gepreßt. Schweigend schnappt sich Maria ihre Jacke. Sie gehen zum Fahrstuhl und holen ihre Räder aus dem Abstellraum im Keller der Kanzlei. Auf dem Weg zu ihrem üblichen Sommer-Imbiß im Park hält Maria an einer Parkbank und schaut Robert fragend an. Sie stellt ihr Fahrrad an einem Baum ab, schließt es an und schiebt demonstrativ ihr Telefon in die Satteltasche, bevor sie sich ein dutzend Meter weiter weg auf eine Bank setzt. Robert folgt ihrem Beispiel. Seinen Fitneß-Tracker hat er ohnehin schon im Büro gelassen.

»Die werden den ganzen Deal abblasen. Wenn das rauskommt, sind die Laborfarmer pleite.« Robert denkt insgeheim, daß sie es nicht besser verdient hätten. Schaudernd blickt er in die Bäume. Man findet nicht jeden Tag ein Dokument, das potentiell einen Acht-Milliarden-Deal platzen läßt. »Und was, wenn nicht?« Maria hat während des Studiums im Bereich Produkthaftungsrecht gearbeitet und kennt genügend Fälle, in denen massive Mängel und Sicherheitsprobleme unter den Tisch gekehrt wurden, um Unternehmensgewinne nicht zu gefährden.

»Der Veith hat uns unter dem Mikroskop. Wir müssen ihm spätestens heute abend Bescheid geben, sonst machen wir uns verdächtig.« Robert überlegt fieberhaft. »Wir brauchen eine Kopie von dem Memo, für den Fall das Ziba das Virus egal ist. Aus dem System bekommen wir nichts rauskopiert, ohne Spuren zu hinterlassen. Ich habe noch ein altes Telefon in meinem Schreibtisch in der Firma, die Kamera darin sollte gut genug sein, um Fotos vom Bildschirm zu machen, die man noch halbwegs lesen kann. Wenn du dich an die Tür stellst und aufpaßt, daß niemand reinkommt, sollte das zu machen sein.« Zum Glück sind in der Kanzlei Überwachungskameras nur auf den Fluren und an den Türen installiert. In den Büros hat man bisher darauf verzichtet. Maria legt ihre Stirn in Falten, aber nickt dann doch zustimmend.

Beim nachfolgenden Mittagessen in der Kantine unterhalten sie sich über Belanglosigkeiten. Man kann schließlich nie wissen, wer am Nachbartisch sitzt, und den Telefonen in ihren Taschen trauen sie plötzlich auch nicht mehr. Rechtzeitig vor Ende der Mittagspause zurück in der Kanzlei, machen sie sich an die Arbeit. Maria stellt sich hinter die geschlossene Tür zu ihrem Büro, für den Fall, daß eines der anderen Teammitglieder vorzeitig zurück ist oder gar Veith oder Maxson überraschend auftauchen. Robert wartet nicht erst, bis das Telefon geladen ist, das Kabel des Ladegeräts ist lang genug. Die achtzehn Seiten des Memos passen auf neun Fotos, zur Sicherheit knipst er alles dreimal. Direkt danach kopiert er die Bilder auf die Speicherkarte des Telefons, die er Maria gibt, während er das Telefon in seine Sporttasche steckt.

Um keine Zeit zu verschwenden, machen sich die beiden sofort an das Verfassen des Resümees für Veith, Maxson und den Kanzleichef. Die anderen Teammitglieder haben sie mündlich informiert, niemand soll den Verdacht bekommen, sie würden etwas zurückhalten wollen. Da jeder ihrer Arbeitsschritte auf den Kanzleicomputern detailliert dokumentiert wird, werden sie nichts dabei riskieren. Das Memo am Bildschirm zu lesen, bevor sie den Bericht verfassen und abschicken, sollte keine heiklen Spuren hinterlassen haben.

Schon wenige Minuten nachdem Robert auf die Senden-Taste gedrückt hat, steht der Chef in ihrem Büro. Er hat den Bericht direkt gelesen und hektische Flecken am Hals. Maria kann nicht anders, sie schaut auf die leichte Wölbung über dem Gürtel ihres Chefs, der als echter Fitneßfanatiker gilt. Sie fragt sich insgeheim, ob er womöglich ein Betroffener sein könnte. Erst vor vier Wochen hatte er auf dem Firmen-Barbecue mit großer Freude »Farmers Pride Premium Beef« eigenhändig aufgelegt. Als selbsternannter Fortschritts- und Umweltfreund war er seit Anbeginn ein treuer CleanSteak-Advokat gewesen. Er hatte sich richtig gefreut, als seine Kanzlei den Auftrag bekam, beim Clean-Steak-Verkauf zu helfen. Der Schock steht ihm nun ins Gesicht geschrieben.

»Erklären Sie bitte mal kurz, wie Sie das Memo gefunden haben. Ich muß gleich Decenture anrufen, das ist ja eine Katastrophe!« Maria schaut zu Robert, er ist der Teamleiter. Seufzend erklärt Robert noch einmal die Schritte der Recherche und daß sie sich sehr sicher sein können, daß das Memo echt ist. Maria rutscht auf ihrem Stuhl hin und her. Sie kann die winzige Speicherkarte mit den Bildschirmfotos nicht spüren, die in ihrer Hosentasche steckt, und doch scheint es ihr, als wenn diese ein Loch in ihre Haut brennen würde.

Der Chef läuft nervös im Raum auf und ab. Schließlich zückt er sein Telefon. »Jules, komm sofort her. Bring Maxson mit. Ja, sofort. Es duldet keinen Aufschub. Nein, nicht am Telefon. Wir warten hier im Büro.« Soso, der Chef war per du mit Veith, denkt Robert.

Maxson und Veith brauchen nur eine knappe Stunde bis in die Kanzlei. Mit versteinertem Gesicht lauschen sie den Erläuterungen von Robert. Ein paar knappe Nachfragen von Maxson, mehr ist nicht nötig, um die Decenture-Vertreter ins Bild zu setzen. Auf Veiths Stirn hat sich eine steile Falte gebildet.»Ihr Team stellt sofort die Arbeit an dem Auftrag ein. Maria, Sie werden mir gleich beim Löschen aller CleanSteak-Datenbestände aus den Kanzlei-Systemen assistieren. Ich erinnere noch mal ausdrücklich an die erweiterte Vertraulichkeitserklärung, die Sie alle unterschrieben haben, und daran, daß jedwedes Nach-außen-Dringen von Informationen über diesen Vorgang eine Straftat darstellt. Die Transparenz- und Datenfreigabeerklärung, die Sie unterzeichnet haben, gilt noch für weitere achtzehn Monate.« Zum Chef gewandt fügt er hinzu:»Selbstverständlich erhalten Sie den Rest des vereinbarten Honorars. Vielleicht verwenden Sie einen Teil davon für einen Bonus für Ihre talentierten Mitarbeiter.«

Veith und Maria arbeiten danach gründlich. Kein Fitzelchen der CleanSteak-Daten bleibt auf den Rechnern der Kanzlei zurück. Das System der Kanzlei ist darauf ausgelegt, mit Daten verschiedener Kunden strikt getrennt zu arbeiten, auch die Sicherheitskopien sind separiert. Alle Rechercheergebnisse und Berichte kopiert Veith auf einen Speicherstick.

»Was passiert jetzt eigentlich weiter?« fragt Maria Veith, als er sich schon zum Gehen wendet.»Das entscheidet der Kunde. Wir werden ihm vermutlich raten, den Deal fallenzulassen, aber ich habe keine Ahnung, ob er unserem Rat folgt.« An der Tür dreht er sich noch mal um:»Und ich werde wohl erst mal eine Weile vegetarisch essen. Auf Wiedersehen.«

Wenige Tage später weckt Robert das morgendliche Nachrichtenprogramm mit der Meldung, daß Ziba aus nicht näher erläuterten Gründen die allgemein als sicher geltende Übernahme von CleanSteak abgeblasen hat. Die Aktienanalysten sind verwirrt, Zibas Einstieg in den Kunstfleischmarkt war eigentlich als überfällig betrachtet worden. Maria traut sich nicht, über die Firmennamen hinausgehende Suchworte für ihre Nachrichtenfilter zu konfigurieren, ihr ist sehr wohl bewußt, daß Veith wie ein Schießhund auf ihr Verhalten achten wird und alle ihre digitalen Lebensäußerungen überwacht. Am Abend lockt sie Robert ins Schwimmbad, hinter den Wasserfall am Sprudelbecken, wo ihnen garantiert niemand zuhören kann. Sie müssen irgend etwas tun, das schlechte Gewissen ob der mit jedem Tag weiter um sich greifenden schleichenden Infektion nagt an ihnen.

Ausweg

Robert hat eine Idee. Ein entfernter Bekannter, Martin, mit dem ihn keine nennenswerten Online-Spuren verbinden, ein ehemaliger Journalist, der sich jetzt als PR-Berater verdingt, reist regelmäßig nach Island. Das Land hat sich nach der zweiten Finanzkrise darauf verlegt, ein sicherer Hafen für Blogs, Zeitungen und Medien zu werden, die in ihrer Heimat wegen der strengen Antiterror- und Anti-Beleidigungsgesetze und den Urheberrechtsreformen keine ernsthaft investigativen Storys mehr publizieren können.

Anonym zu publizieren ist durch die allgemeine Registrierungspflicht für Computer und Telefone praktisch unmöglich geworden. Martin in seiner Stammkneipe unangemeldet abzupassen kostet Robert drei Abende. Er läßt seine elektronischen Geräte und Identitäten bei Maria, um

244

keine verdächtigen Spuren zu hinterlassen. Für jemand, der seine Datenschatten beobachtet, sieht es aus, als würde er sich mit seiner Freundin zu Hause verkrochen haben. Dann fährt er mit tief ins Gesicht gezogener Kapuze mit seinem alten Fahrrad, das noch keine elektronische Rahmennummer hat, zu der etwas vergammelten Kaschemme. Am Ende geht sein Plan auf, am dritten Abend kommt Martin kurz nach neun durch die Tür und ist durchaus erfreut, Robert »zufällig« zu treffen. Beim Bier erzählt ihm Robert eine wilde Geschichte, wie er angeblich an das Memo von CleanSteak gekommen sein soll. Martins Gesicht ist anzusehen, daß er ihm kein Wort glaubt. Die Speicherkarte mit dem mittlerweile wieder in Text umgewandelten Schreiben nimmt er trotzdem mit, um sie in Island an Felix von Lohenstein zu übergeben, der dort ein oft zynisches, aber gern gelesenes Skandalblog betreibt, das gelegentlich auch unterdrückte Nachrichten publiziert.

Von Lohensteins Blogbeitrag wenige Tage später wird außerhalb der Öko-Szene kaum wahrgenommen. Der Blogger hat das Memo nicht im Original publiziert, um seine Quelle zu schützen. Die auszugsweisen Zitate sind zwar vielsagend genug, die Wirkung bleibt jedoch auf eine gewisse Szene beschränkt. Das ändert sich erst, als eines Montagmorgens die Firmenzentrale von CleanSteak vollständig von einer extrem schnellwachsenden genmanipulierten Rankpflanze überwuchert ist, die sich nur mit brachialem, großflächigem Maschineneinsatz wieder entfernen läßt. Die schnellsprießenden Gewächse sind seit etwa zwei Jahren Teil des Waffenarsenals der Öko-Extremisten.

Diese haben also zugeschlagen, und sie haben eine Kopie des Memos den Bekennerschreiben an internationale Nachrichtenagenturen beigelegt, die sie ganz altmodisch auf Papier per gestohlenen und umfunktionierten Postfliegern zugestellt haben. CleanSteak bestreitet zwar für ein paar Stunden die Echtheit des Memos und prangert die gewissenlosen Öko-Extremisten an, die vor nichts zurückschreckten. Am Abend tritt jedoch der Vorstand geschlossen zurück und wird beim Verlassen des Gebäudes von der Polizei wegen schwerer Gefährdung der Lebensmittelsicherheit festgenommen. CleanSteaks Umsätze brechen praktisch über Nacht zusammen, die Firma ist nichts mehr wert. Hunderttausende Betroffene versuchen in der Folgezeit, Schadenersatzansprüche für ihre deutlich gestiegenen Krankenkassenkosten geltend zu machen.

Robert sieht Jules Veith Jahre später auf einer Fachkonferenz wieder, sie reden kein Wort miteinander. Veith schaut ihn jedoch lange an. Dann nickt er kaum sichtbar mit dem Kopf und geht weiter.

9. Das digitale Ich –
Praktische Wege zu einer neuen digitalen Mündigkeit

Innerhalb kurzer Zeit hat sich das Netz von einer esoterischen technischen Spielwiese zum zentralen Informationsraum entwickelt. Die Wahrnehmung der Identität, der Eigenschaften, des Rufs und der Fähigkeiten eines Menschen wird immer stärker von seinem digitalen Abbild bestimmt, von dem, was man über ihn aus Suchmaschinen, Datenbanken, Fotosammlungen und Profilseiten erfährt. Es gilt also, mit diesen neuen Gegebenheiten souverän und mündig umzugehen. Ein grundlegendes Verständnis der Mechanismen und ihre aktive Verwendung, aber auch weise Beschränkung und bewußtes Abwägen von Datenkosten und tatsächlichem Nutzen sind die Wege zum Ziel.

Mündigkeit ist die Befähigung zum selbständigen, eigenverantwortlichen Handeln. Die Änderung der Spielregeln, Gepflogenheiten und Mechanismen des Alltags durch das Heraufziehen des vernetzten Digitalzeitalters hat viele Menschen an ihrer Mündigkeit zweifeln lassen. Das hat auch mit der Komplexität der Technologien zu tun, deren Funktionsweise immer schwerer zu durchschauen ist. Es entstehen Zweifel an der eigenen Kompetenz, technische Entwicklungen einschätzen zu können. Auch die Wahrnehmung der neuen entstehenden Risiken ist dadurch beeinflußt.

Die Geschwindigkeit der Veränderungen, die Komplexität der neuen Strukturen und Möglichkeiten und besonders die Risiken für den eigenen souveränen Umgang mit den digitalen Informationen führen zu einer Verunsicherung, die sich nur langsam legt. Die Erarbeitung eines ganz persönlichen Standpunkts, vor allem zur Frage, wie viele und welche Daten jeder über sich preisgeben möchte und welche Vor- und Nachteile er daraus erwartet, wird zum Kern der neuen digitalen Mündigkeit. Es gibt keine allgemeingültigen Regeln, nur wenige Erfahrungen, kein Handbuch, dem man einfach folgt, damit alles wieder einfach und überschaubar wird. Doch es führt kein Weg daran vorbei, sich mit den Risiken und Möglichkeiten vertraut zu machen, seine ganz persönlichen Grundsätze zu entwickeln und diese dann auch durchzusetzen und manchmal auszuhalten.

Nur wenige Menschen wollen tatsächlich als Datenasketen leben, daher muß ein gesunder Mittelweg gefunden werden, die Datenspuren des eigenen Lebens unter Kontrolle zu halten. Vollständiger Verzicht auf die Annehmlichkeiten und Segnungen der Techniken ist nicht das Ziel, sondern das Erreichen einer realistischen Balance. In vielen Aspekten ist jeder Mensch vorrangig Verbraucher. Daß dies Macht impliziert, ist noch nicht jedem klar. Mit der eigenen Geldbörse und der Zweitwährung – Daten – entscheidet der Verbraucher über Wohl und Wehe von Unternehmen. Warum also nicht dort zahlen, wo mit den persönlichen Informationen respektvoll umgegangen wird?

Dabei helfen würde dem mündigen Verbraucher die von der Regierung bereits versprochene Stiftung Datenschutz. Diese könnte die Transparenz und Vergleichbarkeit zwischen Anbietern herstellen, die ein Nutzer braucht, um einfacher und schneller nach sinnvollen Kriterien entscheiden zu können, wem er welche Information anvertraut und welche Datenschutzrisiken er dabei einzugehen bereit ist. Übersichtliche Darstellungen der oftmals für Laien kaum verständlichen Regelungen in den allgemeinen Geschäftsbedingungen und Datenschutzerklärungen könnten dazu von Juristen der Stiftung Datenschutz erarbeitet werden.

Die Stiftung Warentest macht es für Waschmaschinen, Gartengeräte oder Babyschaukeln vor. Eine Stiftung Datenschutz muß natürlich auch Negativurteile vergeben können und nicht nur nichtssagende Gütesiegel. Das persönliche Kosten-Nutzen-Verhältnis und seine Prioritätenliste muß der Datengeber allerdings für sich selbst bestimmen.

Den sozialen Spielraum herausfinden

Es gibt im vernetzten Leben kaum absolute Kategorien von »richtig« oder »falsch«. Jeder entscheidet für sich, ob er mit billigen Gebrauchtwagen vom etwas undurchsichtigen Händler am Rande der Stadt gute Erfahrungen gemacht hat oder nur mit Neuwagen vom autorisierten Werksvertreter zufrieden sein wird. In der digitalen Welt verlieren sich aber die Anhaltspunkte, nach denen wir üblicherweise Risiken einschätzen. Einer virtuellen Verkaufsplattform oder Webseite sieht man nicht mehr an, ob der Autohändler aus einer dunklen Bruchbude an der Ausfallstraße operiert oder in einem glitzernden Neubau residiert.

Es muß natürlich jeder für sich selbst entscheiden, ob er ein Problem damit hat, daß viele vieles über ihn wissen können – oder er doch lieber ein wenig vorsichtiger mit seinen Daten umgeht. Mitbedacht werden müssen allerdings die »Kollateralschäden«, die man anderen Menschen durch die eigene freiwillige Datenweggabe zufügen kann. Die persönlichen Datentransparenzvorstellungen anderen zu oktroyieren stellt sich dabei nicht selten als Trugschluß heraus. Das schwule Großstadtpärchen findet es vielleicht anregend und risikolos, sich im Latex-Dress ganz offen auf einer Dating-Plattform zu präsentieren. Für jemanden mit ähnlichen Neigungen, der aus einer schwäbischen Kleinstadt kommt, sieht die Lage möglicherweise ganz anders aus, er und vielleicht auch seine Familienangehörigen brauchen vermutlich deutlich mehr Diskretion. Die letztjährige Studie »Gaydar« des Massachusetts Institute of Technology (MIT) wies darauf hin, daß diese Diskretion auch unbewußt ausgehebelt werden kann. Die Forscher hatten zeigen können, daß ihre Algorithmen die sexuelle Orientierung der Facebook-Nutzer nur anhand ihrer Freundeslisten vorhersagen konnten.

Das kleine Beispiel macht schon einen wichtigen Grundsatz deutlich: Man sollte sich über den sozialen Spielraum klarwerden, in dem man sich ganz real bewegt. Die impliziten und expliziten Normen des eigenen sozialen Umfelds sind ein erster wichtiger Anhaltspunkt für das, was man von sich und anderen im Netz preiszugeben bereit sein sollte. Die Annahme, der Nachbar oder die Chefin würde sich schon nicht auf der gleichen Dating-Plattform oder virtuellen Fetisch-Nische herumtreiben wie man selbst, ist möglicherweise leichtsinnig.

Der Unterschied zu früheren sozialen Normen: Hätte man den Nachbar in einem Sex-Shop oder beim Pokerturnier getroffen, wäre das Diskretionsbedürfnis früher wahrscheinlich ein gegenseitiges gewesen. Im Internet hingegen kann jeder sehen, ohne gesehen zu werden – auch über längere Zeiträume hinweg. Jugendliche entdecken diese Regel häufig, wenn ein Erziehungsberechtigter wider Erwarten die wilden Partybilder auf Facebook oder StudiVZ findet, die dort sorgenfrei hochgeladen wurden. Schlimmer noch, wenn es zur Gewißheit wird, daß Mama längst über den Tadel in der Schule und alles über die erste Liebe in den Sommerferien gelesen hat. Der Schock, daß plötzlich auch die nächste Verwandtschaft, vor allem die mit der Erziehungsberechtigung, die eigene Facebook-Seite oder das kleine Nischenblog liest, das doch eigentlich nur für die Freunde gedacht war, sitzt dann oft tief.

Man kann im Internet nicht mehr davon ausgehen, nicht gefunden zu werden, wenn man nicht explizite Mittel der Informationskontrolle, wie Zugangsbeschränkungen, Pseudonymisierung oder Anonymisierung, benutzt. Doch nicht nur der Zugang zur Information kann asymmetrisch sein, auch die Weitergabe kann erfolgen, ohne daß auf den Autor der Zeilen geschlossen werden kann. Wer aus der Schulklasse oder dem Kollegenkreis die kompromittierenden Fotos von der ausschweifenden Weihnachtsfeier hochgeladen hat, muß also nicht feststellbar sein.

Es gibt die Theorie, daß die Gesellschaft insgesamt transparenter, toleranter, verständnisvoller oder auch ignoranter gegenüber exzentrischem Verhalten, bunterem Liebesleben, bizarren Hobbies und abweichenden Ansichten wird, sobald das allgemeine Ausmaß des Nicht-normal-Seins für jedermann sichtbar wird. Mit vollkommener Transparenz des einzelnen käme auch die tolerante, offene Gesellschaft, in der niemand mehr wegen seines Andersseins diskriminiert wird, so die romantische Vorstellung.

Was die Protagonisten dieser Idee verkennen: Sie mag für einen kleinen, privilegierten Teil der Menschheit zutreffen, der in ohnehin toleranten – oder auch ignoranten – Großstädten und Milieus lebt. Für viele andere kann ein zwangsbeglückender Transparentmachungswahn schnell in die soziale oder persönliche Katastrophe führen. Dazu muß man nicht einmal Oppositionelle in politisch unerfreulichen Regimes als Beispiel heranziehen. Die Fälle von unerwünschter Offenlegung der allzu persönlichen Vorlieben, Details des Berufslebens oder der familiären Umstände können auch hierzulande gefährlich werden.

Die Serie von Selbstmorden junger Homosexueller in den USA, die per Internetvideo von Bekannten zwangsgeoutet wurden, ist ein deutlicher Hinweis darauf, daß die Idee einer »Post-Privacy«-Gesellschaft, in der jeder folgenlos alles über alle wissen kann, nur ein realitätsfernes Gedankenexperiment ist. Der soziale Spielraum, den der einzelne hat, ist geprägt von den spezifischen Vorstellungen von Moral, Ethik und auch der Religion seines Umfelds, seiner Erziehung, seinem Job und durch emotionale Bindungen, er ist nicht verallgemeinerbar und muß von jedem selbst herausgefunden und in seinem Sinne beeinflußt und berücksichtigt werden.

Datenkosten und Nutzen abwägen

Digitale Mündigkeit heißt jedoch eben nicht, zum Netzeremiten zu werden und die vielen neuen Möglichkeiten aus lauter Angst vor Problemen und Risiken nicht zu nutzen. Ein erster wichtiger Schritt ist, bei jedem Anlaß kurz zu überlegen, ob und wem gegenüber es gerade wirklich notwendig ist, Informationen preiszugeben, die eine Zuordnung zur eigenen Person ermöglichen – und welchen Gegenwert man dafür bekommt. Grundsätzlich sollte man es vermeiden, seinen Realnamen überhaupt zu verwenden, soweit dies möglich ist: Ein paar virtuelle Identitäten mehr als im realen Leben sind durchaus erstrebenswert und eröffnen manchmal erst Möglichkeiten.

Besonders bei statistisch seltenen Namen muß man eine Abwägung treffen, wann er angegeben wird oder nicht. Die Verwendung des eigenen Namens ist schließlich nur dann wirklich erforderlich, wenn ein Rechtsgeschäft zustande kommen soll, das nicht anonym oder pseudonym abgeschlossen werden kann. Die Adresse oder die Telefonnummer sind nur dann wirklich vonnöten, wenn eine Lieferung erfolgen soll oder Rückfragen üblich und sinnvoll sind. Oft genug verlangen die Webformulare der einzelnen Anbieter sogar das Geburtsdatum, wofür es de facto keinerlei Begründung außer Datengier gibt, denn eine Bestätigung der Volljährigkeit muß das konkrete Datum nicht einschließen. Das sind einfache Grundregeln. Sie basieren auf dem Wissen, daß die eigenen Daten einen finanziellen Wert haben, den es nicht ohne Grund zu verschenken gilt. Schwierig aber ist diese Abwägung bei Daten, die wir implizit oder gar unbemerkt nebenbei freigeben, etwa auf Profilseiten in sozialen Netzwerken, durch die Urlaubsbilder in Fotodiensten, Fragen zu Krankheiten in Betroffenenforen oder durch Suchbegriffe, Mobiltelefon-Tracking oder die Kombination von Online-Aktivitäten.

Elefantengedächtnis

Ein grundlegendes Problem ist das Elefantengedächtnis des Netzes. Ein Konzept des Vergessens, wie wir es bei Menschen kennen und zuweilen schätzen, ist hier nicht vorgesehen. Niemand kann vorhersagen, was mit den einmal preisgegebenen Informationen passiert und, vor allem, wer sie aus welchen Gründen mit anderen Daten in Zusammenhang bringt. Die kommerziellen Anbieter sichern sich in der Regel juristisch ab, um sich den legalen Zugriff auf alles Hochgeladene zu sichern. Facebook schreibt beispielsweise in seinen Geschäftsbedingungen schon lange fest, das unwiderrufliche Nutzungsrecht an allen veröffentlichten Daten, Bildern und Videos zu haben. Das gilt seit 2009 sogar für Nutzer, die ihren Account löschen.

War es heute noch risikolos, seine Bilder unter einem Phantasienamen bei Facebook oder der Foto-Plattform Flickr hochzuladen, wo sie unter den vielen Millionen anderen Bildern zu verschwinden scheinen, können durch die Weiterentwicklung von Gesichtserkennungstechnologien in Zukunft eine Vielzahl von Personen automatisch identifiziert werden. Bereits heute gibt es funktionierende Algorithmen, mit denen sich relativ gut alle Freunde innerhalb des eigenen Online-Fotoalbums automatisch erkennen lassen (siehe Kapitel 5).

Längst erlaubt die Google-Bildersuche das Filtern von Fotografien danach, ob ein oder mehrere Gesichter abgebildet sind. Der nächste, bereits angekündigte Schritt ist die algorithmische Suche nach männlichen oder weiblichen Gesichtern, ebenso wie die Unterscheidung nach dem ungefähren Alter des Abgebildeten. Da dies bereits in sehr naher Zukunft Realität sein wird, gilt es, dies heute schon beim Hochladen von Fotografien von Menschen im Hinterkopf zu haben.

Vor wem will ich was verbergen?

Die kritische Frage bei der Suche nach einer eigenen Balance, einem sinnvollen Umgehen mit den eigenen Daten ist: Was ist mir wirklich wichtig, welche Informationen will ich unbedingt für mich behalten? Die Definition dieses Kernbereiches wird nie statisch sein, sondern sich naturgemäß im Laufe des Lebens ändern. Zumindest ab und zu darüber zu reflektieren, wo man gerade die Grenzen zieht, gegenüber wem man welche Dinge keinesfalls offenlegen möchte, ist ein wichtiger Teil des Weges zur digitalen Mündigkeit.

Sich zu vergegenwärtigen, von wem möglicherweise Bedrohung, Unannehmlichkeiten oder soziale Probleme ausgehen könnten, ist Teil der Übung. Seinem Arzt oder Therapeuten vertraut man Dinge an, die man seinem Chef niemals offenbaren würde. Gute Freunde zeichnen sich eben auch dadurch aus, daß sie peinliche oder kompromittierende Details, die man ihnen preisgibt, für sich behalten. Die Überlegungen, welche Informationen bei wem gut

254

aufgehoben sind, werden nicht einfacher, je mehr soziale Netzwerke Teil unseres Lebens werden und je größer die Möglichkeiten werden, aus nebenbei oder unabsichtlich hinterlassenen Daten Rückschlüsse zu ziehen. Es hilft, die eigenen Absichten, die persönliche Definition des Kernbereiches aufzuschreiben, auch um später besser den eigenen Alltag reflektieren zu können. Ist die Gegenleistung, die ich für die Datenpreisgabe bekommen habe, wirklich adäquat? War es der kleine Verstoß gegen die selbstgestellten Regeln wirklich wert? Um sich dabei nicht in die eigene Tasche zu lügen, helfen ein paar Notizen.

Die Privatsphäre-Implikationen immer mitzudenken kann dann schnell zur Gewohnheit werden, die einen nicht stärker belastet als das gewohnte Aufpassen im Straßenverkehr oder die persönliche Hygiene. Wenn man öfter kritisch nachfragt, wozu ein Geschäft das Geburtsdatum erfassen will oder was die genauen Überwachungsfunktionen des neuen Computersystems am Arbeitsplatz sind, kann man auch zum Vorbild werden. Denn die meisten Menschen denken über solche Probleme nur nach, wenn sie konkret damit konfrontiert werden. Und wenn häufiger Kunden nachfragen, was die Datenerfassung soll, und sich beschweren, steigen die Chancen, daß sie eingestellt wird.

Werbe-Einflüsterungen widerstehen

Das Ziel von Werbung ist es, Wünsche zu wecken und uns zum Kauf von Produkten und Dienstleistungen zu verleiten. Menschen sind manipulierbar, Bedürfnisse lassen sich generieren. Das geschieht traditionell oft indirekt, über die Beeinflussung unserer Präferenz für bestimmte Marken durch Plakate, Fernsehwerbung, Zeitungsanzeigen, Radiospots oder auch durch Banner oder Filmchen auf Web-

seiten. Discounter und Direktvermarkter versuchen hingegen, ganz direkt einen Kaufanreiz durch Anpreisen eines
bestimmten Produktes – meist mit günstig erscheinendem
Preis – zu schaffen.

Schon immer waren die Werber bemüht, ihre Avancen
möglichst gezielt anzubringen. Bisher geschieht das durch
Plazierung im entsprechenden Umfeld, also durch Auswahl der entsprechenden Webseite, Zeitschrift oder Sende-
zeit. Doch nun kann man die Gewohnheiten der Nutzer
im Netz genau verfolgen, was erstmals die Möglichkeit
bietet, Werbung individuell zuzuschneiden und hochgra-
dig zielgenau zu schalten. Mehr und mehr verschwimmt
dadurch die Grenze zwischen Empfehlungen, Werbung,
Suchergebnissen und Orientierungshinweisen.

Kaum eine Information ist noch garantiert werbefrei,
und wir stehen erst am Anfang dieser Entwicklung. Gerade in sozialen Netzwerken ist es nur noch schwer möglich, herauszufinden, ob ein begeisterter oder abfälliger
Erfahrungsbericht über ein Produkt oder eine Dienstleistung tatsächlich echt, eine subtile Werbebotschaft oder
Gegenkampagne eines Konkurrenten ist. Da es noch wenig
soziale Normen und Regeln dafür gibt, ist die Gefahr groß,
daß ganze virtuelle Freundeskreise zur permanenten digitalen Tupperware-Verkaufsparty mutieren.

Eine weitere wesentliche Frage, die es zur Erlangung der
digitalen Mündigkeit zu beantworten gilt, ist daher, wie gut
wir wirklich noch den Einflüsterungen der Werbung widerstehen und tatsächlich noch freie Entscheidungen fällen
können. Je subtiler die Werbebotschaft, je weniger sie als
solche erkennbar ist, desto eher fallen wir darauf herein. Da
die Grenzen des optischen Flächenbombardements sowohl
im öffentlichen Raum als auch auf Webseiten mittlerweile
erreicht sind, verlagert sich der Fokus mehr und mehr auf
die Kontamination des täglichen persönlichen Informa-

tionsstroms. Längst geht es im Netz nicht mehr nur um Partizipation, Informationsaustausch und Unterhaltung. Es ist die Spielwiese vielfältiger kommerzieller Anbieter, die mit jedem Jahr mehr zum bloßen Wirtschaftsraum degradiert.

Google will zukünftig das Mobiltelefon zum Begleiter des alltäglichen Lebens ausbauen, das aus der aktuellen Geo-Position sowie aufgezeichnetem und automatisch ausgewertetem Kommunikations- und Suchverhalten von sich aus vorausahnt, was der Nutzer als nächstes tun will – und entsprechend mit Werbung durchsetzte Empfehlungen ausspricht. Empfohlen wird dann selbstverständlich in erster Linie das Restaurant, das dafür an Google bezahlt, nicht das, welches die besten Bewertungen erhalten hat. Irgendwoher müssen die stetig steigenden Gewinne des Unternehmens von zuletzt fast zwei Milliarden Dollar pro Quartal im Jahr 2010 ja kommen. Bereits seit der Gründung von Google sind Umsatzzuwächse im zweistelligen Prozentbereich zur Regel geworden.

Die bisher übliche Ausrede, daß Werbung doch so schlimm gar nicht sei, wird spätestens dann zur Farce, wenn man einen kritischen Blick auf die Unmengen sinnlosen Plunders wirft, der sich binnen weniger Jahre bei habituellen Online-Shop-Impulskäufern oder eBay-Junkies anhäuft. Die äußerst niedrige Kaufschwelle, kombiniert mit entlohnten Empfehlungen, Bewertungen oder gekauften Suchergebnis-Plazierungen, verringert die natürliche Hemmung, jedem Kaufimpuls sofort nachzugeben und die eigenen Bedürfnisse und Finanzen im festen Blick zu behalten. Die enorme Zunahme an Privatinsolvenzen zeigt diesen Trend seit Jahren.

Das Herausfiltern von Werbung, um noch unverfälschte, unkontaminierte, im besten Sinne unabhängige Informationen zu bekommen, wird – wie schon in den »alten« Medien – im digitalen Raum eine Alltagsaufgabe. Hier wird derjenige, der mit seinen Daten sparsam umgeht, belohnt: Denn je weniger Informationen man über sich preisgibt, desto weniger gezielt, personalisiert und manipulierend kann die Werbung sein, desto einfacher wird auch das Erkennen oder Ignorieren. Wenn Google & Co die Netzklicker nicht über Dutzende Webseiten hinweg virtuell verfolgen und identifizieren können, werden zwangsläufig nur relativ allgemeine und nicht personalisierte Einflüsterungsversuche möglich, die nicht sehr wirksam sind.

Entsprechend ist die Wahl des sozialen Netzwerks und anderer Kommunikationsplattformen im Netz sowie die Handhabung der dortigen Privatsphäre-Optionen nicht nur eine persönliche Entscheidung, sondern eine nach außen sichtbare Haltung zur eigenen digitalen Privatsphäre. Die voreingestellten oder empfohlenen Optionen ohne Änderungen zu übernehmen, empfiehlt sich dabei nicht. Diese sind in der Regel so ausgelegt, daß die Benutzer dazu animiert werden, mehr Fotos, Texte, Freundeslisten oder Statusmeldungen freizugeben.

Besonders gut zu beobachten war dies bei den nach heftiger Kritik Ende 2009 geänderten Optionen bei Facebook: Der Öffentlichkeit wurde die umfangreiche Neugestaltung als Verbesserung der Kontrolle durch den Nutzer und als Fortschritt in puncto Datenschutz verkauft. In Wirklichkeit aber empfahlen die neuen Standardeinstellungen die erweiterte Freigabe der Benutzerdaten. Anders als vor der Änderung der Privatsphäre-Optionen sind nun Name, Profilbilder, Wohnort, Geschlecht, Freundeskreis und alle Seiten, von denen man angegeben hat, daß man sie gern frequentiert, öffentlich einsehbare Informationen. Gerade letzteres verdient Bedacht, denn besonders die Fan-Seiten verweisen auf politische Haltungen, Kaufinteressen und private Vorlieben.

Es lohnt sich also gleich beim Einrichten eines Mitgliedskontos, die Einstellungen in Ruhe durchzusehen und dabei bei aller Freude über die neuen Interaktionsmöglichkeiten nicht zu vergessen, daß ein kommerzieller Anbieter eben keine freundschaftliche Community ist, sondern ein Unternehmen mit Geschäftsmodell. Entdeckt man Vorgaben, die schon anfangs Unbehagen erzeugen, hilft konsequentes Handeln: Es lohnt sich vielleicht der Vergleich mit den Konkurrenten.

Phantasiedaten

Eine der einfachsten und wirkungsvollsten Methoden, die eigenen digitalen Identitäten zu bewahren, ist die Verwendung von Phantasiedaten. Bei Lichte betrachtet ist in den wenigsten Fällen tatsächlich die abgefragte Menge an persönlichen Daten notwendig, zu deren Eingabe allerorten aufgefordert wird. Das echte Geburtsdatum in einer Online-Community anzugeben, dafür gibt es höchstens in jugendschutzrelevanten Fällen einen Grund. Beim Online-Shoppen, wenn tatsächlich Güter geliefert werden, also ein Paket korrekt zugestellt werden muß, gibt es einen guten Grund für den Anbieter, Adresse und Name nachzufragen, nicht jedoch den Berufsstand, Schulabschluß oder gar das Jahreseinkommen. Die Telefonnummer mag manchmal erforderlich sein, um dem Paketdienst zu helfen.

In praktisch allen anderen Fällen – zum Beispiel bei sozialen Netzwerken, Webforen, Online-Abonnements, Club-Mitgliedschaften etc. – ist es empfehlenswert, plausible Phantasiedaten zu verwenden. Auch wenn der Anbieter selbst kein Schindluder mit den anvertrauten Daten treibt, so bleibt ein erhebliches Restrisiko bei der freiwilligen Datenmehrangabe. Datenbanken gehen jeden Tag verloren, oft durch technische Inkompetenz oder Schlamperei, aber auch durch gezielte kriminelle Aktivitäten und korrupte Mitarbeiter. Die Datensätze werden dann auf dem grauen Markt meistbietend verkauft, nicht selten an Kriminelle, die sie dann für den Identitätsdiebstahl mißbrauchen können. Auch nicht selten werden bis dato ehrliche Anbieter durch Konkurrenten übernommen, die weniger Skrupel beim Umgang mit den Nutzerdaten haben. In diesen Fällen schützt die Angabe von Phantasiedaten am effektivsten vor Schaden.

Es mag erst einmal etwas ungewohnt erscheinen, so eine Webseite »anzulügen«. Schaut man jedoch genauer hin, ist das Verhältnis vieler Anbieter zur Wahrheit bereits von vornherein etwas gespalten. Fragt man etwa nach, wozu bestimmte detaillierte Datensätze denn eigentlich benötigt werden, kommen in der Regel Antworten wie »Das gibt der Computer so vor« oder »Damit wir Sie von Menschen mit dem gleichen Namen unterscheiden können«. In Wahrheit geht es jedoch oft um präzise Personalisierung und die schnöde Steigerung des Wertes des Datensatzes. Je mehr Detaildaten enthalten sind, desto besser für den Unternehmenswert.

Gerade soziale Netzwerke machen es dem Benutzer aber häufig schwer, durchgehend mit Phantasiedaten zu operieren. Zum einen verbieten sie in ihren Geschäftsbedingungen die Nutzung schlichtweg, wenn man seinen Realnamen nicht angibt. Zum anderen möchte man ja schließlich von den ehemaligen Klassenkameraden gefunden werden oder für die Bekanntschaft von gestern abend ein gutes Bild abgeben, mit schönem Foto, vielen Freunden und vorzeigbaren Hobbys. Auch hier ist es jedoch empfehlenswert, die Menge der echten Daten zu begrenzen und Vorsicht walten zu lassen. Auch diejenigen, über die man schreibt oder deren Gesichter auf den eigenen hochgeladenen Fotos zu sehen sind, sollten dabei nicht vergessen werden.

Besonders kritisch sind Umfragen, Gewinnspiele, Verlosungen und ähnliche Methoden, die ausschließlich darauf abzielen, möglichst genaue Datensätze zu erzeugen. Schon in der Offline-Welt dienten diese Veranstaltungen der eher halbseidenen Erfassung der Daten von Leichtgläubigen. Hatte sich aber in den letzten Jahren allmählich auch bis ins letzte Dorf herumgesprochen, daß die Teilnahme an Gewinnspielen nie zum Gewinn, aber immer zur Bombardierung mit Katalogen, lästigen Anrufen und Werbeschreiben für noch mehr Gewinnspiele führt, ist diese Erkenntnis im Online-Bereich noch zu wenig verbreitet, zumal nicht jedes Gewinnspiel noch wie ein solches aussieht. Sie verkleiden sich heute als nützliche Dienste oder bunte Pausenspielchen. Die Mechanismen sind jedoch genau die gleichen – nur das Risiko des Mißbrauchs ist höher. Generell gilt online wie auch im Offline-Leben: Wenn ein Angebot zu gut aussieht, ist es höchstwahrscheinlich auch nicht echt.

Die Freunde nicht verraten

Gerade in vernetzten und verwobenen Systemen wie Facebook, die davon leben, daß die Nutzer ihre Daten gegenseitig ergänzen, benutzen, kommentieren und modifizieren, ist besondere Vorsicht geboten. Nicht nur die eigenen Daten gilt es zu behüten, allzuleicht wird auch das Leben von Freunden und Bekannten – ob absichtlich oder unabsichtlich – in Mitleidenschaft gezogen.

Die einfachsten Fälle sind das Eintragen des Namens zu Bildern – das sogenannte Tagging. Allzu schnell wird hier der guten Ordnung halber alles und jeder erfaßt, der auf einem Partybild festgehalten wurde. Ob es demjenigen recht ist, für jeden sichtbar zu dieser Zeit an diesem Ort in Gesellschaft dieser Personen dokumentiert zu sein, während er sich vielleicht ein wenig gehenläßt, darüber machen sich viele keine Gedanken. Die Folgen für das Privatleben des Dritten können aber verheerend sein.

Viele Menschen haben ganz private Gründe, warum sie nicht mit bestimmten anderen Menschen, Gruppen oder Situationen assoziiert werden möchten – sei es inhaltlich, zeitlich oder geographisch. Es gehört sich einfach nicht, sie ohne ihr Einverständnis zu verdaten und zu erfassen. Genausowenig gehört es sich, sie unter Weitergabe ihrer E-Mailadresse in einem sozialen Netzwerk einzutragen, um die Bonuspunkte für »Freunde einladen« zu erhalten. Jemanden ohne sein explizites Einverständnis bei Foursquare oder Facebook Places an einem Ort »einzuchecken«, ist ein übler Verstoß gegen die digitalen Höflichkeitsregeln.

Beispielhaft kann auch die Verwendung von Google Mail betrachtet werden. Als Benutzer stimmt man mit der Annahme der Nutzungsbedingungen der inhaltlichen Auswertung aller E-Maildaten zu. Inhalte und Adressen werden also automatisiert durchleuchtet, um passende Werbung vermarkten zu können. Nun mag es dem einzelnen Nutzer vielleicht nicht wichtig sein, ob seine E-Mailnachrichten in dieser Art weiterverarbeitet werden, entweder weil er darauf achtet, für welche Zwecke er diesen Anbieter benutzt, oder weil ihm schlicht nicht bekannt ist, daß Google Einblick in die Inhalte nimmt. Der Empfänger oder Beantworter einer Google-Mail-Nachricht ist jedoch Datenlieferant wider Willen. Sein Kommunikationspartner zwingt ihn dazu, ihre Kommunikation gegenüber Google offenzulegen und sie dadurch verwertbar zu machen. Noch schlimmer sind Unternehmen und Institutionen, die auf Googles Mailservice umsteigen, nur weil sie die Mühen einer eigenen E-Mail-Infrastruktur scheuen. Sie zwingen damit alle, die mit ihnen in Kontakt stehen, ihre Kommunikation gegenüber Google offenzulegen. Facebook macht Google auf diesem Gebiet nun auch Konkurrenz und geht noch einen Schritt weiter: Alle Nachrichten, auch die aus anderen E-Mail-Systemen, sollen auf der Facebook-Seite zusammenlaufen, um dort besser analysier- und verwertbar zu sein.

Manchmal ist allerdings das bloße Einrichten eines Mitgliedkontos und das Aufnehmen von Bekannten und Kollegen in die eigenen Freundeslisten bereits der unvermeidliche Schritt zur Weitergabe von deren Daten. Insbesondere Facebook ist dafür berüchtigt. Die vielen angebotenen Zusatzdienste und Spiele auf der Plattform haben nämlich den Verrat der Datengeheimnisse inklusive. Die Entwickler der kleinen Programme (Apps) erhalten auf Wunsch automatisch die Erlaubnis zum Zugriff nicht nur auf die eigenen Daten des Profils, sondern auch auf die aller Menschen im Freundeskreis.

Mit dieser Änderung der Privatsphäre-Optionen im Dezember 2009 hat Facebook unter dem Gesichtspunkt der Weitergabe von Informationen von Dritten an Dritte – nämlich die Daten der Freunde an die namenlosen Entwickler der Apps – erneut einen Damm gebrochen. Denn es hatte zuvor noch der Grundsatz gegolten, daß jeder über seine Daten, sein Gesicht, seinen Aufenthaltsort, seine Assoziierbarkeit mit anderen über seine Facebook-Einstellungen selbst bestimmt. Auch wenn es gelegentlich dumme Zufälle gibt, diese können nicht als Ausrede für die Verstöße gegen elementare Daten-Benimmregeln gelten.

Freunde laden auch nicht die Bilder ihrer »Freunde« in kompromittierenden Situationen ins Internet hoch. Gerade jüngeren Menschen müssen diese Regeln explizit erklärt werden, im Zweifel auch mit entsprechenden sozialen Sanktionen im Freundeskreis. Bewährt haben sich zum Beispiel Absprachen, daß auf Parties ab Mitternacht einfach keine Bilder mehr gemacht werden. Und wer sich nicht daran hält, wird nächstes Mal nicht mehr eingeladen.

Pseudonyme

Ein seit alters bewährtes Mittel zur Bewahrung der eigenen Souveränität und zugleich der Risikominimierung ist die Verwendung von Pseudonymen. Sie sind überall dort geeignet, wo man die Vorteile der Attributierung des eigenen Handelns mit einem anderen Namen wahrnehmen will. Schriftsteller oder Reporter, die über heikle oder gefährliche Stoffe schreiben, nutzen seit Erfindung des Buchdrucks solche Pseudonyme. In vielen Kulturen ist auch die Verwendung von Kampfnamen üblich. Sie sollen die Familie – die ja den gleichen Namen trägt, der oft auf den Herkunftsort verweist – vor der Rache des Gegners oder vor Kidnapping schützen. Der Ruf heldenhafter Taten wird mit einem selbstgewählten Namen verknüpft, der oft auch noch das Selbstbild des Trägers reflektiert.

Im Internet heißen sie nicht mehr Kampfnamen, doch gehörte die Verwendung von sogenannten Nicknames – neudeutsch für Spitznamen – schon von Anbeginn zur Netzkultur. Ob nun Kurz- oder Koseform des eigenen Vornamens, inspiriert durch Romanfiguren oder zufällig entstandene Silben-Kombinationen, Netzbewohner nutzen die Möglichkeit, sich mehrere Identitäten zuzulegen schon immer. Die Abtrennung der Informationen, die zur Identifikation der eigenen Person führen können, von der zweiten Kerneigenschaft einer Identität – die Wiedererkennbarkeit und Zuordenbarkeit zu vergangenen Äußerungen und Taten – öffnet Freiheits- und Spielräume. Politische Äußerungen, Meckern über den Chef, Erkundungen in außergewöhnlichere Sphären der menschlichen Natur: Wann immer man eine fortlaufende Diskussion führen oder eine Vertrauensbeziehung zu anderen aufbauen möchte, ist ein Pseudonym hilfreich.

Doch auch für die Verwendung von Pseudonymen gibt

es ein paar Grundregeln. Die erste ist, keinen Namen zu wählen, der einfache Rückschlüsse auf die reale Identität erlaubt, insbesondere auch nicht für Menschen, die einen gut kennen. Der zweite Grundsatz ist, für jeden Service möglichst ein anderes Pseudonym zu verwenden.

Häufig ist man nicht der einzige, der mehrere Dienste im Netz benutzt, und auch die Anbieter tauschen Daten untereinander aus. Wenn nun das Pseudonym im Nutzernamen überall gleich verwendet wird, ist die Zusammenführung der Daten einfach. Auch für Neugierige, Privatschnüffler und Stalker, die gern wissen wollen, wer sich hinter einem pseudonymen Nutzernamen verbirgt, wird damit das Spiel sehr viel einfacher. Wer auf Flickr, Facebook, Twitter, StudiVZ und StayFriends nur überall nach dem gleichen Pseudonym suchen muß, kann problemlos die Daten aus all diesen Quellen zusammenführen und die Puzzlesteine zusammensetzen. So mag zwar auf dem Datingportal nicht viel Verräterisches zu erfahren sein, weil man aufpaßt, welche Informationen man dort preisgibt. Wenn aber unter dem gleichen Namen ein Facebook-Profil und eine über Jahre gut gepflegte Bildersammlung bei Google Picasa existieren, fällt es nicht weiter schwer, alles über das Objekt der Begierde zu erfahren.

Der dritte Grundsatz fällt häufig am schwersten: Wann immer man das Gefühl oder Hinweise darauf hat, unter einem Pseudonym könnte sich eine zu große Datenmenge angesammelt haben, ist es an der Zeit, das Pseudonym aufzugeben und sich ein neues zuzulegen, das keine Verbindung zum alten aufweist. Das fällt mitunter schwer, da monate- oder jahrelange Verbindungen verlorengehen können. Doch »verbrannte« Pseudonyme sind nutzlos, ihre Weiterverwendung daher nicht zu empfehlen.

Bei jeder ernsthaften Verwendung von Pseudonymen sollte natürlich auch beachtet werden, daß keine direkten

Hinweise auf die tatsächliche Identität erfolgen. Hat das pseudonyme Profil bei Facebook etwa Links auf die offizielle Webseite des eigenen Arbeitsplatzes oder auf ein Blog, das mit dem Realnamen betrieben wird, ist es ein allzu leichtes, das Pseudonym mit dem dahinterstehenden Menschen zu verbinden. Das geschieht heute bereits automatisiert durch Analyse verwendeter Links über die Zeit.

Entspannt abwarten, ruhig handeln

Jeden Monat kommt eine Vielzahl neuer Online-Dienste auf den Markt, die alles mögliche versprechen. Mit der Perspektive von jetzt mehr als fünfzehn Jahren Rückschau auf das Netz läßt sich feststellen, daß nur die wenigsten dieser Dienste es tatsächlich schaffen, am Markt zu bleiben und ihre Versprechen einzulösen. Fast alle verschwinden wieder, wenn das Risikokapital aufgebraucht ist und sich einfach keine zahlungswillige Kundschaft einstellen möchte. Ihre Datenbestände werden dann entweder von Konkurrenten aufgekauft oder gar meistbietend im Zuge des Insolvenzverfahrens versteigert. Das passiert auch bei Diensten, die auf dem Höhepunkt ihres kurzen Lebens den Eindruck erwecken, quasi unabdingbar für den digitalen Lifestyle zu sein und alle Nichtmitglieder automatisch zu angestaubten Außenseitern stempeln. Drei oder vier Jahre später sind sie dann sang- und klanglos in der Versenkung verschwunden, nur die Daten der innovationsfreudigen Benutzer sind für immer gespeichert und in den Datenverwertungskreislauf eingeflossen.

Die Erfahrung lehrt, daß gerade bei besonders angesagten neuen Diensten eine gesunde, abwartende Skepsis angebracht ist. Der tatsächliche Nutzen ist anfangs oft schwer einzuschätzen, die Datenkosten und sonstigen Risiken

266

noch nicht abzusehen. Es ist also weise, erst einmal abzu-
warten, wie sich ein neuer Service entwickelt, ob die Mitgliedschaft wirklich notwendig ist und wie sich der Ruf des
Anbieters in puncto Umgang mit Daten herausbildet.

Gerade bei sozialen Netzwerken ist der Druck aus dem
eigenen Umfeld manchmal groß, sich dem gleichen Dienst
wie alle Freunde umgehend anzuschließen, dort ein Profil
zu erstellen, Bilder hochzuladen oder Positionsinformationen zu offenbaren. Es hilft hier, die Geschichte längst
untergegangener oder in der Bedeutungslosigkeit versun-
kener Services zu kennen. Wer erinnert sich zum Beispiel
noch an Orkut, Googles ersten Versuch, ein soziales Netzwerk aufzubauen, das mittlerweile nur noch in Brasilien
und Indien von Bedeutung ist. Geocities, einst der größte
Anbieter für private, mit den Seiten der Freunde vernetzte
Miniwebseiten wurde jüngst komplett eingestellt. Das
amerikanische Unternehmen Myspace, einst geradezu der
Monopoldienstleister für private Profilwebseiten und mehrere Monate Marktführer, ist außerhalb der Musiker-Szene
ebenfalls in der Bedeutungslosigkeit versunken. An Dutzende andere Angebote erinnert sich mittlerweile schlicht
niemand mehr, nur die Datenbanken vagabundieren fröh-
lich durchs Netz. Dazu kommen die kaum noch überblick-
baren Übernahmen und Weiterverkäufe der Unternehmen – natürlich inklusive der Datenbestände.

Den eigenen Datenschatten ausleuchten

Die deutschen Datenschutzgesetze enthalten weitreichende
Regelungen zum Recht auf Auskunft über unsere persönlichen Daten, die bei Unternehmen und Behörden gespeichert sind. Die Nutzung dieses Auskunftsanspruches bedarf nur eines Schreibens – und leider häufig genug des

Nachhakens, wenn das Ansinnen ignoriert wird. Auf den Webseiten der Datenschutzbeauftragten des Bundes und der Länder finden sich Vordrucke mit den korrekten Formulierungen für Auskunftsanfragen, auch formlose Schreiben genügen jedoch. Sehr erhellend ist es schon, sich überhaupt einmal eine Liste mit allen Unternehmen, Organisationen und Behörden zu machen, von denen man annehmen muß, daß sie Daten über einen selbst gespeichert haben. Typischerweise kommen dabei bei einem erwachsenen Deutschen zwischen achtzig und einhundert Stellen zusammen. Wenn man sich dann den Spaß macht, auch noch jeweils den in den Auskünften genannten Datenquellen hinterherzusteigen, hat man schnell eine umfangreiche neue Freizeitgestaltung für Wochen.

Die Auskunftsrechte stoßen dort an ihre Grenzen, wo man entweder schlicht nicht ahnen kann, daß Informationen über einen selbst gespeichert sind, es keinen konkreten Personenbezug wie eine Adresse gibt oder die verarbeitende Stelle im nichteuropäischen Ausland sitzt und gar nicht auf solche Anfragen reagiert. Bei der Auswahl seiner Dienstleister und Plattformen sollte man daher darauf achten, ob diese im Geltungsbereich des deutschen Datenschutzgesetzes beheimatet sind. So antiquiert und angestaubt die derzeitigen Datenschutzregeln vielen erscheinen mögen, sind sie doch ein nützliches Werkzeug für diejenigen, die beschließen, sich um ihre Informationssouveränität zu kümmern.

Für bessere Regulierung und Transparenz aktiv werden

Um als Mensch nicht zum bloßen Objekt, zu einer Ansammlung von verschiedenen Informationshappen zu degenerieren, lohnt es sich, den Datenfressern mit etwas

Gegenwehr zu begegnen. Selbstverteidung verhindert, daß alle täglichen Informationsbrocken gesammelt, zusammengeführt und allzu dichte persönliche Profile daraus erstellt werden können. Freiwillige, vor allem korrekte Angaben unter dem eigenen Realnamen sollten einfach auf ein Minimum reduziert werden. Angenehmerweise vermindert das auch gleichzeitig die Gefahr, Opfer des nächsten Datenmißbrauchs zu werden.

Ohne die Hilfe des Gesetzgebers wird dem digitalen Datensammelmoloch aber kaum Einhalt zu gebieten sein. Ihm gilt es Beine zu machen. Die Karlsruher Verfassungsrichter haben sich in ihren Urteilen seit 1984 immer wieder und zu vielen Aspekten der informationellen Selbstbestimmung geäußert. Die Bundesregierungen jedoch sind vor allem in den letzten Jahren dazu übergegangen, lediglich die verfassungsrechtlichen Mindestforderungen umzusetzen, anstatt die immer wieder mahnenden Worte ernst zunehmen. Die Prinzipien der Datensparsamkeit und Datenvermeidung sowie die strenge Zweckbindung gesammelter Informationen, deren gesetzgeberische Verfeinerung an die neue digitale Welt angepaßt werden müßten, fielen allzuoft unter den Tisch. Innenminister der vergangenen Legislaturperioden waren schlicht auf dem Datenschutzauge blind.

Doch die Verbesserung der gesetzlichen Situation hinsichtlich genauer Menschenprofile darf eben nicht nur in Karlsruhe angemahnt werden, sie sollte ebenso von Verbänden, Parteien, NGOs und am Ende von den einzelnen Menschen verlangt werden. Persönlichkeitsprofilierung hinsichtlich sehr privater Informationen gänzlich zu verbieten darf kein Tabu mehr sein, auch wenn die Lobbygruppen privater Datenhändler jammern. Die teils unverhohlenen Drohungen der wehklagenden Datensammler, Arbeitsplätze ins Ausland zu verschieben, sind dabei nur der Hinweis an den Gesetzgeber, auch auf internationale Vereinbarungen zu dringen. Schließlich hat Deutschland als Vorreiter in Sachen Datenschutz einen Ruf zu verlieren.

Einer der vielen Vorschläge ist die fundamentale Umkehrung des heute üblichen Prinzips, daß sich derjenige, dessen Daten gesammelt und verarbeitet werden, aktiv dagegen wehren muß, wenn er es nicht möchte. Angesichts der anschwellenden Datenströme und der zur Angewohnheit gewordenen Haltung in weiten Teilen der Wirtschaft, Daten könnten immer und überall als eine Art Zweitwährung verwendet werden, muß das Paradigma fallen, daß man den Datengeber nicht vorher fragen muß.

Nötig ist eine unaufgeforderte Benachrichtigung der Betroffenen durch die Datenspeicherer und -verarbeiter darüber, was mit ihren Daten geschieht und – falls nötig – an wen sie weitergegeben wurden. Mindestens einmal im Jahr sollen also die Datensammler von sich aus die Datengeber informieren, daß Daten über sie vorhanden sind. Diese können dann die Details der gespeicherten Informationen anfordern und ihre Löschung oder Veränderung verlangen. Natürlich entstehen dadurch bei den Unternehmen und Behörden Kosten. Aber gerade das ist das Ziel: Eine aktive Mitteilungspflicht für Datenfresser ist einer der wenigen denkbaren Wege, um die Profitabilität der Speicherung und Ausbeutung von Datenbeständen zu senken und damit auf das wirklich Notwendige zu reduzieren. Es ist eine Incentivierung, nicht mehr benötigte Datensätze zu löschen.

Aber auch dem Datenmißbrauch muß durch gesetzliche Regulierung besser Einhalt geboten werden. Die lange Reihe der Datenpannen, die in den letzten Jahren bekannt wurde, kann nur ein Ende finden, wenn die Verantwortung klar geregelt wird. Solange nur Bauernopfer oder gar niemand für Datenverfehlungen wie illegalem Weiterverkauf oder mißbräuchliche Verwendung haftbar gemacht werden, wird es keinen ausreichenden Anreiz für Firmen geben, ihre Datenschätze besser abzusichern. Abhilfe kann hier eine persönliche Verantwortung der Geschäftsführung schaffen, wie sie in anderen Rechtsgebieten wie dem Umweltschutz oder der Exportkontrolle vorgesehen sind. Es muß den Verantwortlichen klarwerden, daß sie sich nicht hinter ihrer Firma verstecken können, die dann eventuelle, eher symbolische Strafen aus der Portokasse zahlt.

Die Zukunft ist ungeschrieben

Es ist der Schutz seiner Privatsphäre, der den Menschen vor dem Druck des Konformismus bewahrt, schrieb der Jurist Edward Bloustein schon 1964. Wenn es normal wird, daß jeder jederzeit die Details seines Lebens, seinen Aufenthaltsort und seine intimsten Gedanken in die Welt posaunt, wird es plötzlich auffällig, das nicht zu tun. Von einem derartigen Zustand sind wir als Gesellschaft noch eine Weile entfernt. Dennoch scheint er in Zukunft nicht unrealistisch oder technologisch unmöglich zu sein.

Einzig die Entwicklung der sozialen Normen, der Erwartungen und Bedürfnisse wird bestimmen, ob die liebgewonnene digitale Freiheit zu einem virtuellen Dorf mutiert – inklusive Klatsch und Tratsch und sozialer Verurteilung wegen vermeintlicher Übertretungen von Normen und Regeln sowie einem überaktiven Dorfsheriff. Überwacht und datentransparent sein ist so ähnlich wie Radioaktivität – meist nicht wahrnehmbar, aber mit ungewissen Spätfolgen, die nicht zwingend eintreten, aber durchaus gravierend sein können. Menschen, die gern datenexhibitionistisch leben wollen, sollte es natürlich weiterhin freistehen, ihren Überzeugungen zu folgen. Sie sollten jedoch Abstand davon nehmen, ihren Mitbürgern ihre Ideologie aufzuzwingen oder sie zwangszuverdaten.

Die Macht, die wir Staat, Unternehmen und anderen mit Informationen über uns selbst geben, kann groß sein. Sie abzugeben bedeutet einen Verlust an Optionen, bedeutet Vorhersagbarkeit, Kontrollierbarkeit und normierenden Anpassungsdruck. Die Gegenleistungen, die wir für unsere Daten erhalten, sind meist flüchtig, wenig konkret – oft nur digitale Mogelpackungen. Die Unschärfe der tatsächlichen Kosten führt jedoch dazu, daß wir mit unserer Netzwährung – den Daten – weiterhin Geschäftsmodelle und Sicherheitsphilosophien bevorzugen, tolerieren, unterstützen, für die wir mit echtem Geld niemals bezahlen würden.

Weder Regierungen noch Unternehmen ist jedoch zuzutrauen, daß sie der Versuchung der digital kontrollierten Gesellschaft widerstehen können, wenn sich niemand zur Wehr setzt. Der Weg in die Digitalgesellschaft unter der Herrschaft der Datenfresser ist nicht zwangsläufig. Die Summe unser aller Gewohnheiten, der sozialen Normen, die wir neu entstehen lassen, bestimmt, wohin sich unsere Gesellschaft entwickelt. Es ist nicht einmal so, daß wir liebgewonnene Gepflogenheiten ändern müssen. Fast alles in Digitalien ist neu. Was wir uns heute jedoch angewöhnen, was wir zulassen und was wir ablehnen, bestimmt die Zukunft. Es liegt also an uns allen, an jedem einzelnen.